CHEFS-D'OEUVRE

DE

P. CORNEILLE.

TOME SECOND.

CHEFS-D'ŒUVRE

DE

P. CORNEILLE,

AVEC

LES COMMENTAIRES DE VOLTAIRE,

ET

DES OBSERVATIONS CRITIQUES SUR CES COMMENTAIRES,

Par M. LEPAN;

Seule édition où l'on trouve le véritable texte de Corneille et les changements adoptés par la Comédie Française,

FAITE, PAR SOUSCRIPTION,

Au profit de Mlle J.-M. CORNEILLE.

« Il n'est pas inutile de remarquer que les censures
« faites avec passion ont toutes été maladroites. »
Voltaire, 4e remarque sur les Observations de Scudéri.

TOME SECOND.

A PARIS,

CHEZ CORDIER, IMPRIMEUR-LIBRAIRE.

M. DCCC. XVII.

SECOND DISCOURS.

DE LA TRAGÉDIE

ET

DES MOYENS DE LA TRAITER

SELON

LE VRAISEMBLABLE OU LE NÉCESSAIRE.

Outre les trois utilités du poëme dramatique dont j'ai parlé dans le discours précédent, la tragédie a celle-ci de particulière, que, *par la pitié et la crainte, elle purge de semblables passions*. Ce sont les termes dont Aristote se sert dans sa définition, et qui nous apprennent deux choses : l'une, qu'elle excite la pitié et la crainte ; l'autre, que, par leur moyen, elle purge de semblables passions. Il explique la première assez au long, mais il ne dit pas un mot de la dernière ; et de toutes les conditions qu'il emploie en cette définition, c'est la seule qu'il n'éclaircit point. Il témoigne toutefois, dans le dernier chapitre de ses Politiques, un dessein d'en parler fort au long dans ce traité, et c'est ce qui fait que la plupart de ses interprètes veulent que nous ne l'ayons pas en entier, parce que nous n'y voyons rien du tout sur cette matière. Quoi qu'il en puisse être, je crois qu'il est à propos de parler de ce qu'il a dit, avant que de faire effort pour deviner ce qu'il a voulu dire. Les maximes qu'il établit pour l'un, pourront nous conduire à quelques conjectures pour l'autre; et sur la certitude de ce qui nous demeure, nous pourrons fonder une opinion probable de ce qui n'est point venu jusqu'à nous.

Nous avons pitié, dit-il, *de ceux que nous voyons souffrir un malheur qu'ils ne méritent pas, et nous craignons qu'il ne nous en arrive un pareil quand nous le voyons souffrir à nos semblables.* Ainsi la pitié embrasse l'intérêt de la personne que nous voyons souffrir; la crainte qui la suit regarde le nôtre, et ce passage seul nous donne assez d'ouverture pour trouver la manière dont se fait la purgation des passions dans la tragédie. La pitié d'un malheur où nous voyons tomber nos semblables, nous porte à la crainte d'un pareil pour nous; cette crainte au désir de l'éviter; et ce désir à purger, modérer, rectifier, et même déraciner en nous la passion qui plonge, à nos yeux, dans ce malheur les personnes que nous plaignons ; par cette raison commune, mais naturelle et indubitable, que pour éviter l'effet il faut retrancher la cause. Cette explication ne plaira pas à ceux qui s'attachent aux commentateurs de ce philosophe. Ils se gênent sur ce passage, et s'accordent si peu l'un avec l'autre, que Paul Beny marque jusqu'à douze ou quinze opinions diverses, qu'il réfute avant que de nous donner la sienne. Elle est conforme à celle-ci pour le raisonnement; mais elle diffère en ce point, qu'elle n'en applique l'effet qu'aux rois et aux princes, peut-être par cette raison que la tragédie ne peut nous faire craindre que les maux que nous voyons arriver à nos semblables, et que n'en faisant arriver qu'à des rois et à des princes, cette crainte ne peut faire d'effet que sur des gens de leur condition. Mais sans doute il a entendu trop littéralement ce mot de *nos semblables*, et n'a pas assez considéré qu'il n'y avoit point de rois à Athènes, où se représentoient les poëmes dont Aristote tire ses exemples, et sur lesquels il forme ses règles. Ce philosophe n'avoit garde d'avoir cette pensée qu'il lui attribue, et n'eût pas employé, dans la définition de la tragédie, une chose dont l'effet pût arriver si rarement, et dont l'utilité se fût restreinte à si peu de personnes. Il est vrai qu'on n'introduit d'ordinaire que des rois pour premiers acteurs dans la tragédie, et que les auditeurs n'ont point de sceptres par où leur ressembler, afin d'avoir lieu de craindre les malheurs qui leur arrivent: mais ces rois sont hommes comme les auditeurs, et tombent dans ces malheurs par l'emportement des passions dont les auditeurs sont capables. Ils prêtent même un raisonnement aisé à faire du plus grand au moindre, et le spectateur peut concevoir avec facilité, que si un roi, pour trop s'abandonner à l'ambition, à l'amour, à la haine, à la vengeance, tombe dans un malheur si grand qu'il lui fait pitié, à plus forte raison, lui qui n'est qu'un homme du commun, doit tenir la bride à de telles passions, de peur qu'elles ne l'abîment dans un pareil malheur. Outre que ce n'est pas une nécessité de ne mettre que les infortunes des rois sur le théâtre, celles des autres hommes y trouveroient place, s'il leur en arrivoit d'assez illustres et d'assez extraordinaires pour la mériter, et que l'histoire prît assez de soin d'eux pour nous les apprendre. Scédase n'étoit qu'un simple paysan de Leuctres, et je ne tiendrois pas la sienne indigne d'y paroître, si la pureté de notre scène pouvoit souffrir qu'on y parlât du violement effectif de ses deux filles, après que l'idée de la prostitution n'y a pu être soufferte dans la personne d'une sainte qui en fut garantie.

Pour nous faciliter les moyens de faire naître cette pitié et cette crainte, où Aristote semble nous obliger, il nous aide à choisir les personnes et les événements qui peuvent exciter l'une et l'autre. Sur quoi je suppose, ce qui est très-véritable, que notre auditoire n'est composé ni de méchants, ni de saints, mais de gens d'une probité commune, et qui ne sont pas si sévèrement retranchés dans l'exacte vertu, qu'ils ne soient susceptibles des passions et capables des périls où elles engagent ceux qui leur défèrent trop. Cela supposé, examinons ceux que ce philosophe exclut de la tragédie, pour en venir, avec lui, à ceux dans lesquels il fait consister sa perfection.

En premier lieu, il ne veut point *qu'un homme fort vertueux y tombe de la félicité dans le mal-*

heur, et soutient que cela ne produit ni pitié ni crainte, parce que c'est un événement tout-à-fait injuste. Quelques interprètes poussent la force de ce mot grec μιαρον qu'il fait servir d'épithète à cet événement, jusqu'à le rendre par celui d'*abominable*; à quoi j'ajoute, qu'un tel succès excite plus d'indignation et de haine contre celui qui fait souffrir, que de pitié pour celui qui souffre; et qu'ainsi ce sentiment, qui n'est pas le propre de la tragédie, à moins que d'être bien ménagé, peut étouffer celui qu'elle doit produire, et laisser l'auditeur mécontent par la colère qu'il remporte, et qui se mêle à la compassion qui lui plairoit, s'il la remportoit seule.

Il ne veut pas non plus *qu'un méchant homme passe du malheur à la félicité, parce que non-seulement il ne peut naître d'un tel succès aucune pitié ni crainte, mais il ne peut pas même nous toucher par ce sentiment naturel de joie dont nous remplit la prospérité d'un premier acteur à qui notre faveur s'attache.* La chute d'un méchant dans le malheur a de quoi nous plaire par l'aversion que nous prenons pour lui; mais comme ce n'est qu'une juste punition, elle ne nous fait point de pitié, et ne nous imprime aucune crainte, d'autant que nous ne sommes pas si méchants que lui pour être capables de ses crimes, et en appréhender une aussi funeste issue.

Il reste donc à trouver un milieu entre ces deux extrémités, par le choix d'un homme qui ne soit ni tout-à-fait bon, ni tout-à-fait méchant, et qui, par une faute ou foiblesse humaine, tombe dans un malheur qu'il ne mérite pas. Aristote en donne pour exemple OEdipe et Thyeste; en quoi véritablement je ne comprends point sa pensée. Le premier me semble ne faire aucune faute, bien qu'il tue son père, parce qu'il ne le connoît pas, et qu'il ne fait que disputer le chemin en homme de cœur contre un inconnu qui l'attaque avec avantage. Néanmoins, comme la signification du mot grec αμαρτημα peut s'étendre à une simple erreur de méconnoissance, telle qu'étoit la sienne, admettons-le avec ce philosophe, bien que je ne puisse voir quelle passion il nous donne à purger, ni de quoi nous pouvons nous corriger sur son exemple. Mais pour Thyeste, je n'y puis découvrir cette probité commune, ni cette faute sans crime qui le plonge dans son malheur. Si nous le regardons avant la tragédie qui porte son nom, c'est un incestueux qui abuse de la femme de son frère: si nous le considérons dans la tragédie, c'est un homme de bonne-foi qui s'assure sur la parole de son frère, avec qui il s'est réconcilié. En ce premier état il est très-criminel; en ce dernier, très-homme de bien. Si nous attribuons son malheur à son inceste, c'est un crime dont l'auditoire n'est point capable, et la pitié qu'il prendra de lui n'ira point jusqu'à cette crainte qui purge, parce qu'il ne lui ressemble point. Si nous imputons son désastre à sa bonne-foi, quelque crainte pourra suivre la pitié que nous en aurons; mais elle ne purgera qu'une facilité de confiance sur la parole d'un ennemi réconcilié, qui est plutôt une qualité d'honnête homme, qu'une vicieuse habitude, et cette purgation ne fera que bannir la sincérité des réconciliations. J'avoue donc avec franchise que je n'entends point l'application de cet exemple.

J'avouerai plus; si la purgation des passions se fait dans la tragédie, je tiens qu'elle se doit faire de la manière que je l'explique; mais je doute si elle s'y fait jamais, et dans celles-là même qui ont les conditions que demande Aristote. Elles se rencontrent dans *le Cid*, et en ont causé le grand succès. Rodrigue et Chimène y ont cette probité sujette aux passions, et ces passions font leur malheur, puisqu'ils ne sont malheureux qu'autant qu'ils sont passionnés l'un pour l'autre. Ils tombent dans l'infélicité par cette foiblesse humaine dont nous sommes capables comme eux : leur malheur fait pitié, cela est constant, et il en a coûté assez de larmes aux spectateurs pour ne le point contester. Cette pitié nous doit donner une crainte de tomber dans un pareil malheur, et purger en nous ce trop d'amour qui cause leur infortune et nous les fait plaindre; mais je ne sais si elle nous la donne, ni si elle le purge, et j'ai bien peur que le raisonnement d'Aristote sur ce point ne soit qu'une belle idée qui n'ait jamais son effet dans la vérité. Je m'en rapporte à ceux qui ont vu les représentations; ils peuvent en demander compte au secret de leur cœur, et repasser sur ce qui les a touchés au théâtre pour reconnoître s'ils en sont venus par-là jusqu'à cette crainte réfléchie, et si elle a rectifié en eux la passion qui a causé la disgrâce qu'ils ont plainte. Un des interprètes d'Aristote veut qu'il n'ait parlé de cette purgation des passions dans la tragédie, que parce qu'il écrivoit après Platon, qui bannit les poëtes tragiques de sa république, parce qu'ils les remuent trop fortement. Comme il écrivoit pour le contredire, et montrer qu'il n'est pas à propos de les bannir des états bien policés, il a voulu trouver cette utilité dans ces agitations de l'âme, pour les rendre recommandables par la raison même sur qui l'autre se fonde pour les bannir. Le fruit qui peut naître des impressions que fait la force de l'exemple, lui manquoit : la punition des méchantes actions, et la récompense des bonnes, n'étoient pas de l'usage de son siècle, comme nous les avons rendues de celui du nôtre ; et n'y pouvant trouver une utilité solide, hors celle des sentences et des discours didactiques dont la tragédie se peut passer, selon son avis, il en a substitué une qui peut-être n'est qu'imaginaire. Du moins si, pour la produire, il faut les conditions qu'elle demande, elles se rencontrent si rarement, que Robortel ne les trouve que dans le seul Œdipe, et soutient que ce philosophe ne nous les prescrit pas comme si nécessaires, que leur manquement rende un ouvrage défectueux, mais seulement comme des idées de la perfection des tragédies. Notre siècle les a vues dans le Cid, mais je ne sais s'il les a vues en beaucoup d'autres ; et si nous voulons rejeter un coup d'œil sur cette règle, nous avouerons que le succès a justifié beaucoup de pièces où elle n'est pas observée.

L'exclusion des personnes tout-à-fait vertueuses qui tombent dans le malheur, bannit les martyrs de notre théâtre. Polyeucte y a réussi contre cette maxime, et Héraclius et Nicomède y ont plu, bien qu'ils n'impriment que de la pitié et ne nous donnent rien à craindre, ni aucune passion à purger, puisque nous les y voyons opprimés, et près de périr, sans aucune faute de leur part dont nous puissions nous corriger sur leur exemple.

Le malheur d'un homme fort méchant n'excite ni pitié ni crainte, parce qu'il n'est pas digne de la première, et que les spectateurs ne sont pas méchants comme lui, pour concevoir l'autre à la vue de sa punition : mais il seroit à propos de mettre quelque distinction entre les crimes. Il en est dont les honnêtes gens sont capables par une violence de passion, dont le mauvais succès peut faire effet dans l'âme de l'auditeur. Un honnête homme ne va pas voler au coin d'un bois, ni faire un assassinat de sang froid; mais s'il est bien amoureux, il peut faire une supercherie à son rival; il peut s'emporter de colère, et tuer dans un premier mouvement, et l'ambition le peut engager dans un crime ou dans une action blâmable. Il est peu de mères qui voulussent assassiner ou empoisonner leurs enfants, de peur de leur rendre leur bien, comme Cléopâtre dans Rodogune; mais il en est assez qui prennent goût à en jouir, et ne s'en dessaisissent qu'à regret, et le plus tard qu'il leur est possible. Bien qu'elles ne soient pas capables d'une action si noire et si dénaturée que celle de cette reine de Syrie, elles ont en elles quelque teinture du principe qui l'y porta; et la vue de la juste punition qu'elle en reçoit, leur peut faire craindre, non pas un pareil malheur, mais une infortune proportionnée à ce qu'elles sont capables de commettre. Il en est ainsi de quelques autres crimes, qui ne sont pas de la portée de nos auditeurs. Le lecteur en pourra faire l'examen et l'application sur cet exemple.

Cependant, quelque difficulté qu'il y ait à trouver cette purgation effective et sensible des passions, par le moyen de la pitié et de la crainte, il est aisé de nous accommoder avec Aristote. Nous n'avons qu'à dire que, par cette façon de s'énoncer, il n'a pas entendu que ces deux moyens y servissent toujours ensemble, et qu'il suffit, selon lui, de l'un des deux pour faire cette purgation; avec cette différence toutefois, que la pitié n'y peut arriver sans la crainte, et que la crainte peut y parvenir sans la pitié. La mort du comte n'en fait aucune dans le Cid, et peut toutefois mieux purger en nous cette sorte d'orgueil envieux de la gloire d'autrui, que toute la compassion que nous avons de Rodrigue et de Chimène ne purge les attachements de ce violent amour qui les rend à plaindre l'un et l'autre. L'auditeur peut avoir de la commisération pour Antiochus, pour Nicomède, pour Héraclius; mais s'il en demeure là, et qu'il ne puisse craindre de tomber dans un pareil malheur, il ne guérira d'aucune passion. Au contraire, il n'en a point pour Cléopâtre, ni pour Prusias, ni pour Phocas ; mais la crainte d'une infortune semblable, ou approchante, peut purger en une mère l'opiniâtreté à ne se point dessaisir du bien de ses enfants ; en un mari le trop de déférence à une seconde femme au préjudice de ceux de son premier lit ; en tout le monde, l'avidité d'usurper le bien ou la dignité d'autrui par violence ; et tout cela proportionnément à la condition d'un chacun, et à ce qu'il est capable d'entreprendre. Les déplaisirs et les irrésolutions d'Auguste dans Cinna, peuvent faire ce dernier effet, par la pitié et par la crainte jointes ensemble ; mais, comme je l'ai déjà dit, il n'arrive pas toujours que ceux que nous plaignons soient malheureux par leur faute. Quand ils sont innocents, la pitié que nous en prenons ne produit aucune crainte, et si nous en concevons quelqu'une qui purge nos passions, c'est par le moyen d'une autre personne que celle qui nous fait pitié, et nous la devons toute à la force de l'exemple.

Cette explication se trouvera autorisée par Aristote même, si nous voulons bien peser la raison qu'il rend de l'exclusion de ces événements qu'il désapprouve dans la tragédie. Il ne dit jamais, *celui-là n'y est pas propre, parce qu'il n'excite que la pitié, et ne fait point naître de crainte ; et cet autre n'y est pas supportable, parce qu'il n'excite que de la crainte, et ne fait point naître de pitié;* mais il les rebute, *parce,* dit-il, *qu'ils n'excitent ni pitié ni crainte,* et nous donne à connoître par-là, que c'est par le manque de l'une et de l'autre qu'ils ne lui plaisent pas, et que s'ils produisoient l'une des deux, il ne leur refuseroit point son suffrage. L'exemple d'Œdipe qu'il allègue, me confirme dans cette pensée. Si nous l'en croyons, il a toutes les conditions requises en la tragédie; néanmoins son malheur n'excite que de la pitié, et je ne pense pas qu'à le voir représenter, aucun de ceux qui le plaignent s'avise de craindre de tuer son père ou d'épouser sa mère. Si sa représentation nous peut imprimer quelque crainte, et que cette crainte soit capable de purger en nous quelque inclination blâmable ou vicieuse, elle y purgera la curiosité de savoir l'avenir, et nous empêchera d'avoir recours à des prédictions, qui ne servent, d'ordinaire, qu'à nous faire choir dans le malheur qu'on nous prédit, par les soins même que nous prenons de l'éviter; puisqu'il est certain qu'il n'eût jamais tué son père ni épousé sa mère, si son père et sa mère, à qui l'oracle avoit prédit que cela arriveroit, ne l'eussent fait exposer de peur qu'il n'arrivât. Ainsi, non-seulement ce seront Laïus et Jocaste qui feront naître cette crainte, mais elle ne naîtra que de l'image d'une faute qu'ils ont faite quarante ans avant l'action qu'on représente, et ne s'imprimera en nous que par un autre acteur que le premier, et par une action hors de la tragédie.

Pour recueillir ce discours avant que de passer à une autre matière, établissons pour maxime, que la perfection de la tragédie consiste bien à exciter de la pitié et de la crainte par le moyen d'un premier acteur, comme peut faire Rodrigue dans le Cid, et Placide dans Théodore; mais que cela n'est pas d'une nécessité si absolue, qu'on ne se puisse servir de divers personnages pour faire naître ces deux sentiments, comme dans Rodogune, et même ne porter l'auditeur qu'à l'un des deux, comme dans Polyeucte, dont la représentation n'imprime que de la pitié sans aucune crainte. Cela posé, trouvons quelque modération à la rigueur de ces règles du philosophe, ou du moins quelque favorable interprétation, pour n'être pas obligés de condamner beaucoup de poëmes que nous avons vu réussir sur nos théâtres.

Il ne veut point qu'un homme tout-à-fait innocent tombe dans l'infortune, parce que cela étant abominable, il excite plus d'indignation contre celui qui le persécute, que de pitié pour son malheur; il ne veut pas non plus qu'un très-méchant y tombe, parce qu'il ne peut donner de pitié par un malheur qu'il mérite, ni en faire craindre un pareil à des spectateurs qui ne lui ressemblent pas; mais quand ces deux raisons cessent, en sorte qu'un homme de bien qui souffre excite plus de pitié pour lui que d'indignation contre celui qui le fait souffrir, ou que la punition d'un grand crime peut corriger en nous quelque imperfection qui a du rapport avec lui, j'estime qu'il ne faut point faire de difficulté d'exposer sur la scène des hommes très-vertueux ou très-méchants dans le malheur. En voici deux ou trois manières, que peut-être Aristote n'a su prévoir, parce qu'on n'en voyoit pas d'exemples sur les théâtres de son temps.

La première est, quand un homme très-vertueux est persécuté par un très-méchant, et qu'il échappe au péril où le méchant demeure enveloppé, comme dans Rodogune, et dans Héraclius, qu'on n'auroit pu souffrir, si Antiochus et Rodogune eussent péri dans la première, et Héraclius, Pulchérie et Martian dans l'autre, et que Cléopâtre et Phocas y eussent triomphé. Leur malheur y donne une pitié qui n'est point étouffée par l'aversion qu'on a pour ceux qui les tyrannisent, parce qu'on espère toujours que quelque heureuse révolution les empêchera de succomber; et bien que les crimes de Phocas et de Cléopâtre soient trop grands pour faire craindre l'auditeur d'en commettre de pareils, leur funeste issue peut faire sur lui les effets dont j'ai déjà parlé. Il peut arriver d'ailleurs qu'un homme très-vertueux soit persécuté, et périsse même par les ordres d'un autre qui ne soit pas assez méchant pour attirer trop d'indignation sur lui, et qui montre plus de foiblesse que de crime dans la persécution qu'il lui fait. Si Félix fait périr son gendre Polyeucte, ce n'est pas par cette haine enragée contre les chrétiens, qui nous le rendroit exécrable, mais seulement par une lâche timidité qui n'ose le sauver en présence de Sévère, dont il craint la haine et la vengeance, après les mépris qu'il en a faits durant son peu de fortune. On prend bien quelque aversion pour lui, on désapprouve sa manière d'agir; mais cette aversion ne l'emporte pas sur la pitié qu'on a de Polyeucte, et n'empêche pas que sa conversion miraculeuse, à la fin de la pièce, ne le réconcilie pleinement avec l'auditoire. On peut dire la même chose de Prusias dans Nicomède, et de Valens dans Théodore. L'un maltraite son fils, bien que très-vertueux; et l'autre est cause de la perte du sien, qui ne l'est pas moins; mais tous les deux n'ont que des foiblesses qui ne vont point jusques au crime; et loin d'exciter une indignation qui étouffe la pitié qu'on a pour ces fils généreux, la lâcheté de leur abaissement sous des puissances qu'ils redoutent, et qu'ils devroient braver pour bien agir, fait qu'on a quelque compassion d'eux-mêmes et de leur honteuse politique.

Pour nous faciliter les moyens d'exciter cette pitié, qui fait de si beaux effets sur nos théâtres, Aristote nous donne une lumière. *Toute action, dit-il, se passe ou entre des amis, ou entre des ennemis, ou entre des gens indifférents l'un pour l'autre. Qu'un ennemi tue ou veuille tuer son ennemi, cela ne produit aucune commisération, sinon en tant qu'on s'émeut d'apprendre ou de voir la mort d'un homme, quel qu'il soit. Qu'un indifférent tue un indifférent, cela ne touche guère davantage, d'autant qu'il n'excite aucun combat dans l'âme de celui qui fait l'action; mais quand les choses arrivent entre des gens que la naissance ou l'affection attache aux intérêts l'un de l'autre, comme alors qu'un mari tue ou est près de tuer sa femme, une mère ses enfants, un frère sa sœur; c'est ce qui convient merveilleusement à la tragédie.* La raison en est claire. Les oppositions des sentiments de la nature aux emportements de la passion, ou à la sévérité du devoir, forment de puissantes agitations, qui sont reçues de l'auditeur avec plaisir; et il se porte aisément à plaindre un malheureux opprimé ou poursuivi par une personne qui devroit s'intéresser à sa conservation, et qui quelquefois ne poursuit sa perte qu'avec déplaisir, ou du moins avec répugnance. Horace et Curiace ne seroient point à plaindre, s'ils n'étoient point amis et beaux-frères, ni Rodrigue s'il étoit poursuivi par un autre que sa maîtresse; et le malheur d'Antiochus toucheroit beaucoup moins, si un autre que sa mère lui demandoit le sang de sa maîtresse, ou qu'un autre que sa maîtresse lui demandât celui de sa mère; ou si après la mort de son frère, qui lui donne sujet de craindre un pareil attentat sur sa personne, il avoit à se défier d'autres que de sa mère et de sa maîtresse.

C'est donc un grand avantage pour exciter la commisération, que la proximité du sang, et les liaisons d'amour ou d'amitié entre le persécutant et le persécuté, le poursuivant et le poursuivi, celui qui fait souffrir et celui qui souffre; mais il y a quelque apparence que cette condition n'est pas d'une nécessité plus absolue que celle dont je viens de parler, et qu'elle ne regarde que les tragédies parfaites, non plus que celle-là : du moins les anciens ne l'ont pas toujours observée; je ne la vois point dans l'Ajax de Sophocle, ni dans son Philoctète; et qui voudra parcourir ce qui nous reste d'Eschyle et d'Euripide, y pourra rencontrer quelques exemples à joindre à ceux-ci. Quand je dis que ces deux conditions ne sont que pour les tragédies parfaites, je n'entends pas dire que celles où elles ne se rencontrent point soient imparfaites : ce seroit les rendre d'une nécessité absolue, et me contredire moi-même : mais par ce mot de tragédies parfaites, j'entends celles du genre le plus sublime et le plus touchant; en sorte que celles qui manquent de l'une de ces deux conditions, ou de toutes les deux, pourvu qu'elles soient régulières à cela près, ne laissent pas d'être parfaites en leur genre, bien qu'elles demeurent dans un rang moins élevé, et n'approchent pas de la beauté et de l'éclat des autres, si elles n'en empruntent de la pompe des vers, ou de la magnificence du spectacle, ou de quelque autre agrément qui vienne d'ailleurs que du sujet.

Dans ces actions tragiques qui se passent entre proches, il faut considérer si celui qui veut faire périr l'autre, le connoît ou ne le connoît pas, et s'il achève ou n'achève pas. La diverse combinaison de ces deux manières d'agir forme quatre sortes de tragédies, à qui notre philosophe attribue divers degrés de perfection. *On connoît celui qu'on veut perdre, et on le fait périr en effet, comme Médée tue ses enfants, Clytemnestre son mari, Oreste sa mère;* et la moindre espèce est celle-là. *On le fait périr sans le connoître, et on le reconnoît avec déplaisir après l'avoir perdu;* et cela, dit-il, ou avant la tragédie, comme *Œdipe,* ou dans la tragédie, comme dans l'*Alcméon d'Astydamas,* et *Télégonus* dans *Ulysse blessé,* qui sont deux pièces que le temps n'a pas laissé venir jusqu'à nous; et cette seconde espèce a quelque chose de plus élevé, selon lui, que la première. La troisième est dans le haut degré d'excellence, *quand on est près de faire périr un de ses proches sans le connoître, et qu'on le reconnoît assez tôt pour le sauver,* comme Iphigénie reconnoît Oreste pour son frère lorsqu'elle devoit le sacrifier à Diane, et s'enfuit avec lui. Il en cite encore deux autres exemples, de Mérope dans Cresphonte, et de Hellé, dont nous ne connoissons ni l'un ni l'autre. Il condamne entièrement la quatrième espèce de ceux qui connoissent, entreprennent et n'achèvent pas, qu'il dit *avoir quelque chose de méchant et rien de tragique,* et donne pour exemple Émon, qui tire l'épée contre son père dans l'Antigone, et ne s'en sert que pour se tuer lui-même. Mais si cette condamnation n'étoit modifiée, elle s'étendroit un peu loin, et envelopperoit non-seulement le Cid, mais Cinna, Rodogune, Héraclius et Nicomède.

Disons donc qu'elle ne doit s'entendre que de ceux qui connoissent la personne qu'ils veulent perdre, et s'en dédisent par un simple changement de volonté, sans aucun événement notable qui les y oblige, et sans aucun manque de pouvoir de leur part. J'ai déjà marqué cette sorte de dénoûment pour vicieux. Mais quand ils y font, de leur côté, tout ce qu'ils peuvent, et qu'ils sont empêchés d'en venir à l'effet par quelque puissance supérieure, ou par quelque changement de fortune qui les fait périr eux-mêmes, ou les réduit sous le pouvoir de ceux qu'ils vouloient perdre, il est hors de doute que cela fait une tragédie d'un genre peut-être plus sublime que les trois qu'Aristote avoue; et que s'il n'en a point parlé, c'est qu'il n'en voyoit point d'exemples sur les théâtres de son temps, où ce n'étoit point la mode de sauver les bons par la perte des méchants, à moins que de les souiller eux-mêmes de quelque crime, comme Electre, qui se délivre d'oppression par la mort de sa mère, où elle encourage son frère, et lui en facilite les moyens.

L'action de Chimène n'est donc pas défectueuse, pour ne perdre pas Rodrigue après l'avoir entrepris, puisqu'elle y fait son possible; et que tout ce qu'elle peut obtenir de la justice de son roi, c'est un combat, où la victoire de ce déplorable amant lui impose silence. Cinna et son Émilie ne pèchent point contre la règle en ne perdant point Auguste, puisque la conspiration découverte les en met dans l'impuissance, et qu'il faudroit qu'ils n'eussent aucune teinture d'humanité, si une clémence si peu attendue ne dissipoit toute leur haine. Qu'épargne Cléopâtre pour perdre Rodogune? Qu'oublie Phocas pour se défaire d'Héraclius? Et si Prusias demeuroit le maître, Nicomède n'iroit-il pas servir d'otage à Rome, ce qui lui seroit un plus rude supplice que la mort? Les deux premiers reçoivent la peine de leurs crimes, et succombent dans leurs entreprises sans s'en dédire, et ce dernier est forcé de reconnoître son injustice, après que le soulèvement de son peuple et la générosité de ce fils, qu'il vouloit agrandir aux dépens de son aîné, ne lui permettent plus de la faire réussir.

Ce n'est pas démentir Aristote, que de l'expliquer ainsi favorablement pour trouver dans cette quatrième manière d'agir qu'il rebute, une espèce de nouvelle tragédie plus belle que les trois qu'il recommande, et qu'il leur eût sans doute préférée s'il l'eût connue. C'est faire honneur à notre siècle, sans rien retrancher de l'autorité de ce philosophe; mais je ne sais comment faire pour lui conserver cette autorité, et renverser l'ordre de la préférence qu'il établit entre ces trois espèces. Cependant je pense être bien fondé sur l'expérience, à douter si celle qu'il estime la moindre des trois n'est point la plus belle, et si celle qu'il tient la plus belle n'est point la moindre. La raison est que celle-ci ne peut exciter de pitié. Un père y veut perdre son fils sans le connoître, et ne le regarde que comme indifférent, et peut-être comme ennemi. Soit qu'il passe pour l'un ou pour l'autre, son péril n'est

SUR LE POEME DRAMATIQUE.

digne d'aucune commisération selon Aristote même, et ne fait naître en l'auditeur qu'un certain mouvement de trépidation intérieure, qui le porte à craindre que ce fils ne périsse avant que l'erreur soit découverte, et à souhaiter qu'elle se découvre assez tôt pour l'empêcher de périr : ce qui part de l'intérêt qu'on ne manque jamais à prendre dans la fortune d'un homme assez vertueux pour se faire aimer ; et quand cette reconnoissance arrive, elle ne produit qu'un sentiment de conjouissance de voir arriver la chose comme on le souhaitoit.

Quand elle ne se fait qu'après la mort de l'inconnu, la compassion qu'excitent les déplaisirs de celui qui le fait périr, ne peut avoir grande étendue, puisqu'elle est reculée et renfermée dans la catastrophe. Mais lorsqu'on agit à visage découvert, et qu'on sait à qui on en veut, le combat des passions contre la nature, ou du devoir contre l'amour, occupe la meilleure partie du poëme, et de là naissent les grandes et fortes émotions, qui renouvellent à tous moments, et redoublent la commisération. Pour justifier ce raisonnement par l'expérience, nous voyons que Chimène et Antiochus en excitent beaucoup plus que ne fait OEdipe de sa personne. Je dis de sa personne, parce que le poëme entier en excite peut-être autant que le Cid ou que Rodogune ; mais il en doit une partie à Dircé, et ce qu'elle en fait naître, n'est qu'une pitié empruntée d'un épisode.

Je sais que l'*agnition* est un grand ornement dans

les tragédies; Aristote le dit, mais il est certain qu'elle a ses incommodités. Les Italiens l'affectent en la plupart de leurs poëmes, et perdent quelquefois, par l'attachement qu'ils y ont, beaucoup d'occasions de sentiments pathétiques qui auroient des beautés plus considérables. Cela se voit manifestement en la mort de Crispe, faite par un de leurs plus beaux esprits, Jean-Baptiste Ghirardelli, et imprimée à Rome en l'année 1653. Il n'a pas manqué d'y cacher sa naissance à Constantin, et d'en faire seulement un grand capitaine, qu'il ne reconnoît pour son fils qu'après qu'il l'a fait mourir. Toute cette pièce est si pleine d'esprit et de beaux sentiments, qu'elle eût assez d'éclat pour obliger à écrire contre son auteur, et à la censurer sitôt qu'elle parut. Mais combien cette naissance, cachée sans besoin, et contre la vérité d'une histoire connue, lui a-t-elle dérobé de choses plus belles que les brillants dont il a semé cet ouvrage ! Les ressentiments, le trouble, l'irrésolution et les déplaisirs de Constantin, auroient été bien autres à prononcer un arrêt de mort contre son fils que contre un soldat de fortune. L'injustice de sa préoccupation auroit été bien plus sensible à Crispe de la part d'un père, que de la part d'un maître; et la qualité de fils augmentant la grandeur du crime qu'on lui imposoit, eût en même temps augmenté la douleur d'en voir un père persuadé. Fauste même auroit eu plus de combats intérieurs pour entreprendre un inceste, que pour se résoudre à un adultère; ses remords en auroient été plus animés, et ses désespoirs plus violents. L'auteur a renoncé à tous ces avantages pour avoir dédaigné de traiter ce sujet, comme l'a traité de notre temps le père Stéphonius, jésuite, et comme nos anciens ont traité celui d'Hippolyte; et pour avoir cru l'élever d'un étage plus haut, selon la pensée d'Aristote, je ne sais s'il ne l'a point fait tomber au-dessous de ceux que je viens de nommer.

Il y a grande apparence que ce qu'a dit ce philosophe de ces divers degrés de perfection pour la tragédie, avoit une entière justesse de son temps, et en la présence de ses compatriotes, je n'en veux point douter; mais aussi je ne puis m'empêcher de dire que le goût de notre siècle n'est point celui du sien sur cette préférence d'une espèce à l'autre, ou du moins que ce qui plaisoit au dernier point à ses Athéniens, ne plaît pas également à nos François; et je ne sais point d'autre moyen de trouver mes doutes supportables, et demeurer tout ensemble dans la vénération que nous devons à tout ce qu'il a écrit de la poétique.

Avant que de quitter cette matière, examinons son sentiment sur deux questions touchant ces sujets entre des personnes proches : l'une, si le poëte les peut inventer; l'autre, s'il ne peut rien changer en ceux qu'il tire de l'histoire ou de la fable.

Pour la première, il est indubitable que les anciens en prenoient si peu de liberté, qu'ils arrêtoient leurs tragédies autour de peu de familles, parce que ces sortes d'actions étoient arrivées en peu de familles ; ce qui fait dire à ce philosophe que la fortune leur fournissoit des sujets, et non pas l'art. Je pense l'avoir dit en l'autre discours. Il semble toutefois qu'il en accorde un plein pouvoir aux poëtes par ces paroles : *Ils doivent bien user de ce qui est reçu, ou inventer eux-mêmes.* Ces termes decideroient la question s'ils n'étoient point si généraux ; mais comme il a posé trois espèces de tragédies, selon les divers temps de connoître et les diverses façons d'agir, nous pouvons faire une revue sur toutes les trois, pour juger s'il n'est point à propos d'y faire quelque distinction qui resserre cette liberté. J'en dirai mon avis d'autant plus hardiment, qu'on ne pourra m'imputer de contredire Aristote, pourvu que je la laisse entière à quelqu'une des trois.

J'estime donc, en premier lieu, qu'en celles où l'on se propose de faire périr quelqu'un que l'on connoît, soit que l'on achève, soit qu'on soit empêché d'achever, il n'y a aucune liberté d'inventer la principale action, mais qu'elle doit être tirée de l'histoire ou de la fable. Ces entreprises contre des proches ont toujours quelque chose de si criminel et de si contraire à la nature, qu'elles ne sont pas croyables, à moins que d'être appuyées sur l'une ou sur l'autre ; et jamais elles n'ont cette vraisemblance sans laquelle ce qu'on invente ne peut être de mise.

Je n'ose décider si absolument de la seconde espèce. Qu'un homme prenne querelle avec un autre, et que, l'ayant tué, il vienne à le reconnoître pour son père ou pour son frère, et en tombe au désespoir, cela n'a rien que de vraisemblable, et par conséquent on le peut inventer; mais d'ailleurs, cette circonstance de tuer son père ou son frère sans le connoître, est si extraordinaire et si éclatante, qu'on a quelque droit de dire que l'histoire n'ose manquer à s'en souvenir quand elle arrive entre des personnes illustres, et de refuser toute croyance à de tels événements quand elle ne les marque point. Le théâtre ancien ne nous en fournit aucun exemple qu'Œdipe, et je ne me souviens point d'en avoir vu aucun autre chez nos historiens. Je sais que cet événement sent plus la fable que l'histoire, et que par conséquent il peut avoir été inventé ou en tout, ou en partie; mais la fable et l'histoire de l'antiquité sont si mêlées ensemble, que, pour n'être pas en péril d'en faire un faux discernement, nous leur donnons une égale autorité sur nos théâtres. Il suffit que nous n'inventions pas ce qui de soi n'est point vraisemblable, et qu'étant inventé de longue main, il soit devenu si bien de la connoissance de l'auditeur, qu'il ne s'effarouche point à le voir sur la scène. Toute la métamorphose d'Ovide est manifestement d'invention : on peut en tirer des sujets de tragédie, mais non pas inventer sur ce modèle, si ce n'est des épisodes de même trempe. La raison en est, que bien que nous ne devions rien inventer que de vraisemblable, et que ces sujets fabuleux, comme Andromède et Phaéton, ne le soient point du tout, inventer des épisodes, ce n'est pas tant inventer qu'ajouter à ce qui est déjà inventé; et ces épisodes trouvent une espèce de vraisemblance dans leur rapport avec l'action principale, en sorte qu'on peut dire, que supposé que cela se soit pu faire, il s'est pu faire comme le poëte le décrit.

De tels épisodes toutefois ne seroient pas propres à un sujet historique ou de pure invention, parce qu'ils manqueroient de rapport avec l'action principale, et seroient moins vraisemblables qu'elle.

Les apparitions de Vénus et d'Éole ont eu bonne grâce dans Andromède; mais si j'avois fait descendre Jupiter pour réconcilier Nicomède avec son père, ou Mercure pour révéler à Auguste la conspiration de Cinna, j'aurois fait révolter tout mon auditoire, et cette merveille auroit détruit toute la croyance que le reste de l'action auroit obtenue. Ces dénoûments par des dieux de machine sont fort fréquents chez les Grecs dans des tragédies qui paroissent historiques, et qui sont vraisemblables, à cela près. Aussi Aristote ne les condamne pas tout-à-fait, et se contente de leur préférer ceux qui viennent du sujet. Je ne sais ce qu'en décidoient les Athéniens qui étoient leurs juges; mais les deux exemples que je viens de citer montrent suffisamment qu'il seroit dangereux pour nous de les imiter en cette sorte de licence. On me dira que ces apparitions n'ont garde de nous plaire, parce que nous en savons manifestement la fausseté, et qu'elles choquent notre religion ; ce qui n'arrivoit pas chez les Grecs. J'avoue qu'il faut s'accommoder aux mœurs, de l'auditeur et à plus forte raison à sa croyance ; mais aussi doit-on m'accorder que nous avons du moins autant de foi pour l'apparition des anges et des saints, que les anciens en avoient pour celle de leur Apollon et de leur Mercure. Cependant qu'auroit-on dit si, pour démêler Héraclius d'avec Martian, après la mort de Phocas, je me fusse servi d'un ange ? Ce poëme est entre des chrétiens, et cette apparition y auroit eu autant de justesse que celle des dieux de l'antiquité dans ceux des Grecs ; c'eût été néanmoins un secret infaillible de rendre celui-là ridicule, et il ne faut qu'avoir un peu de sens commun pour en demeurer d'accord. Qu'on me permette donc de dire avec Tacite : *Non omnia apud priores meliora, sed nostra quoque ætas multa laudis et artium imitanda posteris tulit.*

Je reviens aux tragédies de cette seconde espèce, où l'on ne connoît un père ou un fils qu'après l'avoir fait périr ; et pour conclure en deux mots après cette digression, je ne condamnerai jamais personne pour en avoir inventé, mais je ne me le permettrai jamais.

Celles de la troisième espèce ne reçoivent aucune difficulté. Non-seulement on les peut inventer, puisque tout y est vraisemblable et suit le train commun des affections naturelles, mais je doute même si ce ne seroit point les bannir du théâtre, que d'obliger les poëtes à en prendre les sujets dans l'histoire. Nous n'en voyons point de cette nature chez les Grecs qui n'aient la mine d'avoir été inventés par leurs auteurs. Il se peut faire que la fable leur en ait prêté quelques-uns. Je n'ai pas les yeux assez pénétrants pour percer de si épaisses obscurités, et déterminer si l'Iphigénie *in Tauris* est de l'invention d'Euripide, comme son Hélène et son Ion, ou s'il l'a prise d'un autre ; mais je crois pouvoir dire qu'il est très-malaisé d'en trouver dans l'histoire, soit que tels événements n'arrivent que très-rarement, soit qu'ils n'aient pas assez d'éclat pour y mériter une place. Celui de Thésée reconnu par le roi d'Athènes son père, sur le point qu'il l'alloit faire périr, est le seul dont il me souvienne. Quoi qu'il en soit, ceux qui aiment à les mettre sur la scène, peuvent les inventer sans crainte de la censure. Ils pourront produire par-là quelque agréable suspension dans l'esprit de l'auditeur ; mais il ne faut pas qu'ils se promettent de lui tirer beaucoup de larmes.

L'autre question, s'il est permis de changer quelque chose aux sujets qu'on emprunte de l'histoire ou de la fable, semble décidée en termes assez formels par Aristote, lorsqu'il dit, *qu'il ne faut point changer les sujets reçus, et que Clytemnestre doit ne point être tuée par un autre qu'Oreste, ni Ériphyle par un autre qu'Alcméon.* Cette décision peut toutefois recevoir quelque distinction et quelque tempérament. Il est constant que les circonstances, ou, si vous l'aimez mieux, les moyens de parvenir à l'action, demeurent en notre pouvoir. L'histoire souvent ne les marque pas, ou en rapporte si peu, qu'il est besoin d'y suppléer pour remplir le poëme; et même il y a quelque apparence de présumer que la mémoire de l'auditeur qui les aura lues autrefois ne s'y sera pas si fort attachée, qu'il s'aperçoive assez du changement que nous y aurons fait, pour nous accuser de mensonge; ce qu'il ne manqueroit pas de faire, s'il voyoit que nous changeassions l'action principale. Cette falsification seroit cause qu'il n'ajouteroit aucune foi à tout le reste, comme au contraire il croit aisément tout le reste, quand il le voit servir d'acheminement à l'effet qu'il sait véritable, et dont l'histoire lui a laissé une plus forte impression. L'exemple de la mort de Clytemnestre peut servir de preuve à ce que je viens d'avancer. Sophocle et Euripide l'ont traitée tous deux, mais chacun avec un nœud et un dénoûment tout-à-fait différents l'un de l'autre, et c'est cette différence qui empêche que ce ne soit la même pièce, bien que ce soit le même sujet, dont ils ont conservé l'action principale. Il faut donc la conserver comme eux; mais il faut examiner en même temps si elle n'est point si cruelle ou si difficile à représenter, qu'elle puisse diminuer quelque chose de la croyance que l'auditeur doit à l'histoire, et qu'il veut bien donner à la fable, en se mettant à la place de ceux qui l'ont prise pour une vérité. Lorsque cet inconvénient est à craindre, il est bon de cacher l'événement à la vue, et de le faire savoir par un récit qui frappe moins que le spectacle, et nous impose plus aisément.

C'est par cette raison qu'Horace ne veut pas que Médée tue ses enfants, ni qu'Atrée fasse rôtir ceux de Thyeste à la vue du peuple. L'horreur de ces actions engendre une répugnance à les croire, aussi bien que la métamorphose de Progné en oiseau et de Cadmus en serpent, dont la représentation, presque impossible, excite la même incrédulité, quand on la hasarde aux yeux du spectateur.

Quæcumque ostendis mihi sic, incredulus odi.

Je passe plus outre, et pour exténuer ou retrancher cette horreur dangereuse d'une action historique, je voudrois la faire arriver sans la participation du premier acteur, pour qui nous devons toujours ménager la faveur de l'auditoire. Après que Cléopâtre eut tué Séleucus, elle présenta du poison à son autre fils Antiochus à son retour de la chasse; et ce prince, soupçonnant ce qui en étoit, la contraignit de le prendre, et la força à s'empoisonner. Si j'eusse fait voir cette action sans y rien changer, c'eût été punir un parricide par un autre parricide; on eût pris aversion pour Antiochus, et il a été bien plus doux de faire qu'elle-même, voyant que sa haine et sa noire perfidie alloient être découvertes, s'empoisonne dans son désespoir, à dessein d'envelopper ces deux amants dans sa perte, en leur ôtant tout sujet de défiance. Cela fait deux effets: La punition de cette impitoyable mère laisse un plus fort exemple, puisqu'elle devient un effet de la justice du ciel, et non pas de la vengeance des hommes; d'autre côté, Antiochus ne perd rien de la compassion et de l'amitié qu'on avoit pour lui, qui redoublent plutôt qu'elles ne diminuent; et enfin l'action historique s'y trouve conservée malgré ce changement, puisque Cléopâtre périt par le même poison qu'elle présente à Antiochus.

Phocas étoit un tyran, et sa mort n'étoit pas un crime; cependant il a été sans doute plus à propos de la faire arriver par la main d'Exupère, que par celle d'Héraclius. C'est un soin que nous devons prendre de préserver nos héros du crime tant qu'il se peut, et les exempter même de tremper leurs mains dans le sang, si ce n'est en un juste combat. J'ai beaucoup osé dans Nicomède: Prusias, son père, l'avoit voulu faire assassiner dans son armée; sur l'avis qu'il en eut par les assassins mêmes, il entra dans son royaume, s'en empara, et réduisit ce malheureux père à se cacher dans une caverne, où il le fit assassiner lui-même. Je n'ai pas poussé l'histoire jusque-là, et après l'avoir peint trop vertueux pour l'engager dans un parricide, j'ai cru que je pouvois me contenter de le rendre maître de la vie de ceux qui le persécutoient, sans le faire passer plus avant.

Je ne saurois dissimuler une délicatesse que j'ai sur la mort de Clytemnestre, qu'Aristote nous propose pour exemple des actions qui ne doivent point être changées. Je veux bien avec lui qu'elle ne meure que de la main de son fils Oreste; mais je ne puis souffrir chez Sophocle que ce fils la poignarde de dessein formé pendant qu'elle est à genoux devant lui, et le conjure de lui laisser la vie. Je ne puis même pardonner à Électre, qui passe pour une vertueuse opprimée dans le reste de la pièce, l'inhumanité dont elle encourage son frère à ce parricide. C'est un fils qui venge son père, mais c'est sur sa mère qu'il le venge. Séleucus et Antiochus avoient droit d'en faire autant dans Rodogune, mais je n'ai osé leur en donner la moindre pensée. Aussi notre maxime de faire aimer nos principaux acteurs n'étoit pas de l'usage des anciens ; et ces républicains avoient une si forte haine des rois, qu'ils voyoient avec plaisir des crimes dans les plus innocents de leur race. Pour rectifier ce sujet à notre mode, il faudroit qu'Oreste n'eût dessein que contre Égisthe ; qu'un reste de tendresse respectueuse pour sa mère lui en fît remettre la punition aux dieux ; que cette reine s'opiniâtrât à la protection de son adultère, et se mît entre son fils et lui si malheureusement, qu'elle reçût le coup que ce prince voudroit porter à cet assassin de son père. Ainsi elle mourroit de la main de son fils, comme le veut Aristote, sans que la barbarie d'Oreste nous fît horreur, comme dans Sophocle, ni que son action méritât des furies vengeresses pour le tourmenter, puisqu'il demeureroit innocent.

Le même Aristote nous autorise à en user de cette manière, lorsqu'il nous apprend que *le poète n'est pas obligé de traiter les choses comme elles* se sont passées, mais comme elles ont pu ou dû se passer selon le vraisemblable ou le nécessaire. Il répète souvent ces derniers mots, et ne les explique jamais. Je tâcherai d'y suppléer le moins mal qu'il me sera possible, et j'espère qu'on me pardonnera si je m'abuse.

Je dis donc premièrement, que cette liberté qu'il nous laisse d'embellir les actions historiques par des inventions vraisemblables, n'emporte aucune défense de nous écarter du vraisemblable dans le besoin. C'est un privilège qu'il nous donne, et non pas une servitude qu'il nous impose. Cela est clair par ses paroles mêmes. Si nous pouvons traiter les choses selon le vraisemblable ou selon le nécessaire, nous pouvons quitter le vraisemblable pour suivre le nécessaire, et cette alternative met en notre choix de nous servir de celui des deux que nous jugerons le plus à propos.

Cette liberté du poète se trouve encore en termes plus formels dans le vingt-cinquième chapitre, qui contient les excuses, ou plutôt les justifications dont il peut se servir contre la censure. *Il faut*, dit-il, *qu'il suive un de ces trois moyens de traiter les choses, et qu'il les représente, ou comme elles ont été, ou comme on dit qu'elles ont été, ou comme elles ont dû être :* par où il lui donne le choix, ou de la vérité historique, ou de l'opinion commune sur quoi la fable est fondée, ou de la vraisemblance. Il ajoute ensuite : *Si on le reprend de ce qu'il n'a pas écrit les choses dans la vérité, qu'il réponde qu'il les a écrites comme elles ont dû être : si on lui impute de n'avoir fait ni l'un ni l'autre, qu'il se défende sur ce qu'en publie l'opinion commune, comme ce qu'on raconte des dieux, dont la plus grande partie n'a rien de véritable.* Et un peu plus bas : *Quelquefois ce n'est pas le meilleur qu'elles se soient passées de la manière qu'il décrit; néanmoins elles se sont passées effectivement de cette manière,* et par conséquent il est hors de faute. Ce dernier passage montre que nous ne sommes point obligés de nous écarter de la vérité pour donner une meilleure forme aux actions de la tragédie par les ornements de la vraisemblance, et le montre d'autant plus fortement, qu'il demeure pour constant, par le second de ces trois passages, que l'opinion commune suffit pour nous justifier quand nous n'avons pas pour nous la vérité, et que nous pourrions faire quelque chose de mieux que ce que nous faisons, si nous recherchions les beautés de cette vraisemblance. Nous courons par-là quelque risque d'un plus foible succès; mais nous ne péchons que contre le soin que nous devons avoir de notre gloire, et non pas contre les règles du théâtre.

Je fais une seconde remarque sur ces termes de *vraisemblance* et de *nécessaire*, dont l'ordre se trouve quelquefois renversé chez ce philosophe, qui tantôt dit *selon le nécessaire* ou *le vraisemblable*, et tantôt *selon le vraisemblable* ou *le nécessaire.* D'où je tire une conséquence, qu'il y a des occasions où il faut préférer le vraisemblable au nécessaire, et d'autres où il faut préférer le nécessaire au vraisemblable. La raison en est, que ce qu'on emploie le dernier dans les propositions alternatives, y est placé comme un pis-aller dont il faut se contenter quand on ne peut arriver à l'autre, et qu'on doit faire effort pour le premier avant que de se réduire au second, où l'on n'a droit de recourir qu'au défaut de ce premier.

Pour éclaircir cette préférence mutuelle du vraisemblable au nécessaire, et du nécessaire au vraisemblable, il faut distinguer deux choses dans les actions qui composent la tragédie. La première consiste en ces actions mêmes, accompagnées des inséparables circonstances du temps et du lieu; et l'autre en la liaison qu'elles ont ensemble, qui les fait naître l'une de l'autre. En la première, le vraisemblable est à préférer au nécessaire, et le nécessaire au vraisemblable dans la seconde.

Il faut placer les actions où il est plus facile et mieux séant qu'elles arrivent, et les faire arriver dans un loisir raisonnable, sans les presser extraordinairement, si la nécessité de les renfermer dans un lieu et dans un jour ne nous y oblige. J'ai déjà fait voir en l'autre discours que, pour conserver l'unité de lieu, nous faisons parler souvent des personnes dans une place publique, qui vraisemblablement s'entretiendroient dans une chambre; et je m'assure que si on racontoit dans un roman ce que je fais arriver dans le *Cid*, dans *Polyeucte*, dans

Pompée, ou dans *le Menteur,* on lui donneroit un peu plus d'un jour pour l'étendue de sa durée. L'obéissance que nous devons aux régles de l'unité de jour et de lieu nous dispense alors du vraisemblable, bien qu'elle ne nous permette pas l'impossible : mais nous ne tombons pas toujours dans cette nécessité ; et la *Suivante, Cinna, Théodore* et *Nicomède* n'ont point eu besoin de s'écarter de la vraisemblance à l'égard du temps, comme ces autres poëmes.

Cette réduction de la tragédie au roman est la pierre de touche pour démêler les actions nécessaires d'avec les vraisemblables. Nous sommes gênés au théâtre par le lieu, par le temps, et par les incommodités de la représentation, qui nous empêchent d'exposer à la vue beaucoup de personnages tous à la fois, de peur que les uns demeurent sans action ou troublent celle des autres. Le roman n'a aucune de ces contraintes : il donne aux actions qu'il décrit tout le loisir qu'il leur faut pour arriver ; il place ceux qu'il fait parler, agir ou rêver, dans une chambre, dans une forêt, en place publique, selon qu'il est plus à propos pour leur action particulière ; il a pour cela tout un palais, toute une ville, tout un royaume, toute la terre où les promener, et s'il fait arriver ou raconter quelque chose en présence de trente personnes, il en peut décrire les divers sentiments l'un après l'autre. C'est pourquoi il n'a jamais aucune liberté de se départir de la vraisemblance, parce qu'il n'a jamais aucune raison ni excuse légitime pour s'en écarter.

Comme le théâtre ne nous laisse pas tant de facilité de réduire tout dans le vraisemblable, parce qu'il ne nous fait rien savoir que par des gens qu'il expose à la vue de l'auditeur en peu de temps, il nous en dispense aussi plus aisément. On peut soutenir que ce n'est pas tant nous en dispenser, que nous permettre une vraisemblance plus large : mais puisqu'Aristote nous autorise à y traiter les choses selon le nécessaire, j'aime mieux dire que tout ce qui s'y passe d'une autre façon qu'il ne se passeroit dans un roman, n'a point de vraisemblance, à le bien prendre, et se doit ranger entre les actions nécessaires.

L'Horace en peut fournir quelques exemples : l'unité de lieu y est exacte; tout s'y passe dans une salle. Mais si on en faisoit un roman avec les mêmes particularités de scène en scène que j'y ai employées, feroit-on tout passer dans cette salle? A la fin du premier acte, Curiace et Camille sa maîtresse vont rejoindre le reste de la famille, qui doit être dans un autre appartement; entre les deux actes, ils y reçoivent la nouvelle de l'élection des trois Horaces ; à l'ouverture du second, Curiace paroît dans cette même salle pour l'en congratuler. Dans le roman il auroit fait cette congratulation au même lieu où l'on en reçoit la nouvelle en présence de toute la famille, et il n'est point vraisemblable qu'ils s'écartent eux deux pour cette conjouissance; mais il est nécessaire pour le théâtre, et à moins que cela les sentiments des trois Horaces, de leur père, de leur sœur, de Curiace et de Sabine, se fussent présentés à faire paroître tous à la fois. Le roman, qui ne fait rien voir, en fût venu aisément à bout : mais sur la scène il a fallu les séparer pour y mettre quelque ordre, et les prendre l'un après l'autre, en commençant par ces deux-ci, que j'ai été forcé de ramener dans cette salle sans vraisemblance. Cela passé, le reste de l'acte est tout-à-fait vraisemblable, et n'a rien qu'on fût obligé de faire arriver d'une autre manière dans le roman. A la fin de cet acte, Sabine et Camille, outrées de déplaisir, se retirent de cette salle avec un emportement de douleur qui, vraisemblablement, va renfermer leurs larmes dans leur chambre, où le roman les feroit demeurer, et y recevoir la nouvelle du combat. Cependant, par la nécessité de les faire voir au spectateur, Sabine quitte sa chambre au commencement du troisième acte, et revient entretenir ses douloureuses inquiétudes dans cette salle, où Camille la vient trouver. Cela fait, le reste de cet acte est vraisemblable comme en l'autre; et si vous voulez examiner avec cette rigueur les premières scènes des deux derniers, vous trouverez peut-être la même chose, et que le roman placeroit ses personnages ailleurs qu'en cette salle, s'ils en étoient une fois sortis comme ils en sortent à la fin de chaque acte.

Ces exemples peuvent suffire pour expliquer

comme on peut traiter une action selon le nécessaire, quand on ne la peut traiter selon le vraisemblable, qu'on doit toujours préférer au nécessaire, lorsqu'on ne regarde que les actions en elles-mêmes.

Il n'en va pas ainsi de leur liaison, qui les fait naître l'une de l'autre. Le nécessaire y est à préférer au vraisemblable; non que cette liaison ne doive toujours être vraisemblable, mais parce qu'elle est beaucoup meilleure quand elle est vraisemblable et nécessaire tout ensemble. La raison en est aisée à concevoir. Lorsqu'elle n'est que vraisemblable sans être nécessaire, le poëme s'en peut passer, et elle n'y est pas de grande importance; mais quand elle est vraisemblable et nécessaire, elle devient une partie essentielle du poëme, qui ne peut subsister sans elle. Vous trouverez dans Cinna des exemples de ces deux sortes de liaisons : j'appelle ainsi la manière dont une action est produite par l'autre. Sa conspiration contre Auguste est causée nécessairement par l'amour qu'il a pour Émilie, parce qu'il la veut épouser, et qu'elle ne veut se donner à lui qu'à cette condition. De ces deux actions l'une est vraie, l'autre est vraisemblable, et leur liaison est nécessaire. La bonté d'Auguste donne des remords et de l'irrésolution à Cinna; ces remords et cette irrésolution ne sont causés que vraisemblablement par cette bonté, et n'ont qu'une liaison vraisemblable avec elle, parce que Cinna pouvoit demeurer dans la fermeté, et arriver à son but, qui est d'épouser Émilie. Il la consulte dans cette irrésolution : cette consultation n'est que vraisemblable, mais elle est un effet nécessaire de son amour, parce que, s'il eût rompu la conjuration sans son aveu, il ne fût jamais arrivé à ce but qu'il s'étoit proposé ; et par conséquent voilà une liaison nécessaire entre deux actions vraisemblables, ou, si vous l'aimez mieux, une production nécessaire d'une action vraisemblable, par une autre pareillement vraisemblable.

Avant que d'en venir aux définition et division du vraisemblable et du nécessaire, je fais encore une réflexion sur les actions qui composent la tragédie, et trouve que nous pouvons y en faire entrer de trois sortes, selon que nous le jugeons à propos. Les unes suivent l'histoire, les autres ajoutent à l'histoire, les troisièmes falsifient l'histoire. Les premières sont vraies, les secondes quelquefois vraisemblables et quelquefois nécessaires, et les dernières doivent toujours être nécessaires.

Lorsqu'elles sont vraies, il ne faut point se mettre en peine de la vraisemblance ; elles n'ont pas besoin de son secours. *Tout ce qui s'est fait, manifestement s'est pu faire,* dit Aristote, *parce que s'il ne s'étoit pu faire, il ne se seroit pas fait.* Ce que nous ajoutons à l'histoire, comme il n'est pas appuyé de son autorité, n'a pas cette prérogative. *Nous avons une pente naturelle,* ajoute ce philosophe, *à croire que ce qui ne s'est point fait n'a pu encore se faire ;* et c'est pourquoi ce que nous inventons a besoin de la vraisemblance la plus exacte qu'il est possible pour le rendre croyable.

A bien peser ces deux passages, je crois ne m'éloigner point de sa pensée, quand j'ose dire, pour définir le vraisemblable, que c'est *une chose manifestement possible dans la bienséance, et qui n'est ni manifestement vraie, ni manifestement fausse.* On en peut faire deux divisions; l'une en vraisemblable général et particulier, l'autre en ordinaire et extraordinaire.

Le vraisemblable général est ce que peut faire et qu'il est à propos que fasse un roi, un général d'armée, un amant, un ambitieux, etc. Le particulier est ce qu'a pu ou dû faire Alexandre, César, Alcibiade, de compatible avec ce que l'histoire nous apprend de leurs actions. Ainsi tout ce qui choque l'histoire sort de cette vraisemblance, parce qu'il est manifestement faux; et il n'est pas vraisemblable que César, après la bataille de Pharsale, se soit remis en bonne intelligence avec Pompée, ou Auguste avec Antoine après celle d'Actium; bien qu'à parler en termes généraux, il soit vraisemblable que dans une guerre civile, après une grande bataille, les chefs des partis contraires se réconcilient, principalement lorsqu'ils sont généreux l'un et l'autre.

Cette fausseté manifeste qui détruit la vraisemblance, se peut rencontrer même dans les pièces qui sont toutes d'invention. On n'y peut falsifier l'histoire, puisqu'elle n'y a aucune part; mais il y a des circonstances, des temps et des lieux qui peuvent convaincre un auteur de fausseté quand il prend mal ses mesures. Si j'introduisois un roi de France ou d'Espagne sous un nom imaginaire, et que je choisisse, pour le temps de mon action, un siècle dont l'histoire eût marqué les véritables rois de ces deux royaumes, la fausseté seroit toute visible; et c'en seroit une encore plus palpable, si je plaçois Rome à deux lieues de Paris, afin qu'on pût y aller et revenir en un même jour. Il y a des choses sur qui le poëte n'a jamais aucun droit. Il peut prendre quelque licence sur l'histoire, en tant qu'elle regarde les actions des particuliers, comme celle de César ou d'Auguste, et leur attribuer des actions qu'ils n'ont pas faites, ou les faire arriver d'une autre manière qu'ils ne les ont faites; mais il ne peut pas renverser la chronologie, pour faire vivre Alexandre du temps de César, et moins encore changer la situation des lieux ou les noms des royaumes, des provinces, des villes, des montagnes et des fleuves remarquables. La raison est, que ces provinces, ces montagnes, ces rivières sont des choses permanentes. Ce que nous savons de leur situation étoit dès le commencement du monde; nous devons présumer qu'il n'y a point eu de changement, à moins que l'histoire ne le marque; et la géographie nous en apprend tous les noms anciens et modernes. Ainsi un homme seroit ridicule d'imaginer que du temps d'Abraham, Paris fût au pied des Alpes, ou que la Seine traversât l'Espagne, et de mêler de pareilles grotesques dans une pièce d'invention. Mais l'histoire est des choses qui passent, et qui, succédant les unes aux autres, n'ont que chacune un moment pour leur durée, dont il en échappe beaucoup à la connoissance de ceux qui l'écrivent. Aussi n'en peut-on montrer aucune qui contienne tout ce qui s'est passé dans les lieux dont elle parle, ni tout ce qu'ont fait ceux dont elle décrit la vie. Je n'en excepte pas même les Commentaires de César, qui écrivoit sa propre histoire, et devoit la savoir tout entière. Nous savons quels pays arrosoient le Rhône et la Seine avant qu'il vînt dans les Gaules; mais nous ne savons que fort peu de choses, et peut-être rien du tout, de ce qui s'y est passé avant sa venue. Ainsi nous pouvons bien y placer des actions que nous feignons arrivées avant ce temps-là, mais non pas, sous ce prétexte de fiction poétique et d'éloignement des temps, y changer la distance naturelle d'un lieu à l'autre. C'est de cette façon que Barclay en a usé dans son Argénis, où il ne nomme aucune ville ni fleuve de Sicile, ni de nos provinces, que par des noms véritables, bien que ceux de toutes les personnes qu'il y met sur le tapis soient entièrement de son invention, aussi bien que leurs actions.

Aristote semble plus indulgent sur cet article, puisqu'il *trouve le poëte excusable quand il pèche contre un autre art que le sien, comme contre la médecine ou contre l'astrologie.* A quoi je réponds, *qu'il ne l'excuse que sous cette condition, qu'il arrive par-là au but de son art, auquel il n'auroit pu arriver autrement.* Encore avoue-t-il *qu'il pèche en ce cas, et qu'il est meilleur de ne point pécher du tout.* Pour moi, s'il faut recevoir cette excuse, je ferois distinction entre les arts qu'il peut ignorer sans honte, parce qu'il lui arrive rarement des occasions d'en parler sur son théâtre, tels que sont la médecine et l'astrologie que je viens de nommer, et les arts sans la connoissance desquels, ou en tout ou en partie, il ne sauroit établir de justesse dans aucune pièce, tels que sont la géographie et la chronologie. Comme il ne sauroit représenter aucune action sans la placer en quelque lieu et en quelque temps, il est inexcusable s'il fait paroître de l'ignorance dans le choix de ce lieu et de ce temps où il la place.

Je viens à l'autre division du vraisemblable en ordinaire et extraordinaire. L'ordinaire est une action qui arrive plus souvent, ou du moins aussi souvent que sa contraire. L'extraordinaire est une action qui arrive à la vérité moins souvent que sa contraire, mais qui ne laisse pas d'avoir sa possibilité assez aisée pour n'aller point jusqu'au miracle, ni jusqu'à ces événements singuliers qui servent de matière aux tragédies sanglantes par l'appui qu'ils ont de l'histoire ou de l'opinion commune, et qui ne se peuvent tirer en exemple que pour les épisodes de la pièce dont ils font le corps, parce qu'ils ne sont pas croyables, à moins que d'avoir cet appui. Aristote donne deux idées ou exemples généraux de ce vraisemblable extraordinaire : l'un d'un homme subtil et adroit qui se trouve trompé par un moins subtil que lui; l'autre, d'un foible qui se bat contre un plus fort que lui et en demeure victorieux; ce qui sur-tout ne manque jamais à être bien reçu, quand la cause du plus simple ou du plus foible est la plus équitable. Il semble alors que la justice du ciel ait présidé au succès, qui trouve d'ailleurs une croyance d'autant plus facile, qu'il répond aux souhaits de l'auditoire, qui s'intéresse toujours pour ceux dont le procédé est le meilleur. Ainsi la victoire du Cid contre le comte se trouveroit dans la vraisemblance extraordinaire quand elle ne seroit pas vraie. *Il est vraisemblable,* dit notre docteur, *que beaucoup de choses arrivent contre le vraisemblable;* et puisqu'il avoue par-là que ces effets extraordinaires arrivent contre la vraisemblance, j'aimerois mieux les nommer simplement croyables, et les ranger sous le nécessaire, attendu qu'on ne s'en doit jamais servir sans nécessité.

On peut m'objecter que le même philosophe dit, qu'*au regard de la poésie, on doit préférer l'impossible croyable, au possible incroyable,* et conclure de là que j'ai peu de raison d'exiger du vraisemblable, par la définition que j'en ai faite, qu'il soit manifestement possible pour être croyable, puisque, selon Aristote, il y a des choses impossibles qui sont croyables.

Pour résoudre cette difficulté, et trouver de quelle nature est cet impossible croyable dont il ne donne aucun exemple, je réponds qu'il y a des choses impossibles en elles-mêmes qui paroissent aisément possibles, et par conséquent croyables, quand on les envisage d'une autre manière : telles sont toutes celles où nous falsifions l'histoire. Il est impossible qu'elles se soient passées comme nous les représentons, puisqu'elles se sont passées autrement, et qu'il n'est pas au pouvoir de Dieu même de rien changer au passé; mais elles paroissent manifestement possibles, quand elles sont dans la vraisemblance générale, pourvu qu'on les regarde détachées de l'histoire, et qu'on veuille oublier pour quelque temps ce qu'elle dit de contraire à ce que nous inventons. Tout ce qui se passe dans Nicomède est impossible, puisque l'histoire porte qu'il fit mourir son père sans le voir, et que ses frères du second lit étoient en otage à Rome, lorsqu'il s'empara du royaume. Tout ce qui arrive dans Héraclius ne l'est pas moins, puisqu'il n'étoit pas fils de Maurice, et que bien loin de passer pour celui de Phocas, et être nourri comme tel chez ce tyran, il vint fondre sur lui à force ouverte des bords de l'Afrique, dont il étoit gouverneur, et ne le vit peut-être jamais. On ne prend point néanmoins pour incroyables les incidents de ces deux tragédies; et ceux qui savent le désaveu qu'en fait l'histoire, la mettent aisément à quartier pour se plaire à leur représentation, parce qu'ils sont dans la vraisemblance générale, bien qu'ils manquent de la particulière.

Tout ce que la fable nous dit de ses dieux et de ses métamorphoses est encore impossible, et ne laisse pas d'être croyable par l'opinion commune, et par cette vieille tradition qui nous a accoutumés à en ouïr parler. Nous avons droit d'inventer même sur ce modèle, et de joindre des incidents également impossibles à ceux que ces anciennes erreurs nous prêtent. L'auditeur n'est point trompé de son attente, quand le titre du poëme le prépare à n'y voir rien que d'impossible en effet : il y trouve tout croyable ; et cette première supposition faite qu'il est des dieux, et qu'ils prennent intérêt et font commerce avec les hommes, à quoi il vient tout résolu, il n'a aucune difficulté à se persuader du reste.

Après avoir tâché d'éclaircir ce que c'est que le vraisemblable, il est temps que je hasarde une définition du nécessaire, dont Aristote parle tant, et qui seul nous peut autoriser à changer l'histoire et à nous écarter de la vraisemblance. Je dis donc que le nécessaire, en ce qui regarde la poésie, n'est autre chose que *le besoin du poëte pour arriver à son but, ou pour y faire arriver ses acteurs*. Cette définition a son fondement sur les diverses acceptions du mot grec αναγγαιον qui ne signifie pas toujours ce qui est absolument nécessaire, mais aussi quelquefois ce qui est seulement utile à parvenir à quelque chose.

Le but des acteurs est divers, selon les divers desseins que la variété des sujets leur donne. Un amant a celui de posséder sa maîtresse, un ambitieux de s'emparer d'une couronne, un homme offensé de se venger ; et ainsi des autres. Les choses qu'ils ont besoin de faire pour y arriver, constituent ce nécessaire qu'il faut préférer au vraisemblable, ou, pour parler plus juste, qu'il faut ajouter au vraisemblable dans la liaison des actions, et de leur dépendance l'une de l'autre. Je pense m'être déjà assez expliqué là-dessus; je n'en dirai pas davantage.

Le but du poëte est de plaire selon les règles de son art. Pour plaire, il a besoin quelquefois de rehausser l'éclat des belles actions, et d'exténuer l'horreur des funestes. Ce sont des nécessités d'embellissement où il peut bien choquer la vraisemblance particulière par quelque altération de l'histoire, mais non pas se dispenser de la générale, que rarement, et pour des choses qui soient de la dernière beauté, et si brillantes qu'elles éblouissent. Sur-tout il ne doit jamais les pousser au-delà de la vraisemblance extraordinaire, parce que ces ornements qu'il ajoute de son invention ne sont pas d'une nécessité absolue, et qu'il fait mieux de s'en passer tout-à-fait, que d'en parer son poëme contre toute sorte de vraisemblance. Pour plaire selon les règles de son art, il a besoin de renfermer son action dans l'unité de jour et de lieu; et comme cela est d'une nécessité absolue et indispensable, il lui est beaucoup plus permis sur ces deux articles que sur celui des embellissements.

Il est si malaisé qu'il se rencontre dans l'histoire, ni dans l'imagination des hommes, quantité de ces événements illustres et dignes de la tragédie, dont les délibérations et leurs effets puissent arriver en un même lieu et en un même jour, sans faire un peu de violence à l'ordre commun des choses, que je ne puis croire cette sorte de violence tout-à-fait condamnable, pourvu qu'elle n'aille pas jusqu'à l'impossible. Il est de beaux sujets où on ne la peut éviter, et un auteur scrupuleux se priveroit d'une belle occasion de gloire, et le public de beaucoup de satisfaction, s'il n'osoit s'enhardir à les mettre sur le théâtre, de peur de se voir forcé à les faire aller plus vite que la vraisemblance ne le permet. Je lui donnerois en ce cas un conseil que peut-être il trouveroit salutaire ; c'est de ne marquer aucun temps préfix dans son poëme, ni aucun lieu déterminé où il pose ses acteurs. L'imagination de l'auditeur auroit plus de liberté de se laisser aller au courant de l'action, si elle n'étoit point fixée par ces marques, et il pourroit ne s'apercevoir pas de cette précipitation, si elles ne l'en faisoient souvenir, et n'y appliquoient son esprit malgré lui. Je me suis toujours repenti d'avoir fait dire au roi dans le Cid, qu'il vouloit que Rodrigue se délassât une heure ou deux après la défaite des Maures, avant que de combattre don Sanche. Je l'avois fait pour montrer que la pièce étoit dans les vingt-quatre heures, et cela n'a servi qu'à avertir les spectateurs de la contrainte avec laquelle je l'y ai réduite. Si j'avois fait résoudre ce combat sans en désigner l'heure, peut-être n'y auroit-on pas pris garde.

Je ne pense pas que dans la comédie le poëte ait cette liberté de presser son action, par la nécessité de la réduire dans l'unité de jour. Aristote veut que toutes les actions qu'il y fait entrer soient vraisemblables, et n'ajoute point ce mot *ou nécessaires,* comme pour la tragédie. Aussi la différence est assez grande entre les actions de l'une et celles de l'autre. Celles de la comédie partent de personnes communes, et ne consistent qu'en intrigues d'amours et en fourberies, qui se développent si aisément en un jour, qu'assez souvent chez Plaute et chez Térence le temps de leur durée excède à peine celui de leur représentation. Mais, dans la tragédie, les affaires publiques sont mêlées d'ordinaire avec les intérêts particuliers des personnes illustres qu'on y fait paroître : il y entre des batailles, des prises de villes, de grands périls, des révolutions d'états, et tout cela va malaisément avec la promptitude que la règle nous oblige de donner à ce qui se passe sur la scène.

Si vous me demandez jusqu'où peut s'étendre cette liberté qu'a le poëte d'aller contre la vérité et contre la vraisemblance, par la considération du besoin qu'il en a, j'aurai de la peine à vous faire une réponse précise. J'ai fait voir qu'il y a des choses sur qui nous n'avons aucun droit; et pour celles où ce privilége peut avoir lieu, il doit être plus ou moins resserré, selon que les sujets sont plus ou moins connus. Il m'étoit beaucoup moins permis dans Horace et dans Pompée, dont les histoires ne sont ignorées de personne, que dans Rodogune et Nicomède, dont peu de gens savoient les noms avant que je les eusse mis sur le théâtre. La seule mesure qu'on y peut prendre, c'est que tout ce qu'on y ajoute à l'histoire, et tous les changements qu'on y apporte, ne soient jamais plus incroyables que ce qu'on en conserve dans le même poëme. C'est ainsi qu'il faut entendre ce vers d'Horace touchant les fictions d'ornement,

Ficta voluptatis causa sint proxima veris,

et non pas en porter la signification jusqu'à celles qui peuvent trouver quelque exemple dans l'histoire ou dans la fable hors du sujet qu'on traite. Le même Horace décide la question autant qu'on la peut décider par cet autre vers, avec lequel je finis ce discours :

Dabiturque licentia sumpta pudenter.

Servons-nous-en donc avec retenue, mais sans scrupule, et, s'il se peut, ne nous en servons point du tout. Il vaut mieux n'avoir point besoin de grâce, que d'en recevoir.

TROISIÈME DISCOURS.

DES TROIS UNITÉS,
D'ACTION,
DE JOUR ET DE LIEU.

Les deux discours précédents, et l'examen de mes pièces de théâtre, m'ont fourni tant d'occasions d'expliquer ma pensée sur ces matières, qu'il m'en resteroit peu de chose à dire, si je me défendois absolument de répéter.

Je tiens donc, et je l'ai déjà dit, que l'unité d'action consiste, dans la comédie, en l'unité d'intrigues ou d'obstacles aux desseins des principaux acteurs, et en l'unité de péril dans la tragédie, soit que son héros y succombe, soit qu'il en sorte. Ce n'est pas que je prétende qu'on ne puisse admettre plusieurs périls dans l'une, et plusieurs intrigues ou obstacles dans l'autre, pourvu que de l'un on tombe nécessairement dans l'autre; car alors la sortie du premier péril ne rend point l'action complète, puisqu'elle en attire un second, et l'éclaircissement d'une intrigue ne met point les acteurs en repos, puisqu'il les embarrasse dans une nouvelle. Ma mémoire ne me fournit point d'exemples anciens de cette multiplicité de périls attachés l'un à l'autre, qui ne détruit point l'unité d'action; mais j'en ai marqué la duplicité indépendante pour un défaut dans Horace et dans Théodore, dont il n'est point besoin que le premier tue sa sœur au sortir de sa victoire, et que l'autre s'offre au martyre, après avoir échappé à la prostitution; et je me trompe fort, si la mort de Polixène et celle d'Astianax, dans la Troade de Sénèque, ne font la même irrégularité.

En second lieu, ce mot d'unité d'action ne veut pas dire que la tragédie n'en doive faire voir qu'une sur le théâtre. Celle que le poëte choisit pour son sujet doit avoir un commencement, un milieu et une fin, et ces trois parties non-seulement sont autant d'actions qui aboutissent à la principale; mais, en outre, chacune d'elles en peut contenir plusieurs avec la même subordination. Il n'y doit avoir qu'une action complète, qui laisse l'esprit de l'auditeur dans le calme; mais elle ne peut le devenir que par plusieurs autres imparfaites, qui lui servent d'acheminements, et tiennent cet auditeur dans une agréable suspension. C'est ce qu'il faut pratiquer à la fin de chaque acte, pour rendre l'action continue. Il n'est pas besoin qu'on sache précisément tout ce que font les acteurs durant les intervalles qui les séparent, ni même qu'ils agissent lorsqu'ils ne paroissent point sur le théâtre; mais il est nécessaire que chaque acte laisse une attente de quelque chose qui se doive faire dans celui qui le suit.

Si vous me demandiez ce que fait Cléopâtre dans Rodogune, depuis qu'elle a quitté ses deux fils au second acte, jusqu'à ce qu'elle rejoigne Antiochus au quatrième, je serois bien empêché à vous le dire, et je ne crois pas être obligé à en rendre compte; mais la fin de ce second prépare à voir un effort de l'amitié des deux frères pour régner, et dérober Rodogune à la haine envenimée de leur mère. On en voit l'effet dans le troisième, dont la fin prépare encore à voir un autre effort d'Antiochus pour regagner ces deux ennemies l'une après l'autre, et à ce que fait Séleucus dans le quatrième, qui oblige cette mère dénaturée à résoudre et faire attendre ce qu'elle tâche d'exécuter au cinquième.

Dans le Menteur, tout l'intervalle du troisième au quatrième vraisemblablement se consume à dormir par tous les acteurs : leur repos n'empêche pas toutefois la continuité d'action entre ces deux actes, parce que ce troisième n'en a point de complète. Dorante le finit par le dessein de chercher les moyens de regagner l'esprit de Lucrèce; et dès le commencement de l'autre il se présente pour tâcher de parler à quelqu'un de ses gens, et prendre l'occasion de l'entretenir elle-même si elle se montre.

Quand je dis qu'il n'est pas besoin de rendre compte de ce que font les acteurs pendant qu'ils n'occupent point la scène, je n'entends pas dire qu'il ne soit quelquefois fort à propos de le rendre; mais seulement qu'on n'y est pas obligé, et qu'il n'en faut prendre le soin que quand ce qui s'est fait derrière le théâtre sert à l'intelligence de ce qui se doit faire devant les spectateurs. Ainsi je ne

dis rien de ce qu'a fait Cléopâtre depuis le second
acte jusqu'au quatrième, parce que, durant tout ce
temps-là, elle a pu ne rien faire d'important pour
l'action principale que je prépare ; mais je fais connoître, dès le premier vers du cinquième, qu'elle a
employé tout l'intervalle d'entre ces deux derniers
à tuer Séleucus, parce que cette mort fait une partie de l'action. C'est ce qui me donne lieu de remarquer que le poëte n'est pas tenu d'exposer à
la vue toutes les actions particulières qui amènent
à la principale. Il doit choisir celles qui lui sont
les plus avantageuses à faire voir, soit par la beauté
du spectacle, soit par l'éclat et la véhémence des
passions qu'elles produisent, soit par quelque autre
agrément qui leur soit attaché, et cacher les autres
derrière la scène, pour les faire connoître au spectateur, ou par une narration, ou par quelque autre
adresse de l'art. Sur-tout il doit se souvenir que les
unes et les autres doivent avoir une telle liaison ensemble, que les dernières soient produites par celles
qui les précèdent, et que toutes aient leur source
dans la protase, qui doit fermer le premier acte.
Cette règle, que j'ai établie dès le premier discours,
bien qu'elle soit nouvelle, et contre l'usage des anciens, a son fondement sur deux passages d'Aristote.
En voici le premier : *Il y a grande différence*, dit-il,
*entre les événements qui viennent les uns après les
autres, et ceux qui viennent les uns à cause des
autres.* Les Maures viennent dans le Cid après la
mort du comte, et non pas à cause de la mort du

comte ; et le pêcheur vient dans don Sanche après qu'on soupçonne Carlos d'être le prince d'Aragon, et non pas à cause qu'on l'en soupçonne : ainsi tous les deux sont condamnables. Le second passage est encore plus formel, et porte en termes exprès, *que tout ce qui se passe dans la tragédie doit arriver nécessairement ou vraisemblablement de ce qui l'a précédé.*

La liaison des scènes qui unit toutes les actions particulières de chaque acte l'une avec l'autre, et dont j'ai parlé en l'examen de la *Suivante*, est un grand ornement dans un poëme, et qui sert beaucoup à former une continuité d'action par la continuité de la représentation ; mais enfin ce n'est qu'un ornement, et non pas une règle. Les anciens ne s'y sont pas toujours assujettis, bien que la plupart de leurs actes ne soient chargés que de deux ou trois scènes ; ce qui la rendoit bien plus facile pour eux, que pour nous qui leur en donnons quelquefois jusqu'à neuf ou dix. Je ne rapporterai que deux exemples du mépris qu'ils en ont fait. L'un est de Sophocle dans l'*Ajax*, dont le monologue, avant que de se tuer, n'a aucune liaison avec la scène qui le précède, ni avec celle qui le suit. L'autre est du troisième acte de l'*Eunuque de Térence*, où celle d'Antiphon seul n'a aucune communication avec Chrémès et Pythias, qui sortent du théâtre quand il y entre. Les savants de notre siècle, qui les ont pris pour modèles dans les tragédies qu'ils nous ont laissées, ont encore plus négligé cette liaison qu'eux, et il ne faut que jeter l'œil sur celles de Buchanan, de Grotius et de Heinsius, dont j'ai parlé dans l'examen de *Polyeucte*, pour en demeurer d'accord. Nous y avons tellement accoutumé nos spectateurs, qu'ils ne sauroient plus voir une scène détachée sans la marquer pour un défaut; l'œil et l'oreille même s'en scandalisent avant que l'esprit y ait pu faire de réflexion. Le quatrième acte de *Cinna* demeure au-dessous des autres par ce manquement; et ce qui n'étoit point une règle autrefois, l'est devenu maintenant par l'assiduité de la pratique.

J'ai parlé de trois sortes de liaisons dans cet examen de la *Suivante*. J'ai montré aversion pour celles de bruit, indulgence pour celles de vue, estime pour celles de présence et de discours, et dans ces dernières j'ai confondu deux choses qui méritent d'être séparées. Celles qui sont de présence et de discours ensemble, ont sans doute toute l'excellence dont elles sont capables; mais il en est de discours sans présence, et de présence sans discours, qui ne sont pas dans le même degré. Un acteur qui parle à un autre d'un lieu caché, sans se montrer, fait une liaison de discours sans présence, qui ne laisse pas d'être fort bonne; mais cela arrive fort rarement. Un homme qui demeure sur le théâtre seulement pour entendre ce que diront ceux qu'il y voit entrer, fait une liaison de présence sans discours, qui souvent a mauvaise grâce, et tombe dans une affectation mendiée, plutôt pour remplir ce nouvel usage qui passe en précepte, que pour aucun besoin qu'en puisse avoir le sujet. Ainsi dans le troisième acte de *Pompée*, Achorée, après avoir rendu compte à Charmion de la réception que César a faite au roi quand il lui a présenté la tête de ce héros, demeure sur le théâtre, où il voit venir l'un et l'autre, seulement pour entendre ce qu'ils diront et le rapporter à Cléopâtre. Ammon fait la même chose au quatrième acte d'*Andromède*, en faveur de Phinée, qui se retire à la vue du roi et de toute sa cour qu'il voit arriver. Ces personnages qui deviennent muets, lient assez mal les scènes, où ils ont si peu de part, qu'ils n'y sont comptés pour rien. Autre chose est quand ils se tiennent cachés pour s'instruire de quelque secret d'importance par le moyen de ceux qui parlent, et qui croient n'être entendus de personne; car alors l'intérêt qu'ils ont à ce qui se dit, joint à une curiosité raisonnable d'apprendre ce qu'ils ne peuvent savoir d'ailleurs, leur donne grande part en l'action malgré leur silence. Mais en ces deux exemples, Ammon et Achorée mêlent une présence si froide aux scènes qu'ils écoutent, qu'à ne rien déguiser, quelque couleur que je leur donne pour leur servir de prétexte, ils ne s'arrêtent que pour les lier avec celles qui les précèdent, tant l'une et l'autre pièce s'en peut aisément passer.

Bien que l'action du poëme dramatique doive avoir son unité, il y faut considérer deux parties, le nœud et le dénoûment. *Le nœud est composé, selon Aristote, en partie de ce qui s'est passé hors du théâtre avant le commencement de l'action* qu'on y décrit, et en partie de ce qui s'y passe; le reste appartient au dénoûment. Le changement d'une fortune en l'autre fait la séparation de ces deux parties. Tout ce qui le précède est de la première, et ce changement, avec ce qui le suit, regarde l'autre. Le nœud dépend entièrement du choix et de l'imagination industrieuse du poëte, et l'on n'y peut donner de règle, sinon qu'il y doit ranger toutes choses selon le vraisemblable ou le nécessaire, dont j'ai parlé dans le second discours; à quoi j'ajoute un conseil de s'embarrasser le moins qu'il lui est possible des choses arrivées avant l'action qui se représente. Ces narrations importunent d'ordinaire, parce qu'elles ne sont pas attendues, et qu'elles gênent l'esprit de l'auditeur, qui est obligé de charger sa mémoire de ce qui s'est fait dix ou douze ans auparavant, pour comprendre ce qu'il voit représenter : mais celles qui se font des choses qui arrivent et se passent derrière le théâtre depuis l'action commencée, font toujours un meilleur effet, parce qu'elles sont attendues avec quelque curiosité, et font partie de cette action qui se représente. Une des raisons qui donnent tant d'illustres suffrages à *Cinna* pour le mettre au-dessus de ce que j'ai fait, c'est qu'il n'y a aucune narration du passé; celle qu'il fait de sa conspiration à Emilie étant plutôt un ornement qui chatouille l'esprit des spectateurs, qu'une instruction nécessaire de particularités qu'ils doivent savoir et imprimer dans leur mémoire pour l'intelligence de la suite. Émilie leur fait assez connoître, dans les deux premières scènes, qu'il conspiroit contre Auguste en sa faveur; et quand *Cinna* lui diroit tout simplement que les conjurés sont prêts au lendemain, il avanceroit autant pour l'action, que par les cent vers qu'il emploie à lui rendre compte, et de ce qu'il leur a dit, et de la manière dont ils l'ont reçu. Il y a des intrigues qui commencent dès la naissance du héros, comme celle d'*Héraclius;* mais ces grands efforts d'imagination en demandent un extraordinaire à l'attention du spectateur, et l'empêchent souvent de prendre un plaisir entier aux premières représentations, tant elles le fatiguent.

Dans le dénoûment je trouve deux choses à éviter, le simple changement de volonté, et la machine. Il n'y a pas grand artifice à finir un poëme, quand celui qui a fait obstacle au dessein des premiers acteurs durant quatre actes, en désiste au cinquième sans aucun événement notable qui l'y oblige. J'en ai parlé au premier discours, et n'y ajouterai rien ici. La machine n'a pas plus d'adresse, quand elle ne sert qu'à faire descendre un dieu pour accommoder toutes choses, sur le point que les acteurs ne savent plus comment les terminer. C'est ainsi qu'Apollon agit dans l'Oreste: ce prince et son ami Pylade, accusés par Tindare et Ménélas de la mort de Clytemnestre, et condamnés à leur poursuite, se saisissent d'Hélène et d'Hermione; ils tuent ou croient tuer la première, et menacent d'en faire autant de l'autre, si on ne révoque l'arrêt prononcé contre eux. Pour apaiser ces troubles, Euripide ne cherche point d'autre finesse que de faire descendre Apollon du ciel, qui, d'autorité absolue, ordonne qu'Oreste épouse Hermione, et Pylade Électre; et de peur que la mort d'Hélène n'y servît d'obstacle, n'y ayant pas d'apparence qu'Hermione épousât Oreste qui venoit de tuer sa mère, il leur apprend qu'elle n'est pas morte, et qu'il l'a dérobée à leurs coups, et enlevée au ciel dans l'instant qu'ils pensoient la tuer. Cette sorte de machine est entièrement hors de propos, n'ayant aucun fondement sur le reste de la pièce, et fait un dénoûment vicieux. Mais je trouve un peu de rigueur au sentiment d'Aristote, qui met en même rang le char dont Médée se sert pour s'enfuir de Corinthe, après la vengeance qu'elle a prise de Créon. Il me semble que c'en est un assez grand fondement, que de l'avoir faite magicienne, et d'en avoir rapporté, dans le poëme, des actions autant au-dessus des forces de la nature que celle-là. Après ce qu'elle a fait pour Jason à Colchos, après qu'elle a rajeuni son père Éson depuis son retour, après qu'elle a attaché des feux invisibles au présent qu'elle a fait à Créüse, ce char volant n'est point hors de la vraisemblance, et ce poëme n'a point besoin d'autre préparation pour cet effet extraordinaire. Sénèque lui en donne une par ce vers, que Médée dit à sa nourrice :

Tuum quoque ipsa corpus hinc mecum aveham ;

et moi, par celui-ci, qu'elle dit à Égée :

Je vous suivrai demain par un chemin nouveau.

Ainsi la condamnation d'Euripide, qui ne s'y est servi d'aucune précaution, peut être juste, et ne retomber ni sur Sénèque ni sur moi, et je n'ai point besoin de contredire Aristote pour me justifier sur cet article.

De l'action je passe aux actes, qui en doivent contenir chacun une portion, mais non pas si égale, qu'on n'en réserve plus pour le dernier que pour les autres, et qu'on n'en puisse moins donner au premier qu'aux autres. On peut même ne faire autre chose dans ce premier, que peindre les mœurs des personnages, et marquer à quel point ils en sont de l'histoire qu'on va représenter. Aristote n'en prescrit point le nombre; Horace le borne à cinq, et bien qu'il défende d'y en mettre moins, les Espagnols s'opiniâtrent à l'arrêter à trois, et les Italiens font souvent la même chose. Les Grecs les distinguoient par le chant du chœur; et comme je trouve lieu de croire qu'en quelques-uns de leurs poëmes ils le faisoient chanter plus de quatre fois, je ne voudrois pas répondre qu'ils ne les poussassent jamais au-delà de cinq. Cette manière de les distinguer étoit plus incommode que la nôtre; car, ou l'on prêtoit attention à ce que chantoit le chœur, ou l'on n'y en prêtoit point; si l'on y en prêtoit, l'esprit de l'auditeur étoit trop tendu, et n'avoit aucun moment pour se délasser; si l'on n'y en prêtoit point, son attention étoit trop dissipée par la longueur du chant; et lorsqu'un autre acte commençoit, il avoit besoin d'un effort de mémoire pour rappeler en son imagination ce qu'il avoit déjà vu, et en quel point l'action étoit demeurée. Nos violons n'ont aucune de ces deux incommodités. L'esprit de l'auditeur se relâche durant qu'ils jouent, et réfléchit même sur ce qu'il a vu, pour le louer ou le blâmer suivant qu'il lui a plu ou déplu ; et le peu qu'on les laisse jouer lui en laisse les idées si récentes, que quand les acteurs reviennent, il n'a point besoin de se faire d'effort pour rappeler et renouer son attention.

Le nombre des scènes dans chaque acte ne reçoit aucune règle : mais comme tout l'acte doit avoir une certaine quantité de vers qui proportionne sa durée à celle des autres, on y peut mettre plus ou moins de scènes, selon qu'elles sont plus ou moins longues, pour employer le temps que tout l'acte ensemble doit consumer. Il faut, s'il se peut, y rendre raison de l'entrée et de la sortie de chaque acteur : sur-tout pour la sortie, je tiens cette règle indispensable ; et il n'y a rien de si mauvaise grâce qu'un acteur qui se retire du théâtre, seulement parce qu'il n'a plus de vers à dire.

Je ne serois pas si rigoureux pour les entrées. L'auditeur attend l'acteur, et bien que le théâtre représente la chambre ou le cabinet de celui qui parle, il ne peut toutefois s'y montrer, qu'il ne vienne de derrière la tapisserie, et il n'est pas toujours aisé de rendre raison de ce qu'il vient de faire en ville, avant que de rentrer chez lui, puisque même quelquefois il est vraisemblable qu'il n'en est pas sorti. Je n'ai vu personne se scandaliser de voir Émilie commencer Cinna sans dire pourquoi elle vient dans sa chambre. Elle est présumée y être avant que la pièce commence, et ce n'est que la nécessité de la représentation qui la fait sortir de derrière le théâtre pour y venir. Ainsi je dispenserois volontiers de cette rigueur toutes les premières scènes de chaque acte, mais non pas les autres, parce qu'un acteur occupant une fois le théâtre, aucun n'y doit entrer qui n'ait sujet de parler à lui, ou du moins qui n'ait lieu de prendre l'occasion quand elle s'offre. Sur-tout, lorsqu'un acteur entre deux fois dans un acte, soit dans la comédie, soit dans la tragédie, il doit absolument, ou faire juger qu'il reviendra bientôt quand il sort la première fois, comme Horace dans le second acte, et Julie dans le troisième de la même pièce, ou donner raison en rentrant pourquoi il revient sitôt.

Aristote veut que la tragédie bien faite soit belle et capable de plaire sans le secours des comédiens, et hors de la représentation. Pour faciliter ce plaisir au lecteur, il ne faut non plus gêner son esprit que celui du spectateur, parce que l'effort qu'il est obligé de se faire pour la concevoir, et se la représenter lui-même dans son esprit, diminue la satisfaction qu'il en doit recevoir. Ainsi je serois d'avis que le poëte prît grand soin de marquer à la marge les menues actions qui ne méritent pas qu'il en charge ses vers, et qui leur ôteroient même quelque chose de leur dignité, s'il se ravaloit à les exprimer.

Le comédien y supplée aisément sur le théâtre; mais sur le livre on seroit assez souvent réduit à deviner, et quelquefois même on pourroit deviner mal, à moins que d'être instruit par-là de ces petites choses. J'avoue que ce n'est pas l'usage des anciens; mais il faut m'avouer aussi, que, faute de l'avoir pratiqué, ils nous laissent beaucoup d'obscurités dans leurs poëmes, qu'il n'y a que les maîtres de l'art qui puissent développer; encore ne sais-je s'ils en viennent à bout toutes les fois qu'ils se l'imaginent. Si nous nous assujettissions à suivre entièrement leur méthode, il ne faudroit mettre aucune distinction d'actes ni de scènes, non plus que les Grecs. Ce manque est souvent cause que je ne sais combien il y a d'actes dans leurs pièces, ni si à la fin d'un acte un acteur se retire pour laisser chanter le chœur, ou s'il demeure sans action cependant qu'il chante, parce que ni eux ni leurs interprètes n'ont daigné nous en donner un mot d'avis à la marge.

Nous avons encore une autre raison particulière de ne pas négliger ce petit secours, comme ils l'ont fait : c'est que l'impression met nos pièces entre les mains des comédiens qui courent les provinces, que nous ne pouvons avertir que par-là de ce qu'ils ont à faire, et qui feroient d'étranges contre-temps si nous ne leur aidions par ces notes. Ils se trouveroient bien embarrassés au cinquième acte des pièces qui finissent heureusement, et où nous rassemblons tous les acteurs sur notre théâtre, ce que ne faisoient pas les anciens. Ils diroient souvent à l'un ce qui s'adresse à l'autre, principalement quand il faut que le même acteur parle à trois ou quatre l'un après l'autre. Quand il y a quelque commandement à faire à l'oreille, comme celui de Cléopâtre à Laonice pour lui aller querir du poison, il faudroit un *à parte* pour l'exprimer en vers, si l'on se vouloit passer de ces avis en marge ; et l'un me semble beaucoup plus insupportable que les autres, qui nous donnent le vrai et unique moyen de faire, suivant le sentiment d'Aristote, que la tragédie soit aussi belle à la lecture qu'à la représentation, en rendant facile à l'imagination du lecteur tout ce que le théâtre présente à la vue des spectateurs.

La règle de l'unité de jour a son fondement sur ce mot d'Aristote, *que la tragédie doit renfermer la durée de son action dans un tour du soleil, ou tâcher de ne le passer pas de beaucoup.* Ces paroles donnent lieu à cette dispute fameuse, si elles doivent être entendues d'un jour naturel de vingt-quatre heures, ou d'un jour artificiel de douze. Ce sont deux opinions dont chacune a des partisans considérables ; et pour moi, je trouve qu'il y a des sujets si malaisés à renfermer en si peu de temps, que non-seulement je leur accorderois les vingt-quatre heures entières, mais je me servirois même de la licence que donne ce philosophe de les excéder un peu, et les pousserois sans scrupule jusqu'à trente. Nous avons une maxime en droit, qu'il faut élargir la faveur et restreindre les rigueurs ; *Odia restringenda, favores ampliandi,* et je trouve qu'un auteur est assez gêné par cette contrainte, qui a forcé quelques-uns de nos anciens d'aller jusqu'à l'impossible. Euripide, dans *les Suppliantes*, fait partir Thésée d'Athènes avec une armée, donner une bataille devant les murs de Thèbes, qui en étoient éloignés de douze ou quinze lieues, et revenir victorieux en l'acte suivant; et depuis qu'il est parti, jusqu'à l'arrivée du messager qui vient faire le récit de sa victoire, Éthra et le chœur n'ont que trente-six vers à dire. C'est assez bien employer un temps si court. Eschyle fait revenir Agamemnon de Troie avec une vitesse encore tout autre. Il étoit demeuré d'accord avec Clytemnestre sa femme, que sitôt que cette ville seroit prise, il le lui feroit savoir par des flambeaux disposés de montagne en montagne, dont le second s'allumeroit incontinent à la vue du premier, le troisième à la vue du second, et ainsi du reste; et par ce moyen elle devoit apprendre cette grande nouvelle dès la même nuit. Cependant à peine l'a-t-elle apprise par ces flambeaux allumés, qu'Agamemnon arrive, dont il faut que le navire, quoique battu d'une tempête, si j'ai bonne mémoire, ait été aussi vite que l'œil à découvrir ces lumières. Le *Cid* et *Pompée*, où les actions sont un peu précipitées, sont bien éloignés de cette licence; et s'ils forcent la vraisemblance commune en quelque chose, du moins ils ne vont point jusqu'à de telles impossibilités.

Beaucoup déclament contre cette règle, qu'ils nomment tyrannique, et auroient raison, si elle n'étoit fondée que sur l'autorité d'Aristote : mais ce qui doit la faire accepter, c'est la raison naturelle qui lui sert d'appui. Le poëme dramatique est une imitation, ou, pour en mieux parler, un portrait des actions des hommes, et il est hors de doute que les portraits sont d'autant plus excellents, qu'ils ressemblent mieux à l'original. La représentation dure deux heures, et ressembleroit parfaitement, si l'action qu'elle représente n'en demandoit pas davantage pour sa réalité. Ainsi ne nous arrêtons point ni aux douze, ni aux vingt-quatre heures; mais resserrons l'action du poëme dans la moindre durée qu'il nous sera possible, afin que sa représentation ressemble mieux et soit plus parfaite. Ne donnons, s'il se peut, à l'une que les deux heures que l'autre remplit. Je ne crois pas que Rodogune en demande guère davantage, et peut-être qu'elles suffiroient pour Cinna. Si nous ne pouvons la renfermer dans ces deux heures, prenons-en quatre, six, dix; mais ne passons pas de beaucoup les vingt-quatre, de peur de tomber dans le déréglement, et de réduire tellement le portrait en petit, qu'il n'ait plus ses dimensions proportionnées, et ne soit qu'imperfection.

Sur-tout je voudrois laisser cette durée à l'imagination des auditeurs, et ne déterminer jamais le temps qu'elle emporte, si le sujet n'en avoit besoin; principalement quand la vraisemblance y est un peu forcée; comme au Cid, parce qu'alors cela ne sert qu'à les avertir de cette précipitation. Lors même que rien n'est violenté dans un poëme par la nécessité d'obéir à cette règle, qu'est-il besoin de marquer à l'ouverture du théâtre que le soleil se lève, qu'il est midi au troisième acte, et qu'il se couche à la fin du dernier? C'est une affectation qui ne fait qu'importuner. Il suffit d'établir la possibilité de la chose dans le temps où on la renferme, et qu'on le puisse trouver aisément, si l'on y veut prendre garde, sans y appliquer l'esprit malgré soi. Dans les actions même qui n'ont point plus de durée que la représentation, cela seroit de mauvaise grâce, si l'on marquoit, d'acte en acte, qu'il s'est passé une demi-heure de l'un à l'autre.

Je répète ce que j'ai dit ailleurs, que quand nous prenons un temps plus long, comme de dix heures, je voudrois que les huit qu'il faut prendre se consumassent dans les intervalles des actes, et que chacun d'eux n'eût en son particulier que ce que la représentation en consume, principalement lorsqu'il y a liaison de scène perpétuelle; car cette liaison ne souffre point de vide entre deux scènes. J'estime toutefois que le cinquième, par un privilége particulier, a quelque droit de presser un peu le temps, en sorte que la part de l'action qu'il représente en tienne davantage qu'il n'en faut pour sa représentation. La raison en est, que le spectateur est alors dans l'impatience de voir la fin, et que quand elle dépend d'acteurs qui sont sortis du théâtre, tout l'entretien qu'on donne à ceux qui y demeurent en attendant de leurs nouvelles, ne fait que languir, et semble demeurer sans action. Il est hors de doute que depuis que Phocas est sorti au cinquième d'Héraclius, jusqu'à ce qu'Amyntas vienne raconter sa mort, il faut plus de temps pour ce qui se fait derrière le théâtre, que pour le récit des vers qu'Héraclius, Martian et Pulchérie emploient à plaindre leur malheur. Prusias, et Flaminius dans celui de Nicomède, n'ont pas tout le loisir dont ils auroient besoin pour se rejoindre sur la mer, consulter ensemble, et revenir à la défense de la reine ; et le Cid n'en a pas assez pour se battre contre don Sanche durant l'entretien de l'infante avec Léonor, et de Chimène avec Elvire. Je l'ai bien vu, et n'ai point fait de scrupule de cette précipitation, dont peut-être on trouveroit plusieurs exemples chez les anciens ; mais ma paresse, dont j'ai déjà parlé, me fera contenter de celui-ci, qui est de Térence dans l'Andrienne. Simon y fait entrer Pamphile, son fils, chez Glicère, pour en faire sortir le vieillard Criton, et s'éclaircir avec lui de la naissance de sa maîtresse, qui se trouve fille de Chrémès. Pamphyle y entre, parle à Criton, le prie de le servir, revient avec lui ; et durant cette entrée, cette prière et cette sortie, Simon et Chrémès, qui demeurent sur le théâtre, ne disent que chacun un vers, qui ne sauroit donner tout au plus à Pamphyle que le loisir de demander où est Criton, et non pas de parler à lui, et lui dire les raisons qui le doivent porter à découvrir, en sa faveur, ce qu'il sait de la naissance de cette inconnue.

Quand la fin de l'action dépend d'acteurs qui

n'ont point quitté le théâtre, et ne font point attendre de leurs nouvelles, comme dans Cinna et dans Rodogune, le cinquième acte n'a point besoin de ce privilége, parce qu'alors toute l'action est en vue; ce qui n'arrive pas quand il s'en passe une partie derrière le théâtre depuis qu'il est commencé. Les autres actes ne méritent point la même grâce. S'il ne s'y trouve pas assez de temps pour y faire rentrer un acteur qui en est sorti, ou pour faire savoir ce qu'il a fait depuis cette sortie, on peut attendre à en rendre compte dans l'acte suivant; et le violon qui les distingue l'un de l'autre, en peut consumer autant qu'il en est besoin : mais dans le cinquième il n'y a point de remise; l'attention est épuisée, et il faut finir.

Je ne puis oublier, que bien qu'il nous faille réduire toute l'action tragique en un jour, cela n'empêche pas que la tragédie ne fasse connoître, par narration ou par quelque autre manière plus artificieuse, ce qu'a fait son héros en plusieurs années, puisqu'il y en a dont le nœud consiste en l'obscurité de sa naissance qu'il faut éclaircir, comme Œdipe. Je ne répéterai point que moins on se charge d'actions passées, plus on a l'auditeur propice par le peu de gêne qu'on lui donne, en lui rendant toutes les choses présentes, sans demander aucune réflexion à sa mémoire, que pour ce qu'il a vu : mais je ne puis oublier que c'est un grand ornement pour un poëme que le choix d'un jour illustre, et attendu depuis quelque temps. Il ne s'en présente pas toujours des occasions, et dans tout ce que j'ai fait jusqu'ici, vous n'en trouverez de cette nature que quatre; celui d'Horace, où deux peuples devoient décider de leur empire par une bataille; celui de Rodogune, d'Andromède et de don Sanche. Dans Rodogune, c'est un jour choisi par deux souverains pour l'effet d'un traité de paix entre leurs couronnes ennemies, pour une entière réconciliation de deux rivales par un mariage, et pour l'éclaircissement d'un secret de plus de vingt ans touchant le droit d'aînesse entre deux princes jumeaux, dont dépend le royaume et le succès de leur amour. Ceux d'Andromède et de don Sanche ne sont pas de moindre considération; mais, comme je viens de le dire, les occasions ne s'en offrent pas souvent; et, dans le reste de mes ouvrages, je n'ai pu choisir des jours remarquables que par ce que le hasard y fait arriver, et non pas par l'emploi où l'ordre public les ait destinés de longue main.

Quant à l'unité de lieu, je n'en trouve aucun précepte ni dans Aristote ni dans Horace. C'est ce qui porte quelques-uns à croire que la règle ne s'en est établie qu'en conséquence de l'unité du jour, et à se persuader ensuite qu'on le peut étendre jusques où un homme peut aller et revenir en vingt-quatre heures. Cette opinion est un peu licencieuse; et si l'on faisoit aller un acteur en poste, les deux côtés du théâtre pourroient représenter Paris et Rouen. Je souhaiterois, pour ne point gêner du tout le spectateur, que ce qu'on fait représenter devant lui en deux heures, se pût passer en effet en deux heures ; et que ce qu'on lui fait voir sur un théâtre qui ne change point, pût s'arrêter dans une chambre ou dans une salle, suivant le choix qu'on en auroit fait ; mais souvent cela est si malaisé, pour ne dire impossible, qu'il faut de nécessité trouver quelque élargissement pour le lieu comme pour le temps. Je l'ai fait voir exact dans Horace, dans Polyeucte et dans Pompée ; mais il faut pour cela ou n'introduire qu'une femme, comme dans Polyeucte, ou que les deux qu'on introduit aient tant d'amitié l'une pour l'autre, et des intérêts si conjoints, qu'elles puissent être toujours ensemble, comme dans l'Horace, ou qu'il leur puisse arriver comme dans Pompée, où l'empressement de la curiosité naturelle fait sortir de leurs appartements Cléopâtre au second acte, et Cornélie au cinquième, pour aller jusque dans la grand'salle du palais du roi au-devant des nouvelles qu'elles attendent. Il n'en va pas de même dans Rodogune ; Cléopâtre et elle ont des intérêts trop divers pour expliquer leurs plus secrètes pensées en même lieu. Je pourrois en dire ce que j'ai dit de Cinna, où en général tout se passe dans Rome, et en particulier moitié dans le cabinet d'Auguste, et moitié chez Emilie. Suivant cet ordre, le premier acte de cette tragédie seroit dans l'antichambre de Rodogune, le second dans la chambre de Cléopâtre, le troisième dans celle de Rodogune : mais si le quatrième peut commencer chez cette princesse, il n'y peut achever, et ce que

Cléopâtre y dit à ses deux fils l'un après l'autre, y seroit mal placé. Le cinquième a besoin d'une salle d'audience, où un grand peuple puisse être présent. La même chose se rencontre dans Héraclius. Le premier acte seroit fort bien dans le cabinet de Phocas, et le second chez Léontine; mais si le troisième commence chez Pulchérie, il n'y peut achever; et il est hors d'apparence que Phocas délibère dans l'appartement de cette princesse de la perte de son frère.

Nos anciens, qui faisoient parler leurs rois en place publique, donnoient assez aisément l'unité rigoureuse de lieu à leurs tragédies. Sophocle toutefois ne l'a pas observée dans son Ajax, qui sort du théâtre afin de chercher un lieu écarté pour se tuer, et s'y tue à la vue du peuple : ce qui fait juger aisément que celui où il se tue n'est pas le même que celui d'où on l'a vu sortir, puisqu'il n'en est sorti que pour en choisir un autre.

Nous ne prenons pas la même liberté de tirer les rois et les princesses de leurs appartements; et comme souvent la différence et l'opposition des intérêts de ceux qui sont logés dans le même palais ne souffrent pas qu'ils fassent leurs confidences et ouvrent leurs secrets en même chambre, il nous faut chercher quelque autre accommodement pour l'unité de lieu, si nous la voulons conserver dans tous nos poëmes : autrement il faudroit prononcer contre beaucoup de ceux que nous voyons réussir avec éclat.

Je tiens donc qu'il faut chercher cette unité exacte autant qu'il est possible; mais comme elle ne s'accommode pas avec toute sorte de sujets, j'accorderois très-volontiers que ce qu'on feroit passer en une seule ville auroit l'unité de lieu. Ce n'est pas que je voulusse que le théâtre représentât cette ville tout entière, cela seroit un peu trop vaste, mais seulement deux ou trois lieux particuliers enfermés dans l'enclos de ses murailles. Ainsi la scène de Cinna ne sort point de Rome, et est tantôt l'appartement d'Auguste dans son palais, et tantôt la maison d'Émilie. Le Menteur a les Tuileries et la Place Royale dans Paris, et la *Suite* fait voir la prison et le logis de Mélisse dans Lyon. Le Cid multiplie encore davantage les lieux particuliers sans quitter Séville; et comme la liaison de scène n'y est pas gardée, le théâtre, dès le premier acte, est la maison de Chimène, l'appartement de l'infante dans le palais du roi, et la place publique. Le second y ajoute la chambre du roi, et sans doute il y a quelque excès dans cette licence. Pour rectifier en quelque façon cette duplicité de lieu, quand elle est inévitable, je voudrois qu'on fît deux choses: l'une, que jamais on ne changeât dans le même acte, mais seulement de l'un à l'autre, comme il se fait dans les trois premiers de Cinna: l'autre, que ces deux lieux n'eussent point besoin de diverses décorations, et qu'aucun des deux ne fût jamais nommé, mais seulement le lieu général où tous les deux sont compris, comme Paris, Rome, Lyon, Constantinople, etc.

Cela aideroit à tromper l'auditeur, qui, ne voyant rien qui lui marquât la diversité des lieux, ne s'en apercevroit pas, à moins d'une réflexion malicieuse et critique, dont il y en a peu qui soient capables, la plupart s'attachant avec chaleur à l'action qu'ils voient représenter. Le plaisir qu'ils y prennent est cause qu'ils n'en veulent pas chercher le peu de justesse pour s'en dégoûter, et ils ne le reconnoissent que par force, quand il est trop visible, comme dans le Menteur et la *Suite*, où les différentes décorations font reconnoître cette duplicité de lieu malgré qu'on en ait.

Mais comme les personnes qui ont des intérêts opposés ne peuvent pas vraisemblablement expliquer leurs secrets en même place, et qu'ils sont quelquefois introduits dans le même acte avec liaison de scène qui emporte nécessairement cette unité, il faut trouver un moyen qui la rende compatible avec cette contradiction qu'y forme la vraisemblance rigoureuse, et voir comment pourra subsister le quatrième acte de Rodogune et le troisième d'Héraclius, où j'ai déjà marqué cette répugnance du côté des deux personnes ennemies qui parlent en l'un et en l'autre. Les jurisconsultes admettent des fictions de droit; et je voudrois, à leur exemple, introduire des fictions de théâtre, pour établir un lieu théâtral qui ne seroit ni l'appartement de Cléopâtre, ni celui de Rodogune dans la pièce qui porte ce titre, ni celui de Phocas, de Léontine, ou de Pulchérie dans Héraclius, mais une salle sur laquelle ouvrent ces divers appartements, à qui j'attribuerois deux priviléges : l'un, que chacun de ceux qui y parleroient fût présumé y parler avec le même secret que s'il étoit dans sa chambre ; l'autre, qu'au lieu que dans l'ordre commun il est quelquefois de la bienséance que ceux qui occupent le théâtre aillent trouver ceux qui sont dans le cabinet pour parler à eux, ceux-ci pussent les venir trouver sur le théâtre sans choquer cette bienséance, afin de conserver l'unité de lieu et la liaison des scènes. Ainsi Rodogune, dans le premier acte, vient trouver Laonice qu'elle devroit mander pour parler à elle ; et dans le quatrième, Cléopâtre vient trouver Antiochus au même lieu où il vient de fléchir Rodogune ; bien que, dans l'exacte vraisemblance, ce prince devroit aller chercher sa mère dans son cabinet, puisqu'elle hait trop cette princesse pour venir parler à lui dans son appartement, où la première scène fixeroit le reste de cet acte, si l'on n'apportoit ce tempérament dont j'ai parlé à la rigoureuse unité de lieu.

Beaucoup de mes pièces en manqueront si l'on ne veut point admettre cette modération, dont je me contenterai toujours à l'avenir quand je ne pourrai satisfaire à la dernière rigueur de la règle. Je n'ai pu y en réduire que trois, Horace, Polyeucte et Pompée. Si je me donne trop d'indulgence dans les autres, j'en aurai encore davantage pour ceux dont je verrai réussir les ouvrages sur la scène avec quelque apparence de régularité. Il est facile aux spéculatifs d'être sévères; mais s'ils vouloient donner dix ou douze poëmes de cette nature au public, ils élargiroient peut-être les règles encore plus que je ne fais, sitôt qu'ils auroient reconnu, par l'expérience, quelle contrainte apporte leur exactitude, et combien de belles choses elle bannit de notre théâtre. Quoi qu'il en soit, voilà mes opinions, ou, si vous voulez, mes hérésies touchant les principaux points de l'art; et je ne sais point mieux accorder les règles anciennes avec les agréments modernes. Je ne doute point qu'il ne soit aisé d'en trouver de meilleurs moyens, et je serai tout prêt de les suivre, lorsqu'on les aura mis en pratique aussi heureusement qu'on y a vu les miens.

HORACE,

TRAGÉDIE EN CINQ ACTES,

RÉPRÉSENTÉE EN 1639.

ÉPÎTRE DÉDICATOIRE

A MONSEIGNEUR LE CARDINAL

DUC DE RICHELIEU.

Monseigneur,

Je n'aurois jamais eu la témérité de présenter à votre éminence ce mauvais portrait d'Horace, si je n'eusse considéré qu'après tant de bienfaits que j'ai reçus d'elle, le silence où mon respect m'a retenu jusqu'à présent passeroit pour ingratitude, et que, quelque juste défiance que j'aie de mon travail, je dois avoir encore plus de confiance en votre bonté. C'est d'elle que je tiens tout ce que je suis ; et ce n'est pas sans rougir que, pour toute reconnoissance, je vous fais un présent si peu digne de vous, et si peu proportionné à ce que je vous dois. Mais dans cette confusion, qui m'est commune avec tous ceux qui écrivent, j'ai cet avantage, qu'on ne peut, sans quelque injustice, condamner mon choix, et que ce généreux Romain, que je mets aux pieds de votre éminence, eût pu paroître devant elle avec moins de honte si les forces de l'artisan eussent répondu à la dignité de la matière : j'en ai pour garant l'auteur dont je l'ai tirée, qui commence à décrire cette fameuse histoire par ce glorieux éloge, « qu'il n'y a presque aucune chose plus noble dans toute l'antiquité. » Je voudrois que ce qu'il a dit de l'action se pût dire de la peinture que j'en ai faite, non pour en tirer plus de vanité, mais seulement pour vous offrir quelque chose un peu moins indigne de vous être offert. Le sujet étoit capable de plus de grâces s'il eût été traité d'une main plus savante; mais du moins il a reçu de la mienne toutes celles qu'elle étoit capable de lui donner, et qu'on pouvoit raisonnablement attendre d'une muse de province, qui, n'étant pas assez heureuse pour jouir souvent des regards de votre éminence, n'a pas les mêmes lumières à se conduire qu'ont celles qui en sont continuellement éclairées. Et certes, Monseigneur, ce changement visible qu'on remarque en mes ouvrages depuis que j'ai l'honneur d'être à votre éminence, qu'est-ce autre chose qu'un effet des grandes idées qu'elle m'inspire quand elle daigne souffrir que je lui rende mes devoirs? et à quoi peut-on attribuer ce qui s'y mêle de mauvais, qu'aux teintures grossières que je reprends quand je demeure abandonné à ma propre foiblesse? Il faut, Monseigneur, que tous ceux qui donnent leurs veilles au théâtre publient hautement avec moi que nous vous avons

DÉDICATOIRE.

deux obligations très-signalées : l'une, d'avoir ennobli le but de l'art; l'autre, de nous en avoir facilité les connoissances. Vous avez ennobli le but de l'art, puisqu'au lieu de celui de plaire au peuple que nous prescrivent nos maîtres, et dont les deux plus honnêtes gens de leur siècle, Scipion et Lélie, ont autrefois protesté de se contenter, vous nous avez donné celui de vous plaire et de vous divertir, et qu'ainsi nous ne rendons pas un petit service à l'état, puisque, contribuant à vos divertissements, nous contribuons à l'entretien d'une santé qui lui est si précieuse et si nécessaire. Vous nous en avez facilité les connoissances, puisque nous n'avons plus besoin d'autre étude pour les acquérir que d'attacher nos yeux sur votre éminence quand elle honore de sa présence et de son attention le récit de nos poëmes. C'est là que, lisant sur son visage ce qui lui plaît et ce qui ne lui plaît pas, nous nous instruisons avec certitude de ce qui est bon et de ce qui est mauvais, et tirons des règles infaillibles de ce qu'il faut suivre et de ce qu'il faut éviter: c'est là que j'ai souvent appris en deux heures ce que mes livres n'eussent pu m'apprendre en dix ans: c'est là que j'ai puisé ce qui m'a valu l'applaudissement du public; et c'est là qu'avec votre faveur j'espère puiser assez pour être un jour une œuvre digne de vos mains. Ne trouvez donc pas mauvais, Monseigneur, que, pour vous remercier de ce que j'ai de réputation, dont je vous suis entièrement redevable, j'emprunte quatre vers d'un autre Horace que celui que je vous

ÉPITRE DÉDICATOIRE.

présente, et que je vous exprime par eux les plus véritables sentiments de mon âme :

> Totum muneris hoc tui est,
> Quòd monstror digito prætereuntium
> Scenae non levis artifex :
> Quòd spiro et placeo, si placeo, tuum est.

Je n'ajouterai qu'une vérité à celle-ci, en vous suppliant de croire que je suis et serai toute ma vie très-passionnément,

MONSEIGNEUR,

DE VOTRE ÉMINENCE

Le très-humble, très-obéissant
et très-fidèle serviteur,

P. Corneille.

SUJET DE LA TRAGÉDIE
D'HORACE,
EXTRAIT DE TITE-LIVE,
IMPRIMÉ PAR CORNEILLE.

Titus Livius, libro primo.

Bellum utrinque summa ope parabatur, civili simillimum bello, prope inter parentes natosque, trojanam utramque prolem, cum Lavinium ab Troja, ab Lavinio Alba, ab Albanorum stirpe regum oriundi Romani essent. Eventus tamen belli minus miserabilem dimicationem fecit, quod nec acie certatum est, et tectis modo dirutis alterius urbis, duo populi in unum confusi sunt. Albani priores ingenti exercitu in agrum romanum impetum fecere : castra ab urbe haud plus quinque millia passuum locant, fossa circumdant. Fossa Civilia ab nomine ducis per aliquot secula appellata est, donec cum re nomen quoque vetustate abolevit. In his castris Civilius Albanus rex moritur. Dictatorem Albani Metium Suffetium creant. Interim Tullus ferox præcipue morte regis magnumque deorum numen ab ipso capite orsum, in omne nomen Albanum expetiturum pœnas ob bellum impium dictitans, nocte præteritis hostium castris, infesto exercitu in agrum Albanum pergit. Ea res ab stativis excivit Metium, is ducit exercitum quam proxime ad hostem potest, inde legatum præmissum nunciare Tullo jubet, priusquam dimicent, opus esse colloquio : si secum congressus sit, satis scire ea se allaturum, quæ nihilo minus ad rem Romanam, quam ad Albanam pertineant. Haud aspernatus Tullus, tametsi vana afferrentur, suos in aciem educit; exeunt contra et Albani. Postquam instructi utrinque stabant, cum paucis procerum in medium duces procedunt. Ibi infit Albanus : *Injurias, et non redditas res ex fœdere quæ repetitæ sunt; et, ego regem nostrum Civilium causam hujusce esse belli audisse videor, nec te dubito, Tulle, eadem præ te ferre. Sed si vera potius quam dictu speciosa dicenda sunt, cupido imperii duos cognatos vicinosque populos ad arma stimulat; neque rectè an perperam interpretor, fuerit ista ejus deliberatio qui bellum suscepit; me Albani gerendo bello ducem creavere. Illud te, Tulle, monitum velim : Etrusca res quanta circa nos teque maxime sit, quo propior es Volscis, hoc magis scis : multum illi terra, plurimum mari pollent. Memor esto, jam cum signum pugnæ dabis, has duas acies spectaculo fore, ut fessos confectosque, simul victorem ac victum aggrediantur. Itaque, si nos dii amant, quoniam non contenti libertate certa, in dubiam imperii, servitiique aleam imus, ineamus aliquam viam, qua utri utris imperent, sine magna clade, sine multo sanguine utriusque populi decerni possit.* Haud displicet res Tullo, quamquam tum indole animi, tum spe victoriæ ferocior erat. Quærentibus utrinque ratio initur, cui et fortuna ipsa præbuit materiam. Forte in duobus tum exercitibus erant tergemini fratres, nec ætate, nec viribus dispares. Horatios Curiatiosque fuisse satis constat, NEC FERME RES ANTIQUA ALIA EST NOBILIOR ; tamen in re tam clara nominum error manet, utrius populi Horatii, utrius Curiatii fuerint. Auctores utroque trahunt : plures tamen invenio qui Romanos Horatios vocent : hos ut sequar, inclinat animus. Cum tergeminis agunt reges, ut pro sua quisque patria dimicet ferro, ibi imperium fore, unde victoria fuerit. Nihil recusatur, tempus et locus convenit. Priusquam dimicarent, fœdus ictum inter Romanos et Albanos est his legibus, Ut cujus populi cives eo certamine vicissent, is alteri populo cum bonâ pace imperitaret.... Fœdere icto, tergemini (sicut convenerat) arma capiunt. Cum sui utrosque adhortarentur, deos patrios, patriam ac parentes, quicquid civium domi, quicquid in exercitu sit, illorum tunc arma, illorum intueri manus, feroces et suopte ingenio, et pleni adhortantium vocibus, in medium inter duas acies procedunt. Consederant utrinque pro castris duo exercitus, periculi magis præsentis, quam curæ expertes : quippe imperium agebatur, in tam paucorum virtute atque fortuna positum. Itaque erecti suspensique in minime gratum spectaculum animo intenduntur. Datur signum : infestisque armis, velut acies, terni juvenes magnorum exercituum animos gerentes concurrunt. Nec his, nec illis periculum suum, sed publicum imperium, servitiumque obversatur animo, futuraque ea deinde patriæ fortuna, quam ipsi fecissent. Ut primo statim concursu increpuere arma, micantesque fulsere gladii, horror ingens spectantes perstringit, et neutrò inclinata spe, torpebat vox spiritusque. Consertis deinde manibus, cum jam non motus tantùm corporum, agitatioque anceps telorum armorumque, sed vulnera quoque et sanguis spectaculo essent, duo Romani, super alium alius, vulneratis tribus Albanis, expirantes corruerunt. Ad quorum casum cum conclamasset gaudio Albanus exercitus, Romanas legiones jam spes tota, nondum tamen cura deseruerat, exanimes vice unius, quem tres Curiatii circumsteterant. Forte is integer fuit, ut universis solus nequaquam par, sic adversus singulos ferox. Ergo ut segregaret pugnam eorum, capescit fugam, ita ratus secuturos, ut quemque vulnere affectum corpus sineret. Jam aliquantum spatii ex eo loco, ubi pugnatum est, aufugerat, cum respiciens videt magnis intervallis, sequentes, unum haud procul ab sese abesse, in eum magno impetu redit. Et dum Albanus exercitus inclamat Curiatiis, uti opem ferant fratri, jam Horatius, cæso hoste, victor secundam pugnam petebat. Tunc clamore (qualis ex insperato faventium solet) Romani adjuvant militem suum : et ille defungi prælio festinat. Prius itaque quam alter, qui nec procul aberat, consequi posset, et alterum Curiatium conficit. Jamque æquato Marte singuli supererant, sed nec spe, nec viribus pares : alterum intactum ferro corpus, et geminata victoria ferocem in certamen tertium dabant, alter fessum vulnere, fessum cursu trahens corpus, victusque fratrum ante se strage, victori objicitur hosti. Nec illud praelium fuit. Romanus exultans, *Duos*, inquit, *fratrum manibus dedi, tertium causae belli hujusce, ut Romanus Albano imperet, dabo.* Malè sustinenti arma gladium supernè jugulo defigit, jacentem spoliat. Romani ovantes ac gratulantes Horatium accipiunt: eo majore cum gaudio, quo propius metum res fuerat. Ad sepulturam inde suorum nequaquam paribus animis vertuntur: quippe imperio alteri aucti, alteri ditionis alienae facti. Sepulcra exstant, quo quisque loco cecidit: duo Romana uno loco propius Albam, tria Albana, Romam versùs: sed distantia locis, et ut pugnatum est. Priusquam inde digrederentur, roganti Metio ex foedere icto, quid imperaret, imperat Tullus, uti juventutem in armis habeat, usurum se eorum opera, si bellum cum Vejentibus foret. Ita exercitus inde domos abducti. Princeps Horatius ibat tergemina spolia prae se gerens, cui soror virgo, quae desponsata uni ex Curiatiis fuerat, obviàm ante portam Capenam fuit: cognitoque super humeros fratris paludamento sponsi, quod ipsa confecerat, solvit crines, et flebiliter nomine sponsum mortuum appellat. Movet feroci juveni animum comploratio sororis in victoria sua, tantoque gaudio publico. Stricto itaque gladio, simul verbis increpans, transfigit puellam. *Abi hinc cum immaturo amore ad sponsum*, inquit, *oblita fratrum mortuorum, vivique, oblita patriae. Sic eat, quaecumque Romana lugebit hostem.* Atrox visum id facinus patribus, plebique, sed recens meritum facto obstabat : tamen raptus in jus ad Regem. Rex, ne ipse tam tristis ingratique ad vulgus judicii, aut secundùm judicium supplicii auctor esset, concilio populi advocato, *duumviros*, inquit, *qui Horatio perduellionem judicent secundùm legem, facio.* Lex horrendi carminis erat, *duumviri perduellionem judicent. Si à duumviris provocarit, provocatione certato : si vincent, caput obnubito, infelici arbori reste suspendito, verberato, vel intra pomœrium, vel extra pomœrium.* Hac lege duumviri creati, qui se absolvere non rebantur ea lege ne innoxium quidem posse. Cum condemnassent, tum alter ex his, *P. Horati, tibi perduellionem judico,* inquit : *I, lictor, colliga manus.* Accesserat lictor, injiciebatque laqueum : tum Horatius, auctore Tullo, clemente legis interprete : *Provoco,* inquit. Ita de provocatione certatum ad populum est. Moti homines sunt in eo judicio, Maxime P. Horatio patre proclamante se filiam jure cæsam judicare ; ni ita esset, patrio jure in filium animadversurum fuisse. Orabat deinde, ne se, quem paulo ante cum egregia stirpe conspexissent, orbum liberis facerent. Inter hæc senex juvenem amplexus, spolia Curiatiorum fixa eo loco, qui nunc pila Horatia appellatur, ostentans : *Hunccine,* aiebat, *quem modò decoratum, ovantemque victoria, incedentem vidistis, Quirites, eum sub furca vinctum inter verbera et cruciatus videre potestis ? quod vix Albanorum oculi tam deforme spectaculum ferre possent. I, lictor, colliga manus,* quæ paulo ante armatæ, imperium populo Romano pepererunt. I, caput obnube liberatoris urbis hujus: arbori infelici suspende : verbera, vel intra pomœrium, modò inter illa pila et spolia hostium : vel extra pomœrium, modò inter sepulcra Curiatiorum. Quò enim ducere hunc juvenem potestis, ubi non sua decora eum à tanta fœditate supplicii vindicent? Non tulit populus nec patris lacrymas, nec ipsius parem in omni periculo animum : absolveruntque admiratione magìs virtutis, quàm jure causæ. Itaque ut cædes manifesta aliquo tamen piaculo lueretur, imperatum patri, ut filium expiaret pecuniâ publicâ. Is quibusdam piacularibus sacrificiis factis, quæ deinde genti Horatiæ tradita sunt, transmisso per viam tigillo, capite adoperto, velut sub jugum misit juvenem. Id hodie publice quoque semper refectum manet : sororium tigillum vocant. Horatiæ sepulcrum, quo loco corruerat icta, constructum est saxo quadrato.

PERSONNAGES.

TULLE, roi de Rome.
LE VIEIL HORACE, chevalier romain.
HORACE, son fils.
CURIACE, gentilhomme d'Albe, amant de Camille.
VALÈRE, chevalier romain, amoureux de Camille.
SABINE, femme d'Horace, et sœur de Curiace.
CAMILLE, amante de Curiace, et sœur d'Horace.
JULIE, dame romaine, confidente de Sabine et de Camille.
FLAVIAN, soldat de l'armée d'Albe.
PROCULE, soldat de l'armée de Rome.

La scène est à Rome, dans une salle de la maison d'Horace.

HORACE,
TRAGÉDIE.

ACTE PREMIER.

SCÈNE I.ère

SABINE, JULIE.

SABINE.

Approuvez ma foiblesse, et souffrez ma douleur;
Elle n'est que trop juste en un si grand malheur:
Si près de voir sur soi fondre de tels orages, [2]
L'ébranlement sied bien aux plus fermes courages;
Et l'esprit le plus mâle et le moins abattu
Ne sauroit sans désordre exercer sa vertu.
Quoique le mien s'étonne à ces rudes alarmes,
Le trouble de mon cœur ne peut rien sur mes larmes, [3]
Et, parmi les soupirs qu'il pousse vers les cieux,
Ma constance du moins règne encor sur mes yeux :
Quand on arrête là les déplaisirs d'une âme, [4]
Si l'on fait moins qu'un homme, on fait plus qu'une femme : [5]
Commander à ses pleurs en cette extrémité,
C'est montrer, pour le sexe, assez de fermeté.

HORACE.

JULIE.

C'en est peut-être assez pour une âme commune,
Qui du moindre péril se fait une infortune :
Mais de cette foiblesse un grand cœur est honteux;
Il ose espérer tout dans un succès douteux.
Les deux camps sont rangés au pied de nos murailles;
Mais Rome ignore encor comme on perd les batailles.
Loin de trembler pour elle, il lui faut applaudir :
Puisqu'elle va combattre, elle va s'agrandir.
Bannissez, bannissez une frayeur si vaine,
Et concevez des vœux dignes d'une Romaine.

SABINE.

Je suis Romaine, hélas! puisqu'Horace est Romain; 6
J'en ai reçu le titre en recevant sa main :
Mais ce nœud me tiendroit en esclave enchaînée,
S'il m'empêchoit de voir en quels lieux je suis née.
Albe, où j'ai commencé de respirer le jour,
Albe, mon cher pays, et mon premier amour, 7
Lorsqu'entre nous et toi je vois la guerre ouverte,
Je crains notre victoire autant que notre perte.

Rome, si tu te plains que c'est là te trahir,
Fais-toi des ennemis que je puisse haïr : 8
Quand je vois de tes murs leur armée et la nôtre,
Mes trois frères dans l'une, et mon mari dans l'autre,
Puis-je former des vœux, et sans impiété
Importuner le ciel pour ta félicité?
Je sais que ton état, encore en sa naissance,
Ne sauroit, sans la guerre, affermir sa puissance;
Je sais qu'il doit s'accroître, et que tes grands destins
Ne le borneront pas chez les peuples latins;

Que les dieux t'ont promis l'empire de la terre,
Et que tu n'en peux voir l'effet que par la guerre :
Bien loin de m'opposer à cette noble ardeur
Qui suit l'arrêt des dieux et court à ta grandeur,
Je voudrois déjà voir tes troupes couronnées
D'un pas victorieux franchir les Pyrénées.
Va jusqu'en l'orient pousser tes bataillons ;
Va sur les bords du Rhin planter tes pavillons ;
Fais trembler sous tes pas les colonnes d'Hercule ;
Mais respecte une ville à qui tu dois Romule.
Ingrate ! souviens-toi que du sang de ses rois
Tu tiens ton nom, tes murs, et tes premières lois.
Albe est ton origine ; arrête, et considère
Que tu portes le fer dans le sein de ta mère.
Tourne ailleurs les efforts de tes bras triomphants ;
Sa joie éclatera dans l'heur de ses enfants ; 9
Et, se laissant ravir à l'amour maternelle, 10
Ses vœux seront pour toi, si tu n'es plus contre elle.

JULIE.

Ce discours me surprend, vu que, depuis le temps 11
Qu'on a contre son peuple armé nos combattants,
Je vous ai vu pour elle autant d'indifférence,
Que si d'un sang romain vous aviez pris naissance.
J'admirois la vertu qui réduisoit en vous
Vos plus chers intérêts à ceux de votre époux ;
Et je vous consolois au milieu de vos plaintes,
Comme si notre Rome eût fait toutes vos craintes. 12

SABINE.

Tant qu'on ne s'est choqué qu'en de légers combats,
Trop foibles pour jeter un des partis à bas, 13

Tant qu'un espoir de paix a pu flatter ma peine,
Oui, j'ai fait vanité d'être toute Romaine.
Si j'ai vu Rome heureuse avec quelque regret,
Soudain j'ai condamné ce mouvement secret ;
Et si j'ai ressenti, dans ses destins contraires, 14
Quelque maligne joie en faveur de mes frères,
Soudain, pour l'étouffer, rappelant ma raison,
J'ai pleuré quand la gloire entroit dans leur maison.
Mais aujourd'hui qu'il faut que l'une ou l'autre tombe,
Qu'Albe devienne esclave, ou que Rome succombe,
Et qu'après la bataille il ne demeure plus
Ni d'obstacle aux vainqueurs, ni d'espoir aux vaincus,
J'aurois pour mon pays une cruelle haine, 15
Si je pouvois encore être toute Romaine,
Et si je demandois votre triomphe aux dieux,
Au prix de tant de sang qui m'est si précieux.
Je m'attache un peu moins aux intérêts d'un homme ;
Je ne suis point pour Albe, et ne suis plus pour Rome ;
Je crains pour l'une et l'autre en ce dernier effort,
Et serai du parti qu'affligera le sort.
Égale à tous les deux jusques à la victoire, 16
Je prendrai part aux maux sans en prendre à la gloire ;
Et je garde, au milieu de tant d'âpres rigueurs, 17
Mes larmes aux vaincus, et ma haine aux vainqueurs.

JULIE.

Qu'on voit naître souvent de pareilles traverses, 18
En des esprits divers, des passions diverses !
Et qu'à nos yeux Camille agit bien autrement !
Son frère est votre époux, le vôtre est son amant :

Mais elle voit d'un œil bien différent du vôtre
Son sang dans une armée et son amour dans l'autre.
Lorsque vous conserviez un esprit tout romain, 19
Le sien irrésolu, le sien tout incertain,
De la moindre mêlée appréhendoit l'orage;
De tous les deux partis détestoit l'avantage,
Au malheur des vaincus donnoit toujours ses pleurs,
Et nourrissoit ainsi d'éternelles douleurs.
Mais hier, quand elle sut qu'on avoit pris journée, 20
Et qu'enfin la bataille alloit être donnée,
Une soudaine joie éclatant sur son front....

SABINE.

Ah! que je crains, Julie, un changement si prompt!
Hier, dans sa belle humeur, elle entretint Valère : 21
Pour ce rival, sans doute, elle quitte mon frère; 22
Son esprit, ébranlé par les objets présents, 23
Ne trouve point d'absent aimable après deux ans.
Mais excusez l'ardeur d'une amour fraternelle;
Le soin que j'ai de lui me fait craindre tout d'elle :
Je forme des soupçons d'un trop léger sujet. 24
Près d'un jour si funeste on change peu d'objet;
Les âmes rarement sont de nouveau blessées;
Et dans un si grand trouble on a d'autres pensées :
Mais on n'a pas aussi de si doux entretiens, 25
Ni de contentements qui soient pareils aux siens.

JULIE.

Les causes, comme à vous, m'en semblent fort obscures;
Je ne me satisfais d'aucunes conjectures.
C'est assez de constance en un si grand danger,
Que de le voir, l'attendre, et ne point s'affliger;

Mais certes c'en est trop d'aller jusqu'à la joie.

SABINE.

Voyez qu'un bon génie à propos nous l'envoie. 26
Essayez sur ce point à la faire parler ; 27
Elle vous aime assez pour ne vous rien celer.
Je vous laisse.

SCÈNE II.

CAMILLE, SABINE, JULIE.

SABINE.

Ma sœur, entretenez Julie : 1
J'ai honte de montrer tant de mélancolie ;
Et mon cœur, accablé de mille déplaisirs, 2
Cherche la solitude à cacher ses soupirs.

SCÈNE III.

CAMILLE, JULIE.

CAMILLE.

Qu'elle a tort de vouloir que je vous entretienne ! 1
Croit-elle ma douleur moins vive que la sienne,
Et que, plus insensible à de si grands malheurs,
A mes tristes discours je mêle moins de pleurs?
De pareilles frayeurs mon âme est alarmée :
Comme elle je perdrai dans l'une et l'autre armée.
Je verrai mon amant, mon plus unique bien, 2
Mourir pour son pays, ou détruire le mien,
Et cet objet d'amour devenir, pour ma peine,
Digne de mes soupirs, ou digne de ma haine.
Hélas!

ACTE I, SCÈNE III.

JULIE.

Elle est pourtant plus à plaindre que vous.
On peut changer d'amant, mais non changer d'époux.
Oubliez Curiace, et recevez Valère ;
Vous ne tremblerez plus pour le parti contraire,
Vous serez toute nôtre ; et votre esprit remis
N'aura plus rien à perdre au camp des ennemis.

CAMILLE.

Donnez-moi des conseils qui soient plus légitimes,
Et plaignez mes malheurs sans m'ordonner des crimes.
Quoiqu'à peine à mes maux je puisse résister,
J'aime mieux les souffrir que de les mériter.

JULIE.

Quoi ! vous appelez crime un change raisonnable ?

CAMILLE.

Quoi ! le manque de foi vous semble pardonnable ?

JULIE.

Envers un ennemi qui peut nous obliger ?

CAMILLE.

D'un serment solennel qui peut nous dégager ?

JULIE.

Vous déguisez en vain une chose trop claire :
Je vous vis encor hier entretenir Valère ;
Et l'accueil gracieux qu'il recevoit de vous
Lui permet de nourrir un espoir assez doux.

CAMILLE.

Si je l'entretins hier et lui fis bon visage,
N'en imaginez rien qu'à son désavantage ;

De mon contentement un autre étoit l'objet.
Mais pour sortir d'erreur, sachez-en le sujet ;
Je garde à Curiace une amitié trop pure
Pour souffrir plus long-temps qu'on m'estime parjure.
Il vous souvient qu'à peine on voyoit de sa sœur, 7
Par un heureux hymen, mon frère possesseur,
Quand, pour comble de joie, il obtint de mon père
Que de ses chastes feux je serois le salaire.
Ce jour nous fut propice et funeste à la fois ;
Unissant nos maisons, il désunit nos rois ;
Un même instant conclut notre hymen et la guerre,
Fit naître notre espoir, et le jeta par terre, 8
Nous ôta tout sitôt qu'il nous eut tout promis ;
Et, nous faisant amants, il nous fit ennemis.
Combien nos déplaisirs parurent lors extrêmes !
Combien contre le ciel il vomit de blasphêmes !
Et combien de ruisseaux coulèrent de mes yeux !
Je ne vous le dis point ; vous vîtes nos adieux ;
Vous avez vu depuis les troubles de mon âme :
Vous savez pour la paix quels vœux a faits ma flamme,
Et quels pleurs j'ai versés à chaque événement,
Tantôt pour mon pays, tantôt pour mon amant.
Enfin mon désespoir, parmi ces longs obstacles,
M'a fait avoir recours à la voix des oracles.
Écoutez si celui qui me fut hier rendu
Eut droit de rassurer mon esprit éperdu.
Ce Grec si renommé, qui, depuis tant d'années,
Au pied de l'Aventin, prédit nos destinées,
Lui qu'Apollon jamais n'a fait parler à faux, 9
Me promit par ces vers la fin de mes travaux :

ACTE I, SCÈNE III.

Albe et Rome demain prendront une autre face ; 10
Tes vœux sont exaucés, elles auront la paix ;
Et tu seras unie avec ton Curiace,
Sans qu'aucun mauvais sort t'en sépare jamais.
Je pris sur cet oracle une entière assurance ;
Et, comme le succès passoit mon espérance,
J'abandonnai mon âme à des ravissements
Qui passoient les transports des plus heureux amants.
Jugez de leur excès : je rencontrai Valère,
Et, contre sa coutume, il ne put me déplaire ;
Il me parla d'amour sans me donner d'ennui : 11
Je ne m'aperçus pas que je parlois à lui ;
Je ne lui pus montrer de mépris ni de glace :
Tout ce que je voyois me sembloit Curiace ;
Tout ce qu'on me disoit me parloit de ses feux ;
Tout ce que je disois l'assuroit de mes vœux.
Le combat général aujourd'hui se hasarde ;
J'en sus hier la nouvelle, et je n'y pris pas garde : 12
Mon esprit rejetoit ces funestes objets,
Charmé des doux pensers d'hymen et de la paix.
La nuit a dissipé des erreurs si charmantes ;
Milles songes affreux, mille images sanglantes,
Ou plutôt mille amas de carnage et d'horreur,
M'ont arraché ma joie, et rendu ma terreur :
J'ai vu du sang, des morts, et n'ai rien vu de suite : 13
Un spectre en paroissant prenoit soudain la fuite ;
Ils s'effaçoient l'un l'autre ; et chaque illusion
Redoubloit mon effroi par sa confusion.

JULIE.

C'est en contraire sens qu'un songe s'interprète. 14

CAMILLE.

Je le dois croire ainsi, puisque je le souhaite;
Mais je me trouve enfin, malgré tous mes souhaits,
Au jour d'une bataille, et non pas d'une paix.

JULIE.

Par-là finit la guerre, et la paix lui succède.

CAMILLE.

Dure à jamais le mal s'il y faut ce reméde!
Soit que Rome y succombe, ou qu'Albe ait le dessous, 15
Cher amant, n'attends plus d'être un jour mon époux;
Jamais, jamais ce nom ne sera pour un homme
Qui soit ou le vainqueur ou l'esclave de Rome.
Mais quel objet nouveau se présente en ces lieux?
Est-ce toi, Curiace? en croirai-je mes yeux?

SCÈNE IV.

CURIACE, CAMILLE, JULIE.

CURIACE.

N'en doutez point, Camille; et revoyez un homme [1]
Qui n'est ni le vainqueur ni l'esclave de Rome:
Cessez d'appréhender de voir rougir mes mains [2]
Du poids honteux des fers, ou du sang des Romains.
J'ai cru que vous aimiez assez Rome et la gloire
Pour mépriser ma chaîne et haïr ma victoire;
Et comme également en cette extrémité
Je craignois la victoire et la captivité....

CAMILLE.

Curiace, il suffit; je devine le reste:
Tu fuis une bataille à tes vœux si funeste; [3]

Et ton cœur, tout à moi, pour ne me perdre pas,
Dérobe à ton pays le secours de ton bras.
Qu'un autre considère ici ta renommée, 4
Et te blâme, s'il veut, de m'avoir trop aimée,
Ce n'est point à Camille à t'en mésestimer;
Plus ton amour paroît, plus elle doit t'aimer;
Et, si tu dois beaucoup aux lieux qui t'ont vu naître,
Plus tu quittes pour moi, plus tu le fais paroître.
Mais as-tu vu mon père? et peut-il endurer 5
Qu'ainsi dans sa maison tu t'oses retirer?
Ne préfère-t-il point l'état à sa famille?
Ne regarde-t-il point Rome plus que sa fille?
Enfin notre bonheur est-il bien affermi?
T'a-t-il vu comme gendre, ou bien comme ennemi?

CURIACE.

Il m'a vu comme gendre, avec une tendresse
Qui témoignoit assez une entière allégresse;
Mais il ne m'a point vu, par une trahison,
Indigne de l'honneur d'entrer dans sa maison.
Je n'abandonne point l'intérêt de ma ville;
J'aime encor mon honneur en adorant Camille.
Tant qu'a duré la guerre, on m'a vu constamment
Aussi bon citoyen que véritable amant.
D'Albe avec mon amour j'accordois la querelle;
Je soupirois pour vous en combattant pour elle;
Et, s'il falloit encor que l'on en vînt aux coups,
Je combattrois pour elle en soupirant pour vous.
Oui, malgré les désirs de mon âme charmée,
Si la guerre duroit, je serois dans l'armée :

C'est la paix qui chez vous me donne un libre accès,
La paix à qui nos feux doivent ce beau succès.

CAMILLE.

La paix! et le moyen de croire un tel miracle?

JULIE.

Camille, pour le moins croyez-en votre oracle; 6
Et sachons pleinement par quels heureux effets
L'heure d'une bataille a produit cette paix.

CURIACE.

L'auroit-on jamais cru? Déjà les deux armées,
D'une égale chaleur au combat animées,
Se menaçoient des yeux, et, marchant fièrement,
N'attendoient, pour donner, que le commandement,
Quand notre dictateur devant les rangs s'avance,
Demande à votre prince un moment de silence;
Et l'ayant obtenu : *Que faisons-nous, Romains?*
Dit-il, *et quel démon nous fait venir aux mains?* 7
Souffrons que la raison éclaire enfin nos âmes :
Nous sommes vos voisins; nos filles sont vos femmes,
Et l'hymen nous a joints par tant et tant de nœuds,
Qu'il est peu de nos fils qui ne soient vos neveux.
Nous ne sommes qu'un sang et qu'un peuple en deux villes
Pourquoi nous déchirer par des guerres civiles,
Où la mort des vaincus affoiblit les vainqueurs,
Et le plus beau triomphe est arrosé de pleurs?
Nos ennemis communs attendent avec joie
Qu'un des partis défait leur donne l'autre en proie,
Lassé, demi-rompu, vainqueur, mais, pour tout fruit,
Dénué d'un secours par lui-même détruit.

ACTE I, SCÈNE IV.

Ils ont assez long-temps joui de nos divorces : 8
Contre eux dorénavant joignons toutes nos forces,
Et noyons dans l'oubli ces petits différends
Qui de si bons guerriers font de mauvais parents.
Que si l'ambition de commander aux autres
Fait marcher aujourd'hui vos troupes et les nôtres,
Pourvu qu'à moins de sang nous voulions l'apaiser,
Elle nous unira, loin de nous diviser.
Nommons des combattants pour la cause commune;
Que chaque peuple aux siens attache sa fortune;
Et, suivant ce que d'eux ordonnera le sort,
Que le foible parti prenne loi du plus fort : a
Mais, sans indignité pour des guerriers si braves,
Qu'ils deviennent sujets sans devenir esclaves,
Sans honte, sans tribut, et sans autre rigueur
Que de suivre en tous lieux les drapeaux du vainqueur.
Ainsi nos deux états ne feront qu'un empire.
Il semble qu'à ces mots notre discorde expire :
Chacun, jetant les yeux dans un rang ennemi,
Reconnoît un beau-frère, un cousin, un ami ;
Ils s'étonnent comment leurs mains de sang avides,
Voloient, sans y penser, à tant de parricides,
Et font paroître un front couvert tout à la fois
D'horreur pour la bataille, et d'ardeur pour ce choix.
Enfin l'offre s'accepte, et la paix désirée
Sous ces conditions est aussitôt jurée :
Trois combattront pour tous; mais, pour les mieux choisir,
Nos chefs ont voulu prendre un peu plus de loisir :

---

a Que le parti plus foible obéisse au plus fort.

Le vôtre est au sénat, le nôtre dans sa tente.
CAMILLE.
O dieux! que ce discours rend mon âme contente!
CURIACE.
Dans deux heures au plus, par un commun accord,
Le sort de nos guerriers réglera notre sort.
Cependant tout est libre, attendant qu'on les nomme.
Rome est dans notre camp, et notre camp dans Rome;
D'un et d'autre côté l'accès étant permis,
Chacun va renouer avec ses vieux amis. 10
Pour moi, ma passion m'a fait suivre vos frères;
Et mes désirs ont eu des succès si prospères,
Que l'auteur de vos jours m'a promis à demain 11
Le bonheur sans pareil de vous donner la main. 12
Vous ne deviendrez pas rebelle à sa puissance?
CAMILLE.
Le devoir d'une fille est dans l'obéissance. 13
CURIACE.
Venez donc recevoir ce doux commandement,
Qui doit mettre le comble à mon contentement.
CAMILLE.
Je vais suivre vos pas, mais pour revoir mes frères,
Et savoir d'eux encor la fin de nos misères. 14
JULIE.
Allez; et cependant au pied de nos autels
J'irai rendre pour vous grâces aux immortels.

FIN DU PREMIER ACTE.

ACTE SECOND.

SCÈNE I.ère

HORACE, CURIACE.

CURIACE.

Ainsi Rome n'a point séparé son estime ; 1
Elle eût cru faire ailleurs un choix illégitime :
Cette superbe ville en vos frères et vous
Trouve les trois guerriers qu'elle préfère à tous ;
Et son illustre ardeur d'oser plus que les autres 2
D'une seule maison brave toutes les nôtres :
Nous croirons, à la voir tout entière en vos mains,
Que hors les fils d'Horace il n'est point de Romains.
Ce choix pouvoit combler trois familles de gloire, 3
Consacrer hautement leurs noms à la mémoire :
Oui, l'honneur que reçoit la vôtre par ce choix, 4
En pouvoit à bon titre immortaliser trois ;
Et puisque c'est chez vous que mon heur et ma flamme
M'ont fait placer ma sœur et choisir une femme,
Ce que je vais vous être et ce que je vous suis,
Me font y prendre part autant que je le puis.
Mais un autre intérêt tient ma joie en contrainte,
Et parmi ces douceurs mêle beaucoup de crainte ;
La guerre en tel éclat a mis votre valeur,
Que je tremble pour Albe et prévois son malheur :
Puisque vous combattez, sa perte est assurée ;
En vous faisant nommer, le destin l'a jurée.

Je vois trop dans ce choix ses funestes projets,
Et me compte déjà pour un de vos sujets.

HORACE.

Loin de trembler pour Albe, il vous faut plaindre Rome,
Voyant ceux qu'elle oublie, et les trois qu'elle nomme :
C'est un aveuglement pour elle bien fatal
D'avoir tant à choisir, et de choisir si mal.
Mille de ses enfants, beaucoup plus dignes d'elle,
Pouvoient bien mieux que nous soutenir sa querelle.
Mais quoique ce combat me promette un cercueil,
La gloire de ce choix m'enfle d'un juste orgueil;
Mon esprit en conçoit une mâle assurance;
J'ose espérer beaucoup de mon peu de vaillance;
Et du sort envieux quels que soient les projets,
Je ne me compte point pour un de vos sujets.
Rome a trop cru de moi; mais mon âme ravie
Remplira son attente, ou quittera la vie.
Qui veut mourir, ou vaincre, est vaincu rarement;
Ce noble désespoir périt malaisément. 5
Rome, quoi qu'il en soit, ne sera point sujette,
Que mes derniers soupirs n'assurent ma défaite.

CURIACE.

Hélas ! c'est bien ici que je dois être plaint.
Ce que veut mon pays, mon amitié le craint.
Dures extrémités, de voir Albe asservie,
Ou sa victoire au prix d'une si chère vie,
Et que l'unique bien où tendent ses désirs
S'achète seulement par vos derniers soupirs !
Quels vœux puis-je former ? et quel bonheur attendre ?
De tous les deux côtés j'ai des pleurs à répandre ;

ACTE II, SCÈNE II.

De tous les deux côtés mes désirs sont trahis.

HORACE.

Quoi! vous me pleureriez mourant pour mon pays!
Pour un cœur généreux ce trépas a des charmes;
La gloire qui le suit ne souffre point de larmes;
Et je le recevrois en bénissant mon sort,
Si Rome et tout l'état perdoient moins en ma mort.

CURIACE.

A vos amis pourtant permettez de le craindre;
Dans un si beau trépas ils sont les seuls à plaindre.
La gloire en est pour vous, et la perte pour eux; 6
Il vous fait immortel, et les rend malheureux:
On perd tout quand on perd un ami si fidèle.
Mais Flavian m'apporte ici quelque nouvelle.

SCÈNE II.

HORACE, CURIACE, FLAVIAN.

CURIACE.

ALBE de trois guerriers a-t-elle fait le choix?

FLAVIAN.

Je viens pour vous l'apprendre.

CURIACE.

Eh bien, qui sont les trois?

FLAVIAN.

Vos deux frères et vous. 1

CURIACE.

Qui?

FLAVIAN.

Vous et vos deux frères.
Mais pourquoi ce front triste et ces regards sévères?

Ce choix vous déplaît-il ?

CURIACE.

Non, mais il me surprend ;
Je m'estimois trop peu pour un honneur si grand.

FLAVIAN.

Dirai-je au dictateur, dont l'ordre ici m'envoie,
Que vous le recevez avec si peu de joie ?
Ce morne et froid accueil me surprend à mon tour.

CURIACE.

Dis-lui que l'amitié, l'alliance, et l'amour,
Ne pourront empêcher que les trois Curiaces
Ne servent leur pays contre les trois Horaces.

FLAVIAN.

Contre eux ! Ah ! c'est beaucoup me dire en peu de mots.

CURIACE.

Porte-lui ma réponse, et nous laisse en repos.

SCÈNE III.

HORACE, CURIACE.

CURIACE.

Que désormais le ciel, les enfers, et la terre,
Unissent leurs fureurs à nous faire la guerre ;
Que les hommes, les dieux, les démons, et le sort,
Préparent contre nous un général effort ;
Je mets à faire pis, en l'état où nous sommes,
Le sort, et les démons, et les dieux, et les hommes ;
Ce qu'ils ont de cruel, et d'horrible, et d'affreux,
L'est bien moins que l'honneur qu'on nous fait à tous deux

ACTE II, SCÈNE III.

HORACE.

Le sort, qui de l'honneur nous ouvre la barrière,
Offre à notre constance une illustre matière;
Il épuise sa force à former un malheur 2
Pour mieux se mesurer avec notre valeur;
Et comme il voit en nous des âmes peu communes,
Hors de l'ordre commun il nous fait des fortunes. 3
Combattre un ennemi pour le salut de tous,
Et contre un inconnu s'exposer seul aux coups,
D'une simple vertu c'est l'effet ordinaire;
Mille déjà l'ont fait, mille pourroient le faire; 4
Mourir pour le pays est un si digne sort,
Qu'on brigueroit en foule une si belle mort.
Mais vouloir au public immoler ce qu'on aime,
S'attacher au combat contre un autre soi-même,
Attaquer un parti qui prend pour défenseur
Le frère d'une femme, et l'amant d'une sœur,
Et, rompant tous ces nœuds, s'armer pour la patrie
Contre un sang qu'on voudroit racheter de sa vie;
Une telle vertu n'appartenoit qu'à nous.
L'éclat de son grand nom lui fait peu de jaloux,
Et peu d'hommes au cœur l'ont assez imprimée
Pour oser aspirer à tant de renommée.

CURIACE.

Il est vrai que nos noms ne sauroient plus périr;
L'occasion est belle, il nous la faut chérir :
Nous serons les miroirs d'une vertu bien rare.
Mais votre fermeté tient un peu du barbare;
Peu, même des grands cœurs, tireroient vanité
D'aller par ce chemin à l'immortalité :

A quelque prix qu'on mette une telle fumée,
L'obscurité vaut mieux que tant de renommée.

  Pour moi, je l'ose dire, et vous l'avez pu voir,
Je n'ai point consulté pour suivre mon devoir ;
Notre longue amitié, l'amour ni l'alliance,
N'ont pu mettre un moment mon esprit en balance;
Et puisque par ce choix Albe montre en effet
Qu'elle m'estime autant que Rome vous a fait, 5
Je crois faire pour elle autant que vous pour Rome ;
J'ai le cœur aussi bon, mais enfin je suis homme :
Je vois que votre honneur demande tout mon sang ;
Que tout le mien consiste à vous percer le flanc ;
Près d'épouser la sœur, qu'il faut tuer le frère ;
Et que pour mon pays j'ai le sort si contraire.
Encor qu'à mon devoir je coure sans terreur,
Mon cœur s'en effarouche, et je frémis d'horreur;
J'ai pitié de moi-même, et jette un œil d'envie
Sur ceux dont notre guerre a consumé la vie,
Sans souhait toutefois de pouvoir reculer.
Ce triste et fier honneur m'émeut sans m'ébranler :
J'aime ce qu'il me donne, et je plains ce qu'il m'ôte ;
Et si Rome demande une vertu plus haute,
Je rends grâces aux dieux de n'être pas Romain, 6
Pour conserver encor quelque chose d'humain.

HORACE.

Si vous n'êtes Romain, soyez digne de l'être ;
Et si vous m'égalez, faites-le mieux paroître.
  La solide vertu dont je fais vanité
N'admet point de foiblesse avec sa fermeté ;

ACTE II, SCÈNE III.

Et c'est mal de l'honneur entrer dans la carrière,
Que dès le premier pas regarder en arrière.
Notre malheur est grand, il est au plus haut point;
Je l'envisage entier, mais je n'en frémis point.
Contre qui que ce soit que mon pays m'emploie,
J'accepte aveuglément cette gloire avec joie :
Celle de recevoir de tels commandements
Doit étouffer en nous tous autres sentiments.
Qui, près de le servir, considère autre chose,
A faire ce qu'il doit lâchement se dispose ;
Ce droit saint et sacré rompt tout autre lien.
Rome a choisi mon bras, je n'examine rien.
Avec une allégresse aussi pleine et sincère
Que j'épousai la sœur, je combattrai le frère ;
Et pour trancher enfin ces discours superflus,
Albe vous a nommé, je ne vous connois plus. 7

CURIACE.

Je vous connois encore, et c'est ce qui me tue ;
Mais cette âpre vertu ne m'étoit pas connue ;
Comme notre malheur elle est au plus haut point :
Souffrez que je l'admire et ne l'imite point.

HORACE.

Non, non, n'embrassez pas de vertu par contrainte; 8
Et puisque vous trouvez plus de charme à la plainte,
En toute liberté goûtez un bien si doux.
Voici venir ma sœur pour se plaindre avec vous. 9
Je vais revoir la vôtre, et résoudre son âme
A se bien souvenir qu'elle est toujours ma femme,
A vous aimer encor si je meurs par vos mains,
Et prendre en son malheur des sentiments romains.

SCÈNE IV.

CAMILLE, HORACE, CURIACE.

HORACE.

Avez-vous su l'état qu'on fait de Curiace, [1]
Ma sœur?

CAMILLE.

Hélas! mon sort a bien changé de face.

HORACE.

Armez-vous de constance, et montrez-vous ma sœur;
Et si par mon trépas il retourne vainqueur,
Ne le recevez point en meurtrier d'un frère,
Mais en homme d'honneur qui fait ce qu'il doit faire,
Qui sert bien son pays, et sait montrer à tous,
Par sa haute vertu, qu'il est digne de vous :
Comme si je vivois, achevez l'hyménée.
Mais si ce fer aussi tranche sa destinée,
Faites à ma victoire un pareil traitement;
Ne me reprochez point la mort de votre amant.
Vos larmes vont couler, et votre cœur se presse :
Consumez avec lui toute cette foiblesse,
Querellez ciel et terre, et maudissez le sort;
Mais après le combat ne pensez plus au mort.
   (A Curiace.)
Je ne vous laisserai qu'un moment avec elle,
Puis nous irons ensemble où l'honneur nous appelle.

SCÈNE V.

CURIACE, CAMILLE.

CAMILLE.

Iras-tu, Curiace? et ce funeste honneur 1
Te plaît-il aux dépens de tout notre bonheur?

CURIACE.

Hélas! je vois trop bien qu'il faut, quoi que je fasse,
Mourir ou de douleur, ou de la main d'Horace.
Je vais comme au supplice à cet illustre emploi;
Je maudis mille fois l'état qu'on fait de moi :
Je hais cette valeur qui fait qu'Albe m'estime :
Ma flamme au désespoir passe jusques au crime;
Elle se prend au ciel, et l'ose quereller.
Je vous plains, je me plains; mais il y faut aller.

CAMILLE.

Non, je te connois mieux : tu veux que je te prie,
Et qu'ainsi mon pouvoir t'excuse à ta patrie. 2
Tu n'es que trop fameux par tes autres exploits :
Albe a reçu par eux tout ce que tu lui dois.
Autre n'a mieux que toi soutenu cette guerre;
Autre de plus de morts n'a couvert notre terre : 3
Ton nom ne peut plus croître, il ne lui manque rien;
Souffre qu'un autre ici puisse ennoblir le sien.

CURIACE.

Que je souffre à mes yeux qu'on ceigne une autre tête
Des lauriers immortels que la gloire m'apprête,
Ou que tout mon pays reproche à ma vertu
Qu'il auroit triomphé si j'avois combattu,

Et que sous mon amour ma valeur endormie
Couronne tant d'exploits d'une telle infamie?
Non, Albe, après l'honneur que j'ai reçu de toi,
Tu ne succomberas ni vaincras que par moi;
Tu m'as commis ton sort, je t'en rendrai bon compte;
Je vivrai sans reproche, ou périrai sans honte.

CAMILLE.

Quoi! tu ne veux pas voir qu'ainsi tu me trahis!

CURIACE.

Avant que d'être à vous, je suis à mon pays.

CAMILLE.

Mais te priver pour lui toi-même d'un beau-frère,
Ta sœur de son mari!

CURIACE.

    Telle est notre misère;
Le choix d'Albe et de Rome ôte toute douceur
Aux noms jadis si doux de beau-frère et de sœur.

CAMILLE.

Tu pourras donc, cruel, me présenter sa tête,
Et demander ma main pour prix de ta conquête!

CURIACE.

Il n'y faut plus penser en l'état où je suis;
Vous aimer sans espoir, c'est tout ce que je puis.
Vous en pleurez, Camille!

CAMILLE.

    Il faut bien que je pleure:
Mon insensible amant ordonne que je meure;
Et quand l'hymen pour nous allume son flambeau,
Il l'éteint de sa main pour m'ouvrir le tombeau.

ACTE II, SCÈNE V.

Ce cœur impitoyable à ma perte s'obstine,
Et dit qu'il m'aime encore alors qu'il m'assassine.

CURIACE.

Que les pleurs d'une amante sont de puissants discours!
Et qu'un bel œil est fort avec un tel secours!
Que mon cœur s'attendrit à cette triste vue!
Ma constance contre elle à regret s'évertue.
N'attaquez plus ma gloire avec tant de douleurs,
Et laissez-moi sauver ma vertu de vos pleurs;
Je sens qu'elle chancelle et défend mal la place.
Plus je suis votre amant, moins je suis Curiace.
Foible d'avoir déjà combattu l'amitié,
Vaincroit-elle à la fois l'amour et la pitié?
Allez, ne m'aimez plus, ne versez plus de larmes,
Ou j'oppose l'offense à de si fortes armes;
Je me défendrai mieux contre votre courroux,
Et pour le mériter.... je n'ai plus d'yeux pour vous.
Vengez-vous d'un ingrat, punissez un volage.....
Vous ne vous montrez point sensible à cet outrage!
Je n'ai plus d'yeux pour vous, vous en avez pour moi!
En faut-il plus encor? je renonce à ma foi.

Rigoureuse vertu dont je suis la victime,
Ne peux-tu résister sans le secours d'un crime?

CAMILLE.

Ne fais point d'autre crime, et j'atteste les dieux
Qu'au lieu de t'en haïr, je t'en aimerai mieux;
Oui, je te chérirai, tout ingrat et perfide,
Et cesse d'aspirer au nom de fratricide.
Pourquoi suis-je Romaine, ou que n'es-tu Romain!
Je te préparerois des lauriers de ma main;

Je t'encouragerois au lieu de te distraire,
Et je te traiterois comme j'ai fait mon frère.
Hélas! j'étois aveugle en mes vœux aujourd'hui;
J'en ai fait contre toi quand j'en ai fait pour lui.
Il revient : quel malheur, si l'amour de sa femme ⁸
Ne peut non plus sur lui que le mien sur ton âme!

SCÈNE VI.

HORACE, SABINE, CURIACE, CAMILLE.

CURIACE.

Dieux! Sabine le suit! Pour ébranler mon cœur,
Est-ce peu de Camille? y joignez-vous ma sœur?
Et laissant à mes pleurs vaincre ce grand courage,
L'amenez-vous ici chercher même avantage?

SABINE.

Non, non, mon frère, non; je ne viens en ce lieu ¹
Que pour vous embrasser et pour vous dire adieu.
Votre sang est trop bon, n'en craignez rien de lâche, ²
Rien dont la fermeté de ces grands cœurs se fâche :
Si ce malheur illustre ébranloit l'un de vous,
Je le désavoûrois pour frère ou pour époux.
Pourrai-je toutefois vous faire une prière
Digne d'un tel époux, et digne d'un tel frère?
« Je veux d'un coup si noble ôter l'impiété,
« A l'honneur qui l'attend rendre sa pureté,
« La mettre en son éclat sans mélange de crimes;
« Enfin, je vous veux faire ennemis légitimes.
Du saint nœud qui vous joint je suis le seul lien :
Quand je ne serai plus, vous ne vous serez rien.

ACTE II, SCÈNE VI.

Brisez votre alliance, et rompez-en la chaîne;
Et, puisque votre honneur veut des effets de haine,
Achetez par ma mort le droit de vous haïr :
Albe le veut, et Rome ; il faut leur obéir.
Qu'un de vous deux me tue, et que l'autre me venge :
Alors votre combat n'aura plus rien d'étrange;
Et du moins l'un des deux sera juste agresseur,
Ou pour venger sa femme, ou pour venger sa sœur.
« Mais quoi! vous souilleriez une gloire si belle,
« Si vous vous animiez par quelque autre querelle!
« Le zèle du pays vous défend de tels soins;
« Vous feriez peu pour lui si vous vous étiez moins :3
« Il lui faut, et sans haine, immoler un beau-frère.
« Ne différez donc plus ce que vous devez faire;
« Commencez par sa sœur à répandre son sang,
« Commencez par sa femme à lui percer le flanc,
« Commencez par Sabine à faire de vos vies
« Un digne sacrifice à vos chères patries :
« Vous êtes ennemis en ce combat fameux,
« Vous d'Albe, vous de Rome, et moi de toutes deux.
Quoi! me réservez-vous à voir une victoire 4
Où, pour haut appareil d'une pompeuse gloire,
Je verrai les lauriers d'un frère ou d'un mari
Fumer encor d'un sang que j'aurai tant chéri?
Pourrai-je entre vous deux régler alors mon âme,
Satisfaire aux devoirs et de sœur et de femme,
Embrasser le vainqueur en pleurant le vaincu?
Non, non, avant ce coup Sabine aura vécu :
Ma mort le préviendra, de qui que je l'obtienne;
Le refus de vos mains y condamne la mienne.

Sus donc, qui vous retient? Allez, cœurs inhumains,
J'aurai trop de moyens pour y forcer vos mains ;
Vous ne les aurez point au combat occupées,
Que ce corps au milieu n'arrête vos épées ;
Et, malgré vos refus, il faudra que leurs coups
Se fassent jour ici pour aller jusqu'à vous.

HORACE.

O ma femme !

CURIACE.

O ma sœur !

CAMILLE.

Courage! ils s'amollissent.

SABINE.

Vous poussez des soupirs ! vos visages pâlissent !
Quelle peur vous saisit? sont-ce là ces grands cœurs,
Ces héros qu'Albe et Rome ont pris pour défenseurs?

HORACE.

Que t'ai-je fait, Sabine? et quelle est mon offense [5]
Qui t'oblige à chercher une telle vengeance?
Que t'a fait mon honneur? et par quel droit viens-tu
Avec toute ta force attaquer ma vertu?
Du moins contente-toi de l'avoir étonnée,
Et me laisse achever cette grande journée.
Tu me viens de réduire en un étrange point : [6]
Aime assez ton mari pour n'en triompher point.
Va-t-en, et ne rends plus la victoire douteuse ;
La dispute déjà m'en est assez honteuse :
Souffre qu'avec honneur je termine mes jours.

SABINE.

Va, cesse de me craindre ; on vient à ton secours.

SCÈNE VII.

LE VIEIL HORACE, HORACE, CURIACE, SABINE, CAMILLE.

LE VIEIL HORACE.

Qu'est-ce ci, mes enfants ? écoutez-vous vos flammes ?[1]
Et perdez-vous encor le temps avec des femmes ?[2]
Prêts à verser du sang, regardez-vous des pleurs ?
Fuyez, et laissez-les déplorer leurs malheurs.
Leurs plaintes ont pour vous trop d'art et de tendresse :
Elles vous feroient part enfin de leur foiblesse ;
Et ce n'est qu'en fuyant qu'on pare de tels coups.

SABINE.

N'appréhendez rien d'eux ; ils sont dignes de vous.
Malgré tous nos efforts, vous en devez attendre
Ce que vous souhaitez et d'un fils et d'un gendre :
« Et si notre foiblesse ébranloit leur honneur,
« Nous vous laissons ici pour leur rendre du cœur.[a]
Allons, ma sœur, allons, ne perdons plus de larmes ;
Contre tant de vertu ce sont de foibles armes :
Ce n'est qu'au désespoir qu'il nous faut recourir.
Tigres, allez combattre ; et nous, allons mourir !

---

[a] Et si notre foiblesse avoit pu les changer,
Nous vous laissons ici pour les encourager.

SCÈNE VIII.

LE VIEIL HORACE, HORACE, CURIACE.

HORACE.

Mon père, retenez des femmes qui s'emportent,
Et, de grâce, empêchez sur-tout qu'elles ne sortent:
Leur amour importun viendroit avec éclat,
Par des cris et des pleurs, troubler notre combat;
Et ce qu'elles nous sont feroit qu'avec justice
On nous imputeroit ce mauvais artifice.
L'honneur d'un si beau choix seroit trop acheté,
Si l'on nous soupçonnoit de quelque lâcheté.

LE VIEIL HORACE.

J'en aurai soin. Allez : vos frères vous attendent;
Ne pensez qu'aux devoirs que vos pays demandent. [1]

CURIACE.

Quel adieu vous dirai-je ? et par quels compliments...

LE VIEIL HORACE.

Ah! n'attendrissez point ici mes sentiments :
Pour vous encourager ma voix manque de termes;
Mon cœur ne forme point de pensers assez fermes;
Moi-même en cet adieu j'ai les larmes aux yeux.
Faites votre devoir, et laissez faire aux dieux. [2]

FIN DU SECOND ACTE.

ACTE TROISIÈME.

SCÈNE I.ère [1]

SABINE.

Prenons parti, mon âme, en de telles disgrâces;
Soyons femme d'Horace, ou sœur des Curiaces;
Cessons de partager nos inutiles soins;
Souhaitons quelque chose, et craignons un peu moins.
« Mais, las! quel parti prendre en un sort si contraire?
« Quel ennemi choisir, d'un époux, ou d'un frère?
« La nature ou l'amour parle pour chacun d'eux,
« Et la loi du devoir m'attache à tous les deux.
« Sur leurs hauts sentiments réglons plutôt les nôtres;
« Soyons femme de l'un ensemble et sœur des autres;
« Regardons leur honneur comme un souverain bien;
« Imitons leur constance, et ne craignons plus rien :
La mort qui les menace est une mort si belle,
Qu'il en faut sans frayeur attendre la nouvelle.
« N'appelons point alors les destins inhumains;
« Songeons pour quelle cause, et non par quelles mains;
« Revoyons les vainqueurs, sans penser qu'à la gloire
« Que toute leur maison reçoit de leur victoire;
« Et, sans considérer aux dépens de quel sang
« Leur vertu les élève en cet illustre rang, [2]
« Faisons nos intérêts de ceux de leur famille :
« En l'une je suis femme, en l'autre je suis fille,

« Et tiens à toutes deux par de si forts liens,
« Qu'on ne peut triompher que par les bras des miens.
« Fortune, quelques maux que ta rigueur m'envoie,
« J'ai trouvé les moyens d'en tirer de la joie,
« Et puis voir aujourd'hui le combat sans terreur,
« Les morts sans désespoir, les vainqueurs sans horreur.
  « Flatteuse illusion, erreur douce et grossière,
« Vain effort de mon âme, impuissante lumière,
« De qui le faux brillant prend droit de m'éblouir,
« Que tu sais peu durer, et tôt t'évanouir!
« Pareille à ces éclairs qui dans le fort des ombres [3]
« Poussent un jour qui fuit et rend les nuits plus sombres,
« Tu n'as frappé mes yeux d'un moment de clarté
« Que pour les abîmer dans plus d'obscurité.
« Tu charmois trop ma peine; et le ciel, qui s'en fâche,
« Me vend déjà bien cher ce moment de relâche.
« Je sens mon triste cœur percé de tous les coups
« Qui m'ôtent maintenant un frère, ou mon époux.
« Quand je songe à leur mort, quoi que je me propose,
« Je songe par quels bras, et non pour quelle cause,
« Et ne vois les vainqueurs en leur illustre rang,
« Que pour considérer aux dépens de quel sang.
« La maison des vaincus touche seule mon âme;
« En l'une je suis fille, en l'autre je suis femme,
« Et tiens à toutes deux par de si forts liens,
« Qu'on ne peut triompher que par la mort des miens.
« C'est donc là cette paix que j'ai tant souhaitée!
« Trop favorables dieux, vous m'avez écoutée!
« Quels foudres lancez-vous quand vous vous irritez,[4]
« Si même vos faveurs ont tant de cruautés?

« Et de quelle façon punissez-vous l'offense,
« Si vous traitez ainsi les vœux de l'innocence ?

SCÈNE II.

SABINE, JULIE.

SABINE.

En est-ce fait, Julie ? et que m'apportez-vous ? [1]
Est-ce la mort d'un frère, ou celle d'un époux ?
« Le funeste succès de leurs armes impies
« De tous les combattants a-t-il fait des hosties ? [2]
« Et, m'enviant l'horreur que j'aurois des vainqueurs,
« Pour tous tant qu'ils étoient demande-t-il mes pleurs ?

JULIE.

Quoi ! ce qui s'est passé, vous l'ignorez encore ?

SABINE.

Vous faut-il étonner de ce que je l'ignore ?
Et ne savez-vous point que de cette maison,
Pour Camille et pour moi, l'on fait une prison ?
Julie, on nous renferme, on a peur de nos larmes ;
Sans cela nous serions au milieu de leurs armes,
Et, par les désespoirs d'une chaste amitié, [3]
Nous aurions des deux camps tiré quelque pitié.

JULIE.

Il n'étoit pas besoin d'un si tendre spectacle ;
Leur vue à leur combat apporte assez d'obstacle.
Sitôt qu'ils ont paru prêts à se mesurer,
On a dans les deux camps entendu murmurer :
A voir de tels amis, des personnes si proches,
Venir pour leur patrie aux mortelles approches,

L'un s'émeut de pitié, l'autre est saisi d'horreur,
L'autre d'un si grand zèle admire la fureur;
Tel porte jusqu'aux cieux leur vertu sans égale,
Et tel l'ose nommer sacrilége et brutale.
Ces divers sentiments n'ont pourtant qu'une voix;
Tous accusent leurs chefs, tous détestent leur choix;
Et ne pouvant souffrir un combat si barbare,
On s'écrie, on s'avance, enfin on les sépare.

SABINE.

Que je vous dois d'encens, grands dieux, qui m'exaucez!

JULIE.

Vous n'êtes pas, Sabine, encore où vous pensez :
Vous pouvez espérer, vous avez moins à craindre;
Mais il vous reste encore assez de quoi vous plaindre.
En vain d'un sort si triste on les veut garantir;
Ces cruels généreux n'y peuvent consentir :
La gloire de ce choix leur est si précieuse,
Et charme tellement leur âme ambitieuse,
Qu'alors qu'on les déplore ils s'estiment heureux,
Et prennent pour affront la pitié qu'on a d'eux.
Le trouble des deux camps souille leur renommée.
Ils combattront plutôt et l'une et l'autre armée, 4
Et mourront par les mains qui leur font d'autres lois,
Que pas un d'eux renonce aux honneurs d'un tel choix.

SABINE.

Quoi! dans leur dureté ces cœurs d'acier s'obstinent?

JULIE.

Oui; mais d'autre côté les deux camps se mutinent;
Et leurs cris des deux parts poussés en même temps,
Demandent la bataille, ou d'autres combattants.

La présence des chefs à peine est respectée;
Leur pouvoir est douteux, leur voix mal écoutée :
Le roi même s'étonne; et, pour dernier effort,
Puisque chacun, dit-il, *s'échauffe en ce discord,*
Consultons des grands dieux la majesté sacrée,
Et voyons si ce change à leurs bontés agrée.
Quel impie osera se prendre à leur vouloir,
Lorsqu'en un sacrifice ils nous l'auront fait voir?
Il se tait, et ces mots semblent être des charmes;
Même aux six combattants ils arrachent les armes;
Et ce désir d'honneur qui leur ferme les yeux,
Tout aveugle qu'il est, respecte encor les dieux.
« Leur plus bouillante ardeur cède à l'avis de Tulle;
« Et, soit par déférence, ou par un prompt scrupule,
« Dans l'une et l'autre armée on s'en fait une loi,
« Comme si toutes deux le connoissoient pour roi.
Le reste s'apprendra par la mort des victimes.

SABINE.

Les dieux n'avoûront point un combat plein de crimes;
J'en espère beaucoup, puisqu'il est différé,
Et je commence à voir ce que j'ai désiré.

SCÈNE III.

CAMILLE, SABINE, JULIE.

SABINE.

MA sœur, que je vous dise une bonne nouvelle!

CAMILLE.

Je pense la savoir, s'il faut la nommer telle;

On l'a dite à mon père, et j'étois avec lui;
Mais je n'en conçois rien qui flatte mon ennui.
Ce délai de nos maux rendra leurs coups plus rudes;
Ce n'est qu'un plus long terme à nos inquiétudes;
Et tout l'allégement qu'il en faut espérer,
C'est de pleurer plus tard ceux qu'il faudra pleurer.

SABINE.

Les dieux n'ont pas en vain inspiré ce tumulte.

CAMILLE.

Disons plutôt, ma sœur, qu'en vain on les consulte.
« Ces mêmes dieux à Tulle ont inspiré ce choix;
« Et la voix du public n'est pas toujours leur voix;
« Ils descendent bien moins dans de si bas étages, [2]
« Que dans l'âme des rois, leurs vivantes images,
« De qui l'indépendante et sainte autorité
« Est un rayon secret de leur divinité.

JULIE.

« C'est vouloir sans raison vous former des obstacles,
« Que de chercher leur voix ailleurs qu'en leurs oracles;
« Et vous ne vous pouvez figurer tout perdu,
« Sans démentir celui qui vous fut hier rendu.

CAMILLE.

« Un oracle jamais ne se laisse comprendre;
« On l'entend d'autant moins, que plus on croit l'entend
« Et, loin de s'assurer sur un pareil arrêt,
« Qui n'y voit rien d'obscur, doit croire que tout l'est.

SABINE.

« Sur ce qui fait pour nous prenons plus d'assurance,
« Et souffrons les douceurs d'une juste espérance.

ACTE III, SCÈNE IV.

« Quand la faveur du ciel ouvre à demi ses bras,
« Qui ne s'en promet rien, ne la mérite pas;
« Il empêche souvent qu'elle ne se déploie;
« Et lorsqu'elle descend, son refus la renvoie.

CAMILLE.

Le ciel agit sans nous en ces événements,
Et ne les règle point dessus nos sentiments.

JULIE.

Il ne vous a fait peur que pour vous faire grâce.
Adieu : je vais savoir comme enfin tout se passe. 3
« Modérez vos frayeurs; j'espère, à mon retour,
« Ne vous entretenir que de propos d'amour, 4
« Et que nous n'emploîrons la fin de la journée
« Qu'aux doux préparatifs d'un heureux hyménée.

SABINE.

J'ose encor l'espérer.

CAMILLE.

Moi, je n'espère rien.

JULIE.

L'effet vous fera voir que nous en jugeons bien.

SCÈNE IV.

SABINE, CAMILLE.

SABINE.

PARMI nos déplaisirs souffrez que je vous blâme; 1
Je ne puis approuver tant de trouble en votre âme :
Que feriez-vous, ma sœur, au point où je me vois,
Si vous aviez à craindre autant que je le dois,

Et si vous attendiez de leurs armes fatales
Des maux pareils aux miens, et des pertes égales?

CAMILLE.

Parlez plus sainement de vos maux et des miens :
Chacun voit ceux d'autrui d'un autre œil que les siens.
Mais à bien regarder ceux où le ciel me plonge,
Les vôtres auprès d'eux vous sembleront un songe.
La seule mort d'Horace est à craindre pour vous.
Des frères ne sont rien à l'égal d'un époux :
L'hymen qui nous attache en une autre famille, [2]
Nous détache de celle où l'on a vécu fille :
On voit d'un œil divers des nœuds si différents,
Et pour suivre un mari l'on quitte ses parents :
Mais, si près d'un hymen, l'amant que donne un père
Nous est moins qu'un époux, et non pas moins qu'un frèr
Nos sentiments entre eux demeurent suspendus,
Notre choix impossible, et nos vœux confondus.
Ainsi, ma sœur, du moins vous avez dans vos plaintes
Où porter vos souhaits et terminer vos craintes;
Mais si le ciel s'obstine à nous persécuter,
Pour moi j'ai tout à craindre, et rien à souhaiter.

SABINE.

Quand il faut que l'un meure, et par les mains de l'autre,
C'est un raisonnement bien mauvais que le vôtre. [3]
Quoique ce soient, ma sœur, des nœuds bien différents,
C'est sans les oublier qu'on quitte ses parents :
L'hymen n'efface point ces profonds caractères :
Pour aimer un mari, l'on ne hait pas ses frères :
La nature en tout temps garde ses premiers droits;
Aux dépens de leur vie on ne fait point de choix :

ACTE III, SCÈNE IV.

Aussi bien qu'un époux ils sont d'autres nous-mêmes ;
Et tous maux sont pareils alors qu'ils sont extrêmes. 4
Mais l'amant qui vous charme et pour qui vous brûlez 5
Ne vous est, après tout, que ce que vous voulez ;
Une mauvaise humeur, un peu de jalousie,
En fait assez souvent passer la fantaisie.
Ce que peut le caprice, osez-le par raison,
Et laissez votre sang hors de comparaison :
C'est crime qu'opposer des liens volontaires
A ceux que la naissance a rendus nécessaires.
Si donc le ciel s'obstine à nous persécuter,
Seule j'ai tout à craindre, et rien à souhaiter ;
Mais pour vous, le devoir vous donne dans vos plaintes
Où porter vos souhaits et terminer vos craintes.

CAMILLE.

Je le vois bien, ma sœur, vous n'aimâtes jamais ;
Vous ne connoissez point ni l'amour ni ses traits : 6
On peut lui résister quand il commence à naître,
Mais non pas le bannir quand il s'est rendu maître,
Et que l'aveu d'un père, engageant notre foi,
A fait de ce tyran un légitime roi.
« Il entre avec douceur, mais il règne par force ; 7
« Et quand l'âme une fois a goûté son amorce,
« Vouloir ne plus aimer, c'est ce qu'elle ne peut, 8
« Puisqu'elle ne peut plus vouloir que ce qu'il veut :
Ses chaînes sont pour nous aussi fortes que belles. 9

HORACE.

SCÈNE V.

LE VIEIL HORACE, SABINE, CAMILLE.

LE VIEIL HORACE.

Je viens vous apporter de fâcheuses nouvelles,[1]
Mes filles; mais en vain je voudrois vous celer
Ce qu'on ne vous sauroit long-temps dissimuler :
Vos frères sont aux mains; les dieux ainsi l'ordonnent.

SABINE.

Je veux bien l'avouer, ces nouvelles m'étonnent,
Et je m'imaginois dans la divinité
Beaucoup moins d'injustice, et bien plus de bonté.
Ne nous consolez point contre tant d'infortune ; [2]
La pitié parle en vain, la raison importune.
« Nous avons en nos mains la fin de nos douleurs ;
« Et qui veut bien mourir peut braver les malheurs.
« Nous pourrions aisément faire en votre présence [3]
« De notre désespoir une fausse constance;
« Mais quand on peut sans honte être sans fermeté,[4]
« L'affecter au dehors, c'est une lâcheté;
« L'usage d'un tel art, nous le laissons aux hommes,
« Et ne voulons passer que pour ce que nous sommes.
Nous ne demandons point qu'un courage si fort
S'abaisse, à notre exemple, à se plaindre du sort.
Recevez sans frémir ces mortelles alarmes;
Voyez couler nos pleurs sans y mêler vos larmes;
Enfin, pour toute grâce, en de tels déplaisirs,
Gardez votre constance, et souffrez nos soupirs.

ACTE III, SCÈNE V.

LE VIEIL HORACE.

Loin de blâmer les pleurs que je vous vois répandre,
Je crois faire beaucoup de m'en pouvoir défendre,
Et céderois peut-être à de si rudes coups,
Si je prenois ici même intérêt que vous :
Non qu'Albe par son choix m'ait fait haïr vos frères;
Tous trois me sont encor des personnes bien chères :
Mais enfin l'amitié n'est pas de même rang,
Et n'a point les effets de l'amour ni du sang;
Je ne sens point pour eux la douleur qui tourmente
Sabine comme sœur, Camille comme amante ;
Je puis les regarder comme nos ennemis,
Et donne sans regret mes souhaits à mes fils.
Ils sont, grâces aux dieux, dignes de leur patrie;
Aucun étonnement n'a leur gloire flétrie ;
Et j'ai vu leur honneur croître de la moitié
Quand ils ont des deux camps refusé la pitié.
Si par quelque foiblesse ils l'avoient mendiée,
Si leur haute vertu ne l'eût répudiée,
Ma main bientôt sur eux m'eût vengé hautement 5
De l'affront que m'eût fait ce mol consentement.
Mais lorsqu'en dépit d'eux on en a voulu d'autres,
Je ne le cèle point, j'ai joint mes vœux aux vôtres.
Si le ciel pitoyable eût écouté ma voix,
Albe seroit réduite à faire un autre choix ;
Nous pourrions voir tantôt triompher les Horaces
Sans voir leurs bras souillés du sang des Curiaces,
Et de l'événement d'un combat plus humain
Dépendroit maintenant l'honneur du nom romain.

La prudence des dieux autrement en dispose ;
Sur leur ordre éternel mon esprit se repose :
Il s'arme, en ce besoin, de générosité,
Et du bonheur public fait sa félicité.
Tâchez d'en faire autant pour soulager vos peines,
Et songez toutes deux que vous êtes Romaines :
Vous l'êtes devenue, et vous l'êtes encor ;
Un si glorieux titre est un digne trésor. 6
Un jour, un jour viendra que par toute la terre
Rome se fera craindre à l'égal du tonnerre,
Et que, tout l'univers tremblant dessous ses lois,
Ce grand nom deviendra l'ambition des rois :
Les dieux à notre Énée ont promis cette gloire.

SCÈNE VI.

LE VIEIL HORACE, SABINE, CAMILLE, JULIE.

LE VIEIL HORACE.

Nous venez-vous, Julie, apprendre la victoire ?

JULIE.

Mais plutôt du combat les funestes effets.
Rome est sujette d'Albe, et vos fils sont défaits ;
Des trois les deux sont morts, son époux seul vous reste.

LE VIEIL HORACE.

O d'un triste combat effet vraiment funeste !
Rome est sujette d'Albe ! et pour l'en garantir
Il n'a pas employé jusqu'au dernier soupir !

ACTE III, SCENE VI.

Non, non, cela n'est point; on vous trompe, Julie;
Rome n'est point sujette, ou mon fils est sans vie :
Je connois mieux mon sang, il sait mieux son devoir.

JULIE.

Mille de nos remparts comme moi l'ont pu voir.
Il s'est fait admirer tant qu'ont duré ses frères;
Mais comme il s'est vu seul contre trois adversaires
Près d'être enfermé d'eux, sa fuite l'a sauvé.

LE VIEIL HORACE.

Et nos soldats trahis ne l'ont point achevé!
Dans leurs rangs à ce lâche ils ont donné retraite!

JULIE.

Je n'ai rien voulu voir après cette défaite.

CAMILLE.

O mes frères!

LE VIEIL HORACE.

Tout beau; ne les pleurez pas tous;
Deux jouissent d'un sort dont leur père est jaloux.
Que des plus nobles fleurs leur tombe soit couverte;
La gloire de leur mort m'a payé de leur perte :
Ce bonheur a suivi leur courage invaincu, [2]
Qu'ils ont vu Rome libre autant qu'ils ont vécu, [3]
Et ne l'auront point vue obéir qu'à son prince,
Ni d'un état voisin devenir la province.
Pleurez l'autre, pleurez l'irréparable affront
Que sa fuite honteuse imprime à notre front;
Pleurez le déshonneur de toute notre race,
Et l'opprobre éternel qu'il laisse au nom d'Horace.

JULIE.

Que vouliez-vous qu'il fît contre trois?

LE VIEIL HORACE.

                              Qu'il mourût, 4
Ou qu'un beau désespoir alors le secourût.
N'eût-il que d'un moment reculé sa défaite,
Rome eût été du moins un peu plus tard sujette;
Il eût avec honneur laissé mes cheveux gris,
Et c'étoit de sa vie un assez digne prix.
Il est de tout son sang comptable à sa patrie; 5
Chaque goutte épargnée a sa gloire flétrie;
Chaque instant de sa vie, après ce lâche tour, 6
Met d'autant plus ma honte avec la sienne au jour. 7
J'en romprai bien le cours; et ma juste colère,
Contre un indigne fils, usant des droits d'un père,
Saura bien faire voir, dans sa punition,
L'éclatant désaveu d'une telle action.

SABINE.

Écoutez un peu moins ces ardeurs généreuses,
Et ne nous rendez point tout-à-fait malheureuses.

LE VIEIL HORACE.

Sabine, votre cœur se console aisément;
Nos malheurs jusqu'ici vous touchent foiblement.
Vous n'avez point encor de part à nos misères;
Le ciel vous a sauvé votre époux et vos frères :
Si nous sommes sujets, c'est de votre pays :
Vos frères sont vainqueurs quand nous sommes trahis;
Et voyant le haut point où leur gloire se monte,
Vous regardez fort peu ce qui nous vient de honte.
Mais votre trop d'amour pour cet infâme époux
Vous donnera bientôt à plaindre comme à nous :

Vos pleurs en sa faveur sont de foibles défenses :
J'atteste des grands dieux les suprêmes puissances
Qu'avant ce jour fini, ces mains, ces propres mains
Laveront dans son sang la honte des Romains.

(Le vieil Horace sort.)

SABINE.

« Suivons-le promptement ; la colère l'emporte.
« Dieux! verrons-nous toujours des malheurs de la sorte? 8
« Nous faudra-t-il toujours en craindre de plus grands,
« Et toujours redouter la main de nos parents? 9

FIN DU TROISIÈME ACTE.

ACTE QUATRIÈME.

SCÈNE I.ère

LE VIEIL HORACE, CAMILLE.

LE VIEIL HORACE.

Ne me parlez jamais en faveur d'un infâme ; 1
Qu'il me fuie à l'égal des frères de sa femme :
Pour conserver un sang qu'il tient si précieux,
Il n'a rien fait encor s'il n'évite mes yeux.
Sabine y peut mettre ordre, ou derechef j'atteste 2
Le souverain pouvoir de la troupe céleste.....

CAMILLE.

Ah ! mon père, prenez un plus doux sentiment ;
Vous verrez Rome même en user autrement,
Et, de quelque malheur que le ciel l'ait comblée,
Excuser la vertu sous le nombre accablée.

LE VIEIL HORACE.

Le jugement de Rome est peu pour mon regard. 3
Camille, je suis père, et j'ai mes droits à part.
Je sais trop comme agit la vertu véritable :
C'est sans en triompher que le nombre l'accable ;
Et sa mâle vigueur, toujours en même point,
Succombe sous la force, et ne lui cède point.
Taisez-vous, et sachons ce que nous veut Valère.

SCÈNE II.

LE VIEIL HORACE, VALÈRE, CAMILLE.

VALÈRE.

Envoyé par le roi pour consoler un père,
Et pour lui témoigner....

LE VIEIL HORACE.

N'en prenez aucun soin :
C'est un soulagement dont je n'ai pas besoin ;
Et j'aime mieux voir morts que couverts d'infamie
Ceux que vient de m'ôter une main ennemie.
Tous deux pour leur pays sont morts en gens d'honneur ;
Il me suffit.

VALÈRE.

Mais l'autre est un rare bonheur ;
De tous les trois chez vous il doit tenir la place.

LE VIEIL HORACE.

Que n'a-t-on vu périr en lui le nom d'Horace !

VALÈRE.

Seul vous le maltraitez après ce qu'il a fait !

LE VIEIL HORACE.

C'est à moi seul aussi de punir son forfait. [1]

VALÈRE.

Quel forfait trouvez-vous en sa bonne conduite ?

LE VIEIL HORACE.

Quel éclat de vertu trouvez-vous en sa fuite ?

VALÈRE.

La fuite est glorieuse en cette occasion.

LE VIEIL HORACE.

Vous redoublez ma honte et ma confusion. 2
Certes, l'exemple est rare et digne de mémoire,
De trouver dans la fuite un chemin à la gloire!

VALÈRE.

Quelle confusion et quelle honte à vous
D'avoir produit un fils qui nous conserve tous,
Qui fait triompher Rome, et lui gagne un empire?
A quels plus grands honneurs faut-il qu'un père aspire?

LE VIEIL HORACE.

Quels honneurs, quel triomphe, et quel empire enfin 3
Lorsqu'Albe sous ses lois range notre destin?

VALÈRE.

Que parlez-vous ici d'Albe et de sa victoire?
Ignorez-vous encor la moitié de l'histoire?

LE VIEIL HORACE.

Je sais que par sa fuite il a trahi l'état.

VALÈRE.

Oui, s'il eût en fuyant terminé le combat;
Mais on a bientôt vu qu'il ne fuyoit qu'en homme
Qui savoit ménager l'avantage de Rome.

LE VIEIL HORACE.

Quoi! Rome donc triomphe? 4

VALÈRE.

Apprenez, apprenez
La valeur de ce fils qu'à tort vous condamnez.
Resté seul contre trois, mais en cette aventure
Tous trois étant blessés, et lui seul sans blessure,

ACTE IV, SCÈNE II.

Trop foible pour eux tous, trop fort pour chacun d'eux,
Il sait bien se tirer d'un pas si dangereux ;
Il fuit pour mieux combattre, et cette prompte ruse
Divise adroitement trois frères qu'elle abuse.
Chacun le suit d'un pas ou plus ou moins pressé,
Selon qu'il se rencontre ou plus ou moins blessé ;
Leur ardeur est égale à poursuivre sa fuite,
Mais leurs coups inégaux séparent leur poursuite.
Horace, les voyant l'un de l'autre écartés,
Se retourne, et déjà les croit demi-domtés :
Il attend le premier, et c'étoit votre gendre.
L'autre, tout indigné qu'il ait osé l'attendre,
En vain en l'attaquant fait paroître un grand cœur,
Le sang qu'il a perdu ralentit sa vigueur.
Albe à son tour commence à craindre un sort contraire :
Elle crie au second qu'il secoure son frère ;
Il se hâte, et s'épuise en efforts superflus ;
Il trouve en les joignant que son frère n'est plus.

CAMILLE.

Hélas !

VALÈRE.

Tout hors d'haleine il prend pourtant sa place,
Et redouble bientôt la victoire d'Horace :
Son courage sans force est un débile appui ;
Voulant venger son frère, il tombe auprès de lui.
L'air résonne des cris qu'au ciel chacun envoie ; 5
Albe en jette d'angoisse, et les Romains de joie.
Comme notre héros se voit près d'achever,
C'est peu pour lui de vaincre, il veut encor braver : 6

J'en viens d'immoler deux aux mânes de mes frères ;
Rome aura le dernier de mes trois adversaires ;
C'est à ses intérêts que je vais l'immoler,
Dit-il ; et tout d'un temps on le voit y voler.
La victoire entre eux deux n'étoit pas incertaine ;
L'Albain percé de coups ne se traînoit qu'à peine,
Et, comme une victime aux marches de l'autel,
Il sembloit présenter sa gorge au coup mortel :
Aussi le reçoit-il, peu s'en faut, sans défense ;
Et son trépas de Rome établit la puissance.

LE VIEIL HORACE.

O mon fils ! ô ma joie ! ô l'honneur de nos jours !
O d'un état penchant l'inespéré secours !
Vertu digne de Rome, et sang digne d'Horace !
Appui de ton pays, et gloire de ta race !
Quand pourrai-je étouffer dans tes embrassements
L'erreur dont j'ai formé de si faux sentiments ?
Quand pourra mon amour baigner avec tendresse
Ton front victorieux de larmes d'allégresse ?

VALÈRE.

Vos caresses bientôt pourront se déployer ;
Le roi, dans un moment, vous le va renvoyer,
Et remet à demain la pompe qu'il prépare
D'un sacrifice aux dieux pour un bonheur si rare.
Aujourd'hui seulement on s'acquitte vers eux
Par des chants de victoire et par de simples vœux :
C'est où le roi le mène ; et tandis il m'envoie 7
Faire office vers vous de douleur et de joie.
Mais cet office encor n'est pas assez pour lui ;
Il y viendra lui-même, et peut-être aujourd'hui :

ACTE IV, SCÈNE III.

Il croit mal reconnoître une vertu si pure,
Si de sa propre bouche il ne vous en assure,
S'il ne vous dit chez vous combien vous doit l'état.

LE VIEIL HORACE.

De tels remercîments ont pour moi trop d'éclat;
Et je me tiens déjà trop payé par les vôtres
Du service d'un fils, et du sang des deux autres.

VALÈRE.

Il ne sait ce que c'est d'honorer à demi;
Et son sceptre arraché des mains de l'ennemi
Fait qu'il tient cet honneur qu'il lui plaît de vous faire
Au-dessous du mérite et du fils et du père.
Je vais lui témoigner quels nobles sentiments
La vertu vous inspire en tous vos mouvements,
Et combien vous montrez d'ardeur pour son service.

LE VIEIL HORACE.

Je vous devrai beaucoup pour un si bon office. 9

SCÈNE III.

LE VIEIL HORACE, CAMILLE.

LE VIEIL HORACE.

MA fille, il n'est plus temps de répandre des pleurs; 1
Il sied mal d'en verser où l'on voit tant d'honneurs:
On pleure injustement des pertes domestiques 2
Quand on en voit sortir des victoires publiques.
Rome triomphe d'Albe, et c'est assez pour nous;
Tous nos maux à ce prix doivent nous être doux.
En la mort d'un amant vous ne perdez qu'un homme 3
Dont la perte est aisée à réparer dans Rome;

Après cette victoire, il n'est point de Romain
Qui ne soit glorieux de vous donner la main.
Il me faut à Sabine en porter la nouvelle;
Ce coup sera sans doute assez rude pour elle,
Et ses trois frères morts par la main d'un époux 4
Lui donneront des pleurs bien plus justes qu'à vous:
Mais j'espère aisément en dissiper l'orage,
Et qu'un peu de prudence aidant son grand courage,
Fera bientôt régner sur un si noble cœur
Le généreux amour qu'elle doit au vainqueur.
Cependant étouffez cette lâche tristesse;
Recevez-le, s'il vient, avec moins de foiblesse;
Faites-vous voir sa sœur, et qu'en un même flanc 5
Le ciel vous a tous deux formés d'un même sang.

SCÈNE IV.

CAMILLE.

Oui, je lui ferai voir, par d'infaillibles marques, 1
Qu'un véritable amour brave la main des Parques,
Et ne prend point de lois de ces cruels tyrans
Qu'un astre injurieux nous donne pour parents.
Tu blâmes ma douleur, tu l'oses nommer lâche;
Je l'aime d'autant plus que plus elle te fâche,
Impitoyable père; et par un juste effort 2
Je la veux rendre égale aux rigueurs de mon sort.
En vit-on jamais un dont les rudes traverses
Prissent en moins de rien tant de faces diverses,
Qui fût doux tant de fois, et tant de fois cruel,
Et portât tant de coups avant le coup mortel?

ACTE IV, SCÈNE IV.

Vit-on jamais une âme en un jour plus atteinte
De joie et de douleur, d'espérance et de crainte,
Asservie en esclave à plus d'événements,
Et le piteux jouet de plus de changements?
Un oracle m'assure, un songe me travaille; 3
La paix calme l'effroi que me fait la bataille;
Mon hymen se prépare, et presque en un moment
Pour combattre mon frère on choisit mon amant; 4
Ce choix me désespère, et tous le désavouent;
La partie est rompue, et les dieux la renouent;
Rome semble vaincue, et seul des trois Albains
Curiace en mon sang n'a point trempé ses mains.
O dieux! sentois-je alors des douleurs trop légères
Pour le malheur de Rome et la mort de deux frères?
Et me flattois-je trop quand je croyois pouvoir
L'aimer encor sans crime, et nourrir quelque espoir?
Sa mort m'en punit bien, et la façon cruelle
Dont mon âme éperdue en reçoit la nouvelle:
Son rival me l'apprend; et, faisant à mes yeux
D'un si triste succès le récit odieux,
Il porte sur le front une allégresse ouverte,
Que le bonheur public fait bien moins que ma perte,
Et, bâtissant en l'air sur le malheur d'autrui,
Aussi bien que mon frère il triomphe de lui.
Mais ce n'est rien encore au prix de ce qui reste:
On demande ma joie en un jour si funeste;
Il me faut applaudir aux exploits du vainqueur,
Et baiser une main qui me perce le cœur!
En un sujet de pleurs si grand, si légitime,
Se plaindre est une honte, et soupirer un crime!

Leur brutale vertu veut qu'on s'estime heureux,
Et si l'on n'est barbare on n'est point généreux !

Dégénérons, mon cœur, d'un si vertueux père ; 5
Soyons indigne sœur d'un si généreux frère :
C'est gloire de passer pour un cœur abattu
Quand la brutalité fait la haute vertu.
Eclatez, mes douleurs; à quoi bon vous contraindre ?
Quand on a tout perdu, que sauroit-on plus craindre?
Pour ce cruel vainqueur n'ayez point de respect ;
Loin d'éviter ses yeux, croissez à son aspect;
Offensez sa victoire, irritez sa colère ;
Et prenez, s'il se peut, plaisir à lui déplaire.
Il vient, préparons-nous à montrer constamment 6
Ce que doit une amante à la mort d'un amant.

SCÈNE V.

HORACE, CAMILLE, PROCULE.

(Procule porte en sa main les trois épées des Curiaces.)

HORACE.

Ma sœur, voici le bras qui venge nos deux frères, 1
Le bras qui rompt le cours de nos destins contraires,
Qui nous rend maîtres d'Albe ; enfin voici le bras
Qui seul fait aujourd'hui le sort des deux états.
Vois ces marques d'honneur, ces témoins de ma gloire,
Et rends ce que tu dois à l'heur de ma victoire.

CAMILLE.

Recevez donc mes pleurs; c'est ce que je lui dois.

HORACE.

Rome n'en veut point voir après de tels exploits;

ACTE IV, SCÈNE V. 55

Et nos deux frères morts dans le malheur des armes
Sont trop payés de sang pour exiger des larmes :
Quand la perte est vengée, on n'a plus rien perdu.

CAMILLE.

Puisqu'ils sont satisfaits par le sang épandu,
Je cesserai pour eux de paroître affligée,
Et j'oublirai leur mort que vous avez vengée :
Mais qui me vengera de celle d'un amant
Pour me faire oublier sa perte en un moment?

HORACE.

Que dis-tu, malheureuse?

CAMILLE.

O mon cher Curiace!

HORACE.

O d'une indigne sœur insupportable audace! 2
D'un ennemi public dont je reviens vainqueur 3
Le nom est dans ta bouche et l'amour dans ton cœur!
Ton ardeur criminelle à la vengeance aspire!
Ta bouche la demande, et ton cœur la respire!
Suis moins ta passion, règle mieux tes désirs,
Ne me fais plus rougir d'entendre tes soupirs :
Tes flammes désormais doivent être étouffées;
Bannis-les de ton âme, et songe à mes trophées;
Qu'ils soient dorénavant ton unique entretien!

CAMILLE.

Donne-moi donc, barbare, un cœur comme le tien; 4
Et, si tu veux enfin que je t'ouvre mon âme,
Rends-moi mon Curiace, ou laisse agir ma flamme :

Ma joie et mes douleurs dépendoient de son sort;
Je l'adorois vivant, et je le pleure mort.
Ne cherche plus ta sœur où tu l'avois laissée;
Tu ne revois en moi qu'une amante offensée,
Qui, comme une furie attachée à tes pas,
Te veut incessamment reprocher son trépas.
Tigre altéré de sang, qui me défends les larmes,
Qui veut que dans sa mort je trouve encor des charmes,
Et que, jusques au ciel élevant tes exploits,
Moi-même je le tue une seconde fois!
Puissent tant de malheurs accompagner ta vie,
Que tu tombes au point de me porter envie,
Et toi bientôt souiller par quelque lâcheté
Cette gloire si chère à ta brutalité!

HORACE.

O ciel! qui vit jamais une pareille rage?
Crois-tu donc que je sois insensible à l'outrage,
Que je souffre en mon sang ce mortel déshonneur?
Aime, aime cette mort qui fait notre bonheur,
Et préfère du moins au souvenir d'un homme
Ce que doit ta naissance aux intérêts de Rome.

CAMILLE.

Rome, l'unique objet de mon ressentiment! 5
Rome, à qui vient ton bras d'immoler mon amant!
Rome, qui t'a vu naître, et que ton cœur adore!
Rome enfin, que je hais parce qu'elle t'honore!
Puissent tous ses voisins ensemble conjurés
Saper ses fondements encor mal assurés!
Et, si ce n'est assez de toute l'Italie,
Que l'Orient contre elle à l'Occident s'allie!

ACTE IV, SCÈNE VI.

Que cent peuples unis des bouts de l'univers
Passent, pour la détruire, et les monts et les mers !
Qu'elle-même sur soi renverse ses murailles,
Et de ses propres mains déchire ses entrailles !
Que le courroux du ciel, allumé par mes vœux,
Fasse pleuvoir sur elle un déluge de feux !
Puissé-je de mes yeux y voir tomber ce foudre,
Voir ses maisons en cendre et tes lauriers en poudre,
Voir le dernier Romain à son dernier soupir,
Moi seule en être cause, et mourir de plaisir !

HORACE, *mettant l'épée à la main, et poursuivant sa sœur qui s'enfuit.*

C'est trop, ma patience à la raison fait place ;
Va dedans les enfers plaindre ton Curiace !

CAMILLE, *blessée, derrière le théâtre.*

Ah traître !

HORACE, *revenant sur le théâtre.*

Ainsi reçoive un châtiment soudain
Quiconque ose pleurer un ennemi romain ! *a*

SCÈNE VI.

HORACE, PROCULE.

PROCULE.

« Que venez-vous de faire ? 1

a Et puisse de nos yeux à jamais disparoître
Quiconque ose abhorrer les lieux qui l'ont vu naître !
Qu'on ne m'accuse point d'une injuste rigueur,
Je ne la connois plus désormais pour ma sœur.

####### HORACE.

Un acte de justice :
« Un semblable forfait veut un pareil supplice.

####### PROCULE.

« Vous deviez la traiter avec moins de rigueur.

####### HORACE.

« Ne me dis point qu'elle est et mon sang et ma sœur ;
Mon père ne peut plus l'avouer pour sa fille :
Qui maudit son pays, renonce à sa famille ;
Des noms si pleins d'amour ne lui sont plus permis ;
De ses plus chers parents il fait ses ennemis ;
Le sang même les arme en haine de son crime ;
La plus prompte vengeance en est plus légitime ;
Et ce souhait impie, encore qu'impuissant,
Est un monstre qu'il faut étouffer en naissant.

SCÈNE VII.

SABINE, HORACE, PROCULE.

SABINE.

A quoi s'arrête ici ton illustre colère ? [1]
Viens voir mourir ta sœur dans les bras de ton père ;
Viens repaître tes yeux d'un spectacle si doux ;
Ou, si tu n'es point las de ces généreux coups,
Immole au cher pays des vertueux Horaces
Ce reste malheureux du sang des Curiaces.
Si prodigue du tien, n'épargne pas le leur ;
Joins Sabine à Camille, et ta femme à ta sœur.

ACTE IV, SCÈNE VII.

Nos crimes sont pareils, ainsi que nos misères;
Je soupire comme elle, et déplore mes frères;
Plus coupable en ce point contre tes dures lois,
Qu'elle n'en pleuroit qu'un, et que j'en pleure trois,
Qu'après son châtiment ma faute continue.

HORACE.

Sèche tes pleurs, Sabine, ou les cache à ma vue;
Rends-toi digne du nom de ma chaste moitié,
Et ne m'accable point d'une indigne pitié.
Si l'absolu pouvoir d'une pudique flamme
Ne nous laisse à tous deux qu'un penser et qu'une âme,
C'est à toi d'élever tes sentiments aux miens,
Non à moi de descendre à la honte des tiens.
Je t'aime, et je connois la douleur qui te presse;
Embrasse ma vertu pour vaincre ta foiblesse; 2
Participe à ma gloire au lieu de la souiller; 3
Tâche à t'en revêtir, non à m'en dépouiller.
Es-tu de mon honneur si mortelle ennemie,
Que je te plaise mieux couvert d'une infamie?
Sois plus femme que sœur, et, te réglant sur moi,
Fais-toi de mon exemple une immuable loi.

SABINE.

Cherche pour t'imiter des âmes plus parfaites.
Je ne t'impute point les pertes que j'ai faites,
J'en ai les sentiments que je dois en avoir,
Et je m'en prends au sort plutôt qu'à ton devoir;
Mais enfin je renonce à la vertu romaine, 4
Si, pour la posséder, je dois être inhumaine,
Et ne puis voir en moi la femme du vainqueur,
Sans y voir des vaincus la déplorable sœur.

Prenons part en public aux victoires publiques,
Pleurons dans la maison nos malheurs domestiques ;
Et ne regardons point des biens communs à tous,
Quand nous voyons des maux qui ne sont que pour nous.
Pourquoi veux-tu, cruel, agir d'une autre sorte ? 5
Laisse en entrant ici tes lauriers à la porte,
Mêle tes pleurs aux miens... Quoi ! ces lâches discours
N'arment point ta vertu contre mes tristes jours !
Mon crime redoublé n'émeut point ta colère !
Que Camille est heureuse ! elle a pu te déplaire ;
Elle a reçu de toi ce qu'elle a prétendu,
Et recouvre là-bas tout ce qu'elle a perdu.
Cher époux, cher auteur du tourment qui me presse,
Ecoute la pitié, si ta colère cesse ;
Exerce l'une ou l'autre, après de tels malheurs,
A punir ma foiblesse, ou finir mes douleurs :
Je demande la mort pour grâce ou pour supplice :
Qu'elle soit un effet d'amour ou de justice,
N'importe ; tous ses traits n'auront rien que de doux,
Si je les vois partir de la main d'un époux.

HORACE.

Quelle injustice aux dieux d'abandonner aux femmes
Un empire si grand sur les plus belles âmes,
Et de se plaire à voir de si foibles vainqueurs
Régner si puissamment sur les plus nobles cœurs !
A quel point ma vertu devient-elle réduite ! 7
Rien ne la sauroit plus garantir que la fuite.
Adieu. Ne me suis point, ou retiens tes soupirs.

SABINE, seule.

O colère, ô pitié, sourdes à mes désirs,

Vous négligez mon crime, et ma douleur vous lasse,
Et je n'obtiens de vous ni supplice, ni grâce !
Allons-y par nos pleurs faire encore un effort,
Et n'employons après que nous à notre mort. 8

FIN DU QUATRIÈME ACTE.

ACTE CINQUIÈME.[1]

SCÈNE I.ère

LE VIEIL HORACE, HORACE.

LE VIEIL HORACE.

Retirons nos regards de cet objet funeste,
Pour admirer ici le jugement céleste :
Quand la gloire nous enfle, il sait bien comme il faut
Confondre notre orgueil qui s'élève trop haut :
Nos plaisirs les plus doux ne vont point sans tristesse;[2]
Il mêle à nos vertus des marques de foiblesse,
Et rarement accorde à notre ambition
L'entier et pur honneur d'une belle action.
Je ne plains point Camille; elle étoit criminelle :
Je me tiens plus à plaindre, et je te plains plus qu'elle;
Moi, d'avoir mis au jour un cœur si peu romain;
Toi, d'avoir par sa mort déshonoré ta main.
Je ne la trouve point injuste ni trop prompte ;
Mais tu pouvois, mon fils, t'en épargner la honte :
Son crime, quoiqu'énorme et digne du trépas,
Étoit mieux impuni, que puni par ton bras.

HORACE.

Disposez de mon sang, les loix vous en font maître ;
J'ai cru devoir le sien aux lieux qui m'ont vu naître.

ACTE V, SCÈNE II.

Si dans vos sentiments mon zèle est criminel,
S'il m'en faut recevoir un reproche éternel,
Si ma main en devient honteuse et profanée, 3
Vous pouvez d'un seul mot trancher ma destinée :
Reprenez tout ce sang de qui ma lâcheté 4
A si brutalement souillé la pureté.
Ma main n'a pu souffrir de crime en votre race ;
Ne souffrez point de tache en la maison d'Horace.
C'est en ces actions dont l'honneur est blessé
Qu'un père tel que vous se montre intéressé :
Son amour doit se taire où toute excuse est nulle ; 5
Lui-même il y prend part lorsqu'il les dissimule ;
Et de sa propre gloire il fait trop peu de cas
Quand il ne punit point ce qu'il n'approuve pas.

LE VIEIL HORACE.

Il n'use pas toujours d'une rigueur extrême ;
Il épargne ses fils bien souvent pour soi-même ;
Sa vieillesse sur eux aime à se soutenir,
Et ne les punit point de peur de se punir.
Je te vois d'un autre œil que tu ne te regardes ;
Je sais... Mais le roi vient, je vois entrer ses gardes.

SCÈNE II.

TULLE, VALÈRE, LE VIEIL HORACE,
HORACE, TROUPE DE GARDES.

LE VIEIL HORACE.

Ah ! sire, un tel honneur a trop d'excès pour moi ;
Ce n'est point en ce lieu que je dois voir mon roi :

Permettez qu'à genoux....

TULLE.

Non, levez-vous, mon père.
Je fais ce qu'en ma place un bon prince doit faire.
Un si rare service et si fort important [1]
Veut l'honneur le plus rare et le plus éclatant.
(Montrant Valère.)
Vous en aviez déjà sa parole pour gage ;
Je ne l'ai pas voulu différer davantage.

J'ai su par son rapport, et je n'en doutois pas, [2]
Comme de vos deux fils vous portez le trépas,
Et que, déjà votre âme étant trop résolue,
Ma consolation vous seroit superflue :
Mais je viens de savoir quel étrange malheur
D'un fils victorieux a suivi la valeur,
Et que son trop d'amour pour la cause publique
Par ses mains à son père ôte une fille unique.
Ce coup est un peu rude à l'esprit le plus fort ;
Et je doute comment vous portez cette mort. [3]

LE VIEIL HORACE.

Sire, avec déplaisir, mais avec patience.

TULLE.

C'est l'effet vertueux de votre expérience.
Beaucoup par un long âge ont appris comme vous
Que le malheur succède au bonheur le plus doux :
Peu savent comme vous s'appliquer ce remède,
Et dans leur intérêt toute leur vertu cède.
Si vous pouvez trouver dans ma compassion
Quelque soulagement pour votre affliction,

Ainsi que votre mal sachez qu'elle est extrême,
Et que je vous en plains autant que je vous aime.
VALÈRE.
Sire, puisque le ciel entre les mains des rois 4
Dépose sa justice et la force des lois,
Et que l'état demande aux princes légitimes
Des prix pour les vertus, des peines pour les crimes,
Souffrez qu'un bon sujet vous fasse souvenir
Que vous plaignez beaucoup ce qu'il vous faut punir.
Souffrez....
LE VIEIL HORACE.
Quoi ! qu'on envoie un vainqueur au supplice ?
TULLE.
Permettez qu'il achève, et je ferai justice : 5
J'aime à la rendre à tous, à toute heure, en tout lieu ;
C'est par elle qu'un roi se fait un demi-dieu ;
Et c'est dont je vous plains, qu'après un tel service
On puisse contre lui me demander justice.
VALÈRE.
Souffrez donc, ô grand roi, le plus juste des rois, 6
Que tous les gens de bien vous parlent par ma voix ;
Non que nos cœurs jaloux de ses honneurs s'irritent :
S'il en reçoit beaucoup, ses hauts faits les méritent ;
Ajoutez-y plutôt que d'en diminuer ;
Nous sommes tous encor prêts d'y contribuer.
Mais, puisque d'un tel crime il s'est montré capable,
Qu'il triomphe en vainqueur, et périsse en coupable :
Arrêtez sa fureur, et sauvez de ses mains,
Si vous voulez régner, le reste des Romains ;

Il y va de la perte ou du salut du reste.

 La guerre avoit un cours si sanglant, si funeste,
Et les nœuds de l'hymen, durant nos bons destins,
Ont tant de fois uni des peuples si voisins,
Qu'il est peu de Romains que le parti contraire
N'intéresse en la mort d'un gendre ou d'un beau-frère,
Et qui ne soient forcés de donner quelques pleurs,
Dans le bonheur public, à leurs propres malheurs.
Si c'est offenser Rome, et que l'heur de ses armes
L'autorise à punir ce crime de nos larmes,
Quel sang épargnera ce barbare vainqueur,
Qui ne pardonne pas à celui de sa sœur,
Et ne peut excuser cette douleur pressante
Que la mort d'un amant jette au cœur d'une amante,
Quand, près d'être éclairés du nuptial flambeau,
Elle voit avec lui son espoir au tombeau?
Faisant triompher Rome, il se l'est asservie;
Il a sur nous un droit et de mort et de vie;
Et nos jours criminels ne pourront plus durer
Qu'autant qu'à sa clémence il plaira l'endurer.

 Je pourrois ajouter aux intérêts de Rome
Combien un pareil coup est indigne d'un homme;
Je pourrois demander qu'on mît devant vos yeux
Ce grand et rare exploit d'un bras victorieux :
Vous verriez un beau sang, pour accuser sa rage,
D'un frère si cruel rejaillir au visage;
Vous verriez des horreurs qu'on ne peut concevoir;
Son âge et sa beauté vous pourroient émouvoir :
Mais je hais ces moyens qui sentent l'artifice. 7
Vous avez à demain remis le sacrifice;

ACTE V, SCÈNE II.

Pensez-vous que les dieux, vengeurs des innocents,
D'une main parricide acceptent de l'encens?
Sur vous ce sacrilége attireroit sa peine:
Ne le considérez qu'en objet de leur haine;
Et croyez avec nous qu'en tous ses trois combats
Le bon destin de Rome a plus fait que son bras,
Puisque ces mêmes dieux, auteurs de sa victoire,
Ont permis qu'aussitôt il en souillât la gloire,
Et qu'un si grand courage, après ce noble effort,
Fût digne en même jour de triomphe et de mort.
Sire, c'est ce qu'il faut que votre arrêt décide.
En ce lieu Rome a vu le premier parricide;
La suite en est à craindre, et la haine des cieux.
Sauvez-nous de sa main, et redoutez les dieux.

TULLE.

Défendez-vous, Horace.

HORACE.

A quoi bon me défendre?
Vous savez l'action, vous la venez d'entendre;
Ce que vous en croyez me doit être une loi.
Sire, on se défend mal contre l'avis d'un roi;
Et le plus innocent devient soudain coupable,
Quand aux yeux de son prince il paroît condamnable;
C'est crime qu'envers lui se vouloir excuser:
Notre sang est son bien, il en peut disposer;
Et c'est à nous de croire, alors qu'il en dispose,
Qu'il ne s'en prive point sans une juste cause.
Sire, prononcez donc, je suis prêt d'obéir;
D'autres aiment la vie, et je la dois haïr.

Je ne reproche point à l'ardeur de Valère
Qu'en amant de la sœur il accuse le frère :
Mes vœux avec les siens conspirent aujourd'hui :
Il demande ma mort; je la veux comme lui.
Un seul point entre nous met cette différence,
Que mon honneur par-là cherche son assurance,
Et qu'à ce même but nous voulons arriver,
Lui pour flétrir ma gloire, et moi pour la sauver.

 Sire, c'est rarement qu'il s'offre une matière 8
A montrer d'un grand cœur la vertu tout entière ;
Suivant l'occasion elle agit plus ou moins,
Et paroît forte ou foible aux yeux de ses témoins.
Le peuple, qui voit tout seulement par l'écorce,
S'attache à son effet pour juger de sa force ;
Il veut que ses dehors gardent un même cours,
Qu'ayant fait un miracle elle en fasse toujours :
Après une action pleine, haute, éclatante,
Tout ce qui brille moins remplit mal son attente :
Il veut qu'on soit égal en tout temps, en tous lieux ;
Il n'examine point si lors on pouvoit mieux,
Ni que, s'il ne voit pas sans cesse une merveille,
L'occasion est moindre, et la vertu pareille :
Son injustice accable et détruit les grands noms ;
L'honneur des premiers faits se perd par les seconds ;
Et quand la renommée a passé l'ordinaire,
Si l'on n'en veut déchoir, il faut ne plus rien faire.

 Je ne vanterai point les exploits de mon bras ;
Votre majesté, sire, a vu mes trois combats :
Il est bien malaisé qu'un pareil les seconde,
Qu'une autre occasion à celle-ci réponde,

Et que tout mon courage, après de si grands coups,
Parvienne à des succès qui n'aillent au-dessous;
Si bien que, pour laisser une illustre mémoire,
La mort seule aujourd'hui peut conserver ma gloire;
Encor la falloit-il sitôt que j'eus vaincu,
Puisque pour mon honneur j'ai déjà trop vécu.
Un homme tel que moi voit sa gloire ternie
Quand il tombe en péril de quelque ignominie :
Et ma main auroit su déjà m'en garantir;
Mais sans votre congé mon sang n'ose sortir;
Comme il vous appartient, votre aveu doit se prendre;
C'est vous le dérober qu'autrement le répandre.
Rome ne manque point de généreux guerriers;
Assez d'autres sans moi soutiendront vos lauriers;
Que votre majesté désormais m'en dispense :
Et si ce que j'ai fait vaut quelque récompense,
Permettez, ô grand roi, que de ce bras vainqueur
Je m'immole à ma gloire, et non pas à ma sœur.

SCÈNE III.

TULLE, VALÈRE, LE VIEIL HORACE, HORACE, SABINE.

SABINE.

« Sire, écoutez Sabine; et voyez dans son âme
« Les douleurs d'une sœur, et celles d'une femme,
« Qui, toute désolée, à vos sacrés genoux,
« Pleure pour sa famille, et craint pour son époux.
« Ce n'est pas que je veuille avec cet artifice
« Dérober un coupable au bras de la justice;

« Quoi qu'il ait fait pour vous, traitez-le comme tel,
« Et punissez en moi ce noble criminel ;
« De mon sang malheureux expiez tout son crime :
« Vous ne changerez point pour cela de victime ;
« Ce n'en sera point prendre une injuste pitié,
« Mais en sacrifier la plus chère moitié.
« Les nœuds de l'hyménée, et son amour extrême,
« Font qu'il vit plus en moi qu'il ne vit en lui-même ;
« Et si vous m'accordez de mourir aujourd'hui,
« Il mourra plus en moi qu'il ne mourroit en lui ;
« La mort que je demande, et qu'il faut que j'obtienne,
« Augmentera sa peine, et finira la mienne.
« Sire, voyez l'excès de mes tristes ennuis,
« Et l'effroyable état où mes jours sont réduits.
« Quelle horreur d'embrasser un homme dont l'épée
« De toute ma famille a la trame coupée !
« Et quelle impiété de haïr un époux
« Pour avoir bien servi les siens, l'état, et vous !
« Aimer un bras souillé du sang de tous mes frères !
« N'aimer pas un mari qui finit nos misères !
« Sire, délivrez-moi, par un heureux trépas,
« Des crimes de l'aimer, et de ne l'aimer pas ;
« J'en nommerai l'arrêt une faveur bien grande.
« Ma main peut me donner ce que je vous demande :
« Mais ce trépas enfin me sera bien plus doux,
« Si je puis de sa honte affranchir mon époux ;
« Si je puis par mon sang apaiser la colère
« Des dieux qu'a pu fâcher sa vertu trop sévère,
« Satisfaire, en mourant, aux mânes de ma sœur,
« Et conserver à Rome un si bon défenseur.

ACTE V, SCÈNE III.

LE VIEIL HORACE.

Sire, c'est donc à moi de répondre à Valère.
« Mes enfants avec lui conspirent contre un père;
« Tous trois veulent me perdre, et s'arment sans raison *a*
« Contre si peu de sang qui reste en ma maison.
    (A Sabine.)
« Toi qui, par des douleurs à ton devoir contraires,
« Veux quitter un mari pour rejoindre tes frères,
« Va plutôt consulter leurs mânes généreux;
« Ils sont morts, mais pour Albe, et s'en tiennent heureux:
« Puisque le ciel vouloit qu'elle fût asservie,
« Si quelque sentiment demeure après la vie,
« Ce mal leur semble moindre, et moins rudes ses coups,
« Voyant que tout l'honneur en retombe sur nous;
« Tous trois désavoûront la douleur qui te touche, 2
« Les larmes de tes yeux, les soupirs de ta bouche,
« L'horreur que tu fais voir d'un mari vertueux.
« Sabine, sois leur sœur, suis ton devoir comme eux.
    (Au roi.)
« Contre ce cher époux Valère en vain s'anime : *b*
Un premier mouvement ne fut jamais un crime;
Et la louange est due, au lieu du châtiment,
Quand la vertu produit ce premier mouvement.
Aimer nos ennemis avec idolâtrie,
De rage en leur trépas maudire la patrie,
Souhaiter à l'état un malheur infini,
C'est ce qu'on nomme crime, et ce qu'il a puni.

---

a Puisqu'un fils avec lui conspire contre un père,
  Puisqu'ils veulent me perdre et s'arment sans raison,

b Contre un si grand guerrier, Valère en vain s'anime :

Le seul amour de Rome a sa main animée;
Il seroit innocent s'il l'avoit moins aimée.
Qu'ai-je dit, sire? il l'est, et ce bras paternel
L'auroit déjà puni s'il étoit criminel;
J'aurois su mieux user de l'entière puissance
Que me donnent sur lui les droits de la naissance :
J'aime trop l'honneur, sire, et ne suis point de rang
A souffrir ni d'affront ni de crime en mon sang.
C'est dont je ne veux point de témoin que Valère;
Il a vu quel accueil lui gardoit ma colère,
Lorsqu'ignorant encor la moitié du combat,
Je croyois que sa fuite avoit trahi l'état.
Qui le fait se charger des soins de ma famille?
Qui le fait, malgré moi, vouloir venger ma fille?
Et par quelle raison, dans son juste trépas,
Prend-il un intérêt qu'un père ne prend pas?
On craint qu'après sa sœur il n'en maltraite d'autres!
Sire, nous n'avons part qu'à la honte des nôtres;
Et de quelque façon qu'un autre puisse agir,
Qui ne nous touche point ne nous fait point rougir.

(A Valère.)

Tu peux pleurer, Valère, et même aux yeux d'Horace;
Il ne prend intérêt qu'aux crimes de sa race :
Qui n'est point de son sang ne peut faire d'affront
Aux lauriers immortels qui lui ceignent le front.
Lauriers, sacrés rameaux qu'on veut réduire en poudre,
Vous qui mettez sa tête à couvert de la foudre,
L'abandonnerez-vous à l'infâme couteau
Qui fait choir les méchants sous la main d'un bourreau?

ACTE V, SCÈNE III.

Romains, souffrirez-vous qu'on vous immole un homme
Sans qui Rome aujourd'hui cesseroit d'être Rome,
Et qu'un Romain s'efforce à tacher le renom
D'un guerrier à qui tous doivent un si beau nom?
Dis, Valère, dis-nous, si tu veux qu'il périsse,
Où tu penses choisir un lieu pour son supplice :
Sera-ce entre ces murs que mille et mille voix
Font résonner encor du bruit de ses exploits?
Sera-ce hors des murs, au milieu de ces places
Qu'on voit fumer encor du sang des Curiaces,
Entre leurs trois tombeaux, et dans ce champ d'honneur
Témoin de sa vaillance et de notre bonheur?
Tu ne saurois cacher sa peine à sa victoire :
Dans les murs, hors des murs, tout parle de sa gloire,
Tout s'oppose à l'effort de ton injuste amour,
Qui veut d'un si bon sang souiller un si beau jour.
« Albe ne pourra pas souffrir un tel spectacle,
« Et Rome par ses pleurs y mettra trop d'obstacle,
  « Vous les préviendrez, sire; et, par un juste arrêt,
« Vous saurez embrasser bien mieux son intérêt.
« Ce qu'il a fait pour elle il peut encor le faire;
« Il peut la garantir encor d'un sort contraire.
« Sire, ne donnez rien à mes débiles ans :
« Rome aujourd'hui m'a vu père de quatre enfants;
« Trois en ce même jour sont morts pour sa querelle;
« Il m'en reste encore un, conservez-le pour elle : 3
« N'ôtez pas à ses murs un si puissant appui;
« Et souffrez, pour finir, que je m'adresse à lui.
  « Horace, ne crois pas que le peuple stupide
« Soit le maître absolu d'un renom bien solide :

« Sa voix tumultueuse assez souvent fait bruit ;
« Mais un moment l'élève, un moment le détruit,
« Et ce qu'il contribue à notre renommée
« Toujours en moins de rien se dissipe en fumée.
« C'est aux rois, c'est aux grands, c'est aux esprits bien faits
« A voir la vertu pleine en ses moindres effets ;
« C'est d'eux seuls qu'on reçoit la véritable gloire ;
« Eux seuls des vrais héros assurent la mémoire.
« Vis toujours en Horace ; et toujours auprès d'eux
« Ton nom demeurera grand, illustre, fameux,
« Bien que l'occasion, moins haute ou moins brillante,
« D'un vulgaire ignorant trompe l'injuste attente.
« Ne hais donc plus la vie ; et du moins vis pour moi,
« Et pour servir encor ton pays et ton roi.
Sire, j'en ai trop dit : mais l'affaire vous touche ;
Et Rome tout entière a parlé par ma bouche.

VALÈRE.

Sire, permettez-moi....

TULLE.

Valère, c'est assez ;
Vos discours par les leurs ne sont pas effacés ;
J'en garde en mon esprit les forces plus pressantes,
Et toutes vos raisons me sont encor présentes.
Cette énorme action, faite presque à nos yeux,
Outrage la nature, et blesse jusqu'aux dieux.
Un premier mouvement qui produit un tel crime
Ne sauroit lui servir d'excuse légitime :
Les moins sévères lois en ce point sont d'accord ;
Et, si nous les suivons, il est digne de mort.

ACTE V, SCÈNE III.

Si d'ailleurs nous voulons regarder le coupable,
Ce crime, quoique grand, énorme, inexcusable,
Vient de la même épée, et part du même bras
Qui me fait aujourd'hui maître de deux états.
Deux sceptres en ma main, Albe à Rome asservie,
Parlent bien hautement en faveur de sa vie :
Sans lui j'obéirois où je donne la loi,
Et je serois sujet où je suis deux fois roi.
Assez de bons sujets dans toutes les provinces,
Par des vœux impuissants, s'acquittent vers leurs princes;
Tous les peuvent aimer; mais tous ne peuvent pas,
Par d'illustres effets, assurer leurs états;
Et l'art et le pouvoir d'affermir des couronnes
Sont des dons que le ciel fait à peu de personnes.
De pareils serviteurs sont les forces des rois,
Et de pareils aussi sont au-dessus des lois.
Qu'elles se taisent donc; que Rome dissimule
Ce que dès sa naissance elle vit en Romule;
Elle peut bien souffrir en son libérateur
Ce qu'elle a bien souffert en son premier auteur.

Vis donc, Horace; vis, guerrier trop magnanime;
Ta vertu met ta gloire au-dessus de ton crime;
Sa chaleur généreuse a produit ton forfait;
D'une cause si belle il faut souffrir l'effet.
Vis pour servir l'état; vis, mais aime Valère :
Qu'il ne reste entre vous ni haine ni colère;
Et soit qu'il ait suivi l'amour ou le devoir,
Sans aucun sentiment résous-toi de le voir.
« Sabine, écoutez moins la douleur qui vous presse;
« Chassez de ce grand cœur ces marques de foiblesse :

« C'est en séchant vos pleurs que vous vous montrerez
« La véritable sœur de ceux que vous pleurez.
   « Mais nous devons aux dieux demain un sacrifice ;
« Et nous aurions le ciel à nos vœux mal propice,
« Si nos prêtres, avant que de sacrifier,
« Ne trouvoient le moyen de le purifier :
« Son père en prendra soin ; il lui sera facile
« D'apaiser tout d'un temps les mânes de Camille.
« Je la plains ; et pour rendre à son sort rigoureux
« Ce que peut souhaiter son esprit amoureux,
« Puisqu'en un même jour l'ardeur d'un même zèle *a*
« Achève le destin de son amant et d'elle,
« Je veux qu'un même jour, témoin de leurs deux morts,
« En un même tombeau voie enfermer leurs corps.

a Et pour Camille enfin puisque le même zèle

FIN D'HORACE.

EXAMEN D'HORACE.

C'est une croyance assez générale, que cette pièce pourroit passer pour la plus belle des miennes, si les derniers actes répondoient aux premiers. Tous veulent que la mort de Camille en gâte la fin, et j'en demeure d'accord ; mais je ne sais si tous en savent la raison. On l'attribue communément à ce qu'on voit cette mort sur la scène, ce qui seroit plutôt la faute de l'actrice que la mienne, parce que, quand elle voit son frère mettre l'épée à la main, la frayeur, si naturelle au sexe, lui doit faire prendre la fuite, et recevoir le coup derrière le théâtre, comme je le marque dans cette impression. D'ailleurs, si c'est une règle de ne le point ensanglanter, elle n'est pas du temps d'Aristote, qui nous apprend que, pour émouvoir puissamment, il faut de grands déplaisirs, des blessures et des morts en spectacle. Horace ne veut pas que nous hasardions les événements trop dénaturés, comme de Médée qui tue ses enfants ; mais je ne vois pas qu'il en fasse une règle générale pour toutes sortes de morts, ni que l'emportement d'un homme passionné pour sa patrie, contre une sœur qui la maudit en sa présence, avec des imprécations horribles, soit de même nature que la cruauté de cette mère. Sénèque l'expose aux yeux du peuple en dépit d'Horace ; et chez Sophocle, Ajax ne se cache point aux spectateurs lorsqu'il se tue. L'adoucissement que j'apporte dans le second de mes discours pour rectifier la mort de Clytemnestre, ne peut être propre ici à celle de Camille. Quand elle s'enferreroit d'elle-même par désespoir, en voyant son frère l'épée à la main, ce frère ne laisseroit pas d'être criminel de l'avoir tirée contre elle, puisqu'il n'y a point de troisième personne sur le théâtre à qui il pût adresser le coup qu'elle recevroit, comme peut faire Oreste à Egisthe. D'ailleurs, l'histoire est trop connue pour retrancher le péril qu'il court d'une mort infâme après l'avoir tuée ; et la défense que lui prête son père pour obtenir sa grâce, n'auroit plus de lieu, s'il demeuroit innocent. Quoi qu'il en soit, voyons si cette action n'a pu causer la chute de ce poëme que par-là, et s'il n'a point d'autre irrégularité que de blesser les yeux.

Comme je n'ai point accoutumé de dissimuler mes défauts, j'en trouve ici deux ou trois assez considérables. Le premier est que cette action, qui devient la principale de la pièce, est momentanée, et n'a point cette juste grandeur que demande Aristote, et qui consiste en un commencement, un milieu et une fin. Elle surprend tout d'un coup ; et toute la préparation que j'y ai donnée par la peinture de la vertu farouche d'Horace et par la défense qu'il fait à sa sœur de regretter qui que ce soit, de lui ou de son amant qui meure au combat, n'est point suffisante pour faire attendre un emportement si extraordinaire, et servir de commencement à cette action.

Le second défaut est que cette mort fait une action double, par le second péril où tombe Horace après être sorti du premier. L'unité de péril d'un héros, dans la tragédie, fait l'unité d'action, et quand il en est garanti, la pièce est finie ; si ce n'est que la sortie même de ce péril l'engage si nécessairement dans un autre, que la liaison et la continuité des deux n'en fasse qu'une action ; ce qui n'arrive point ici, où Horace revient triomphant sans aucun besoin de tuer sa sœur, ni même de parler à elle ; et l'action seroit suffisamment terminée à sa victoire. Cette chute d'un péril en l'autre sans nécessité, fait ici un effet d'autant plus mauvais, que d'un péril public, où il y va de tout l'état, il tombe en un péril particulier, où il n'y va que de sa vie ; et, pour dire encore plus, d'un péril illustre, où il ne peut succomber que glorieusement, en un péril infâme, dont il ne peut sortir sans tache. Ajoutez, pour troisième imperfection, que Camille, qui ne tient que le second rang dans les trois premiers actes, et y laisse le premier à Sabine, prend le premier en ces deux derniers, où cette Sabine n'est plus considérable ; et qu'ainsi, s'il y a égalité dans les mœurs, il n'y en a point dans la dignité des personnages, où se doit étendre ce précepte d'Horace :

...... Servetur ad imum
Qualis ab incepto processerit, et sibi constet.

Ce défaut en Rodelinde a été une des principales

causes du mauvais succès de Pertharite; et je n'ai point encore vu sur nos théâtres cette inégalité de rang en un même acteur, qui n'ait produit un très-méchant effet. Il seroit bon d'en établir une règle invariable.

Du côté du temps, l'action n'est point trop pressée, et n'a rien qui ne me semble vraisemblable. Il est constant qu'Horace et Curiace n'ont point de raison de se séparer du reste de la famille pour commencer le second acte; et c'est une adresse du théâtre de n'en donner aucune, quand on ne peut en donner de bonnes. L'attachement de l'auditeur à l'action présente souvent ne lui permet pas de descendre à l'examen sévère de cette justesse, et ce n'est pas un crime que de s'en prévaloir pour l'éblouir, quand il est malaisé de le satisfaire.

Le personnage de Sabine est assez heureusement inventé, et trouve sa ressemblance aisée dans le rapport à l'histoire, qui marque assez d'amitié et d'égalité entre les deux familles pour avoir pu faire cette double alliance.

Elle ne sert pas davantage à l'action que l'infante à celle du Cid, et ne fait que se laisser toucher diversement, comme elle, à la diversité des événements : néanmoins on a généralement approuvé celle-ci, et condamné l'autre. J'en ai cherché la raison, et j'en ai trouvé deux : l'une est la liaison des scènes, qui semblent, s'il m'est permis de parler ainsi, incorporer Sabine dans cette pièce, au lieu que dans le Cid toutes celles de l'infante sont détachées, et paroissent hors d'œuvre.

Tantùm series juncturaque pollet.

L'autre, qu'ayant une fois posé Sabine pour femme d'Horace, il est nécessaire que tous les incidents de ce poëme lui donnent les sentiments qu'elle en témoigne avoir, par l'obligation qu'elle a de prendre intérêt à ce qui regarde son mari et son frère. Mais l'infante n'est point obligée d'en prendre aucun en ce qui touche le Cid; et si elle a quelque inclination secrète pour lui, il n'est point besoin qu'elle en fasse rien paroître, puisqu'elle ne produit aucun effet.

L'oracle qui est proposé au premier acte, trouve son vrai sens à la conclusion du cinquième. Il semble clair d'abord, et porte l'imagination à un sens contraire; et je les aimerois mieux de cette sorte sur nos théâtres que ceux qu'on fait entièrement obscurs, parce que la surprise de leur véritable effet en est plus belle. J'en ai usé ainsi encore dans l'Andromède et dans l'Œdipe. Je ne dis pas la même chose des songes, qui peuvent faire encore un plus grand ornement dans la protase, pourvu qu'on ne s'en serve pas souvent. Je voudrois qu'ils eussent l'idée de la fin véritable de la pièce, mais avec quelque confusion qui n'en permît pas l'intelligence entière. C'est ainsi que je m'en suis servi deux fois, ici et dans Polyeucte, mais avec plus d'éclat et d'artifice dans ce dernier poëme, où il marque toutes les particularités de l'événement, qu'en celui-ci, où il ne fait qu'exprimer une ébauche tout-à-fait informe de ce qui doit arriver de funeste.

Il passe pour constant que ce second acte est des plus pathétiques qui soient sur la scène, et le troisième un des plus artificieux : il est soutenu de la seule narration de la moitié du combat des trois frères, qui est coupé très-heureusement, pour laisser Horace le père dans la colère et le déplaisir, et lui donner ensuite un beau retour à la joie dans le quatrième. Il a été à propos, pour le jeter dans cette erreur, de se servir de l'impatience d'une femme, qui suit brusquement sa première idée, et présume le combat achevé, parce qu'elle a vu deux des Horaces par terre et le troisième en fuite. Un homme, qui doit être plus posé et plus judicieux, n'eût pas été propre à donner cette fausse alarme; il eût dû prendre plus de patience, afin d'avoir plus de certitude de l'événement, et n'eût pas été excusable de se laisser emporter si légèrement par les apparences à présumer le mauvais succès d'un combat dont il n'eût pas vu la fin.

Bien que le roi n'y paroisse qu'au cinquième, il y est mieux dans sa dignité que dans le Cid, parce qu'il a intérêt pour tout son état dans le reste de la pièce; et, bien qu'il n'y parle point, il ne laisse pas d'y agir comme roi. Il vient aussi dans ce cinquième comme roi, qui veut honorer, par cette visite, un père dont les fils lui ont conservé sa couronne et acquis celle d'Albe au prix de leur sang.

S'il y fait l'office de juge, ce n'est que par accident, et il le fait dans ce logis même d'Horace, par la seule contrainte qu'impose l'unité de lieu. Tout ce cinquième acte est encore une des causes du peu de satisfaction que laisse cette tragédie. Il est tout en plaidoyers, et ce n'est pas là la place des harangues ni des longs discours. Ils peuvent être supportés en un commencement de pièce, où l'action n'est pas encore échauffée; mais le cinquième acte doit plus agir que discourir. L'attention de l'auditeur, déjà lassée, se rebute de ces conclusions qui traînent et tirent la fin en longueur.

Quelques-uns ne veulent pas que Valère y soit un digne accusateur d'Horace, parce que, dans la pièce, il n'a point fait voir assez de passion pour Camille; à quoi je réponds, que ce n'est pas à dire qu'il n'en eût une très-forte, mais qu'un amant mal voulu ne pouvoit se montrer de bonne grâce à sa maîtresse dans le jour qui la rejoignoit à un amant aimé. Il n'y avoit point de place pour lui au premier acte, et encore moins au second. Il falloit qu'il tînt son rang à l'armée pendant le troisième; et il se montre au quatrième, sitôt que la mort de son rival fait quelque ouverture à son espérance. Il tâche à gagner les bonnes grâces du père, par la commission qu'il prend du roi de lui apporter les glorieuses nouvelles de l'honneur que ce prince veut lui faire; et, par occasion, il lui apprend la victoire de son fils, qu'il ignoroit. Il ne manque pas d'amour durant les trois premiers actes, mais d'un temps propre à le témoigner; et dès la première scène de la pièce, il paroît bien qu'il rendoit assez de soins à Camille, puisque Sabine s'en alarme pour son frère. S'il ne prend pas le procédé de France, il faut considérer qu'il est Romain, et dans Rome, où il n'auroit pu entreprendre un duel contre un autre Romain sans faire un crime d'état, et que j'en aurois fait un de théâtre, si j'avois habillé un Romain à la françoise.

REMARQUES
DE VOLTAIRE
SUR
HORACE.

REMARQUES SUR HORACE.

ACTE PREMIER.

SCÈNE I.ère 1

SABINE, JULIE.

Corneille, dans l'examen d'Horace, dit que le personnage de Sabine est heureusement inventé, mais qu'il ne sert pas plus à l'action que l'infante à celle du Cid.

Il est vrai que ce rôle n'est pas nécessaire à la pièce; mais j'ose ici être moins sévère que Corneille; ce rôle est du moins incorporé à la tragédie; c'est une femme qui tremble pour son mari et pour son frère. Elle ne cause aucun événement, il est vrai; c'est un défaut sur un théâtre aussi perfectionné que le nôtre; mais elle prend part à tous les événemens, et c'est beaucoup pour un temps où l'art commençait à naître.

Observez que ce personnage débite souvent de très-beaux vers, et qu'il fait l'exposition du sujet d'une manière très-intéressante et très-noble.

Mais observez sur-tout que les beaux vers de Corneille nous enseignèrent à discerner les mauvais. Le goût du public se forma insensiblement par la comparaison des beautés et des défauts. On désapprouve aujourd'hui cet amas de sentences, ces idées générales retournées en tant de manières, l'ébranlement qui sied aux *fermes* courages, l'esprit le *plus mâle*, le *moins abattu* : c'est l'auteur qui parle, et c'est le personnage qui doit parler.

2 Si près de voir sur soi fondre de tels orages,
L'ébranlement sied bien aux plus fermes courages.

Si près de voir n'est pas français : *près de* veut un substantif, *près de sa ruine, près d'être ruiné*. ᵃ

3 Le trouble de mon cœur ne peut rien sur mes larmes.

Un trouble qui a du pouvoir sur des larmes : cela est louche et mal exprimé.

4 Quand on arrête là les déplaisirs d'une âme....

Quand on arrête là ne serait pas souffert aujourd'hui ; c'est une expression de comédie.

5 Si l'on fait moins qu'un homme, on fait plus qu'une femme.

Cette petite distinction, *moins qu'un homme, plus qu'une femme*, est trop recherchée pour la vraie douleur.

Elle revient encore une troisième fois à la charge pour dire qu'elle ne pleure point. ᵇ

ᵃ Il ne faut que lire cette remarque pour être étonné qu'elle soit échappée à Voltaire, puisque la fausseté de son principe se manifeste dans un des exemples qu'il donne à l'appui : assurément dans ces mots *près d'être ruiné*, *près de* n'est pas suivi d'un substantif.

ᵇ On répondra que dans ce moment Sabine ne se livre point à sa douleur, mais qu'elle la justifie, et qu'alors la distinction qu'elle fait entre la force d'un homme et celle d'une femme ne paroit point déplacée.

6 Je suis Romaine, hélas! puisqu'Horace est Romain.

Il y avait dans les premières éditions :

Je suis Romaine, hélas! puisque mon époux l'est, etc.

Pourquoi peut-on finir un vers par *je le suis*, et que *mon époux l'est* est prosaïque, faible, et dur? C'est que ces trois syllabes *je le suis* semblent ne composer qu'un mot; c'est que l'oreille n'est point blessée : mais ce mot *l'est*, détaché et finissant la phrase, détruit toute harmonie. C'est cette attention qui rend la lecture des vers ou agréable ou rebutante : on doit même avoir cette attention en prose. Un ouvrage dont les phrases finiraient par des syllabes sèches et dures ne pourrait être lu, quelque bon qu'il fût d'ailleurs.

7 Albe, mon cher pays, et mon premier amour,
Lorsqu'entre nous et toi je vois la guerre ouverte,
Je crains notre victoire autant que notre perte.

Voyez comme ces vers sont supérieurs à ceux du commencement : c'est ici un sentiment vrai ; il n'y a point là de lieux communs, point de vaines sentences, rien de recherché ni dans les idées ni dans les expressions. *Albe, mon cher pays;* c'est la nature seule qui parle : cette comparaison de Corneille avec lui-même formera mieux le goût que toutes les dissertations et les poétiques.

8 Fais-toi des ennemis que je puisse haïr.

Ce vers admirable est resté en proverbe.

9 Sa joie éclatera dans l'heur de ses enfants.

Ce mot *heur*, qui favorisait la versification, et qui ne choque point l'oreille, est aujourd'hui banni de notre langue. Il serait à souhaiter que la plupart des termes dont Corneille s'est servi fussent en usage : son nom devrait consacrer ceux qui ne sont pas rebutants.

Remarquez que dans ces premières pages vous trouverez rarement un mauvais vers, une expression louche, un mot hors de sa place, pas une rime en épithète, et que, malgré la prodigieuse contrainte de la rime, chaque vers dit quelque chose. Il n'est pas toujours vrai que dans notre poésie il y ait continuellement un vers pour le sens, un autre pour la rime, comme il est dit dans *Hudibras* :

> *For one for sense, and one for rime,*
> *I think sufficient at a time.*
>
> C'est assez pour des vers méchants,
> Qu'un pour la rime, un pour le sens.

10 Et, se laissant ravir à l'amour maternelle,
Ses vœux seront pour toi si tu n'es plus contre elle.

Cette phrase est équivoque, et n'est pas française. Le mot de *ravir*, quand il signifie *joie*, ne prend point un datif : on n'est point ravi à quelque chose ; c'est un solécisme de phrase.

11 Ce discours me surprend, vu que depuis le temps
Qu'on a contre son peuple armé nos combattants....

Ce *vu que* est une expression peu noble, même en prose ; s'il y en avait beaucoup de pareilles, la poésie serait basse et rampante : mais jusqu'ici vous ne trouverez guère que ce mot indigne du style de la tragédie.

ACTE I, SCÈNE I.

12 Comme si notre Rome eût fait toutes vos craintes.

On ne fait pas une *crainte*, on la cause, on l'inspire, on l'excite, on la fait naître. *a*

13 Tant qu'on ne s'est choqué qu'en de légers combats,
Trop foibles pour jeter un des partis à bas....
Oui, j'ai fait vanité d'être toute Romaine.

Jeter à bas est une expression familière qui ne serait pas même admise dans la prose. Corneille, n'ayant aucun rival qui écrivît avec noblesse, se permettait ces négligences dans les petites choses, et s'abandonnait à son génie dans les grandes.

14 Et si j'ai ressenti, dans ses destins contraires,
Quelque maligne joie en faveur de mes frères,
Soudain, pour l'étouffer rappelant ma raison,
J'ai pleuré quand la gloire entroit dans leur maison.

La joie des succès de sa patrie et d'un frère peut-elle être appelée *maligne?* elle est naturelle : on pouvait dire, *une secrète joie en faveur de mes frères.*

Ce mot de *maligne joie* est bien plus à sa place dans ces deux admirables vers de la mort de Pompée :

Une *maligne joie* en son cœur s'élevoit,
Dont sa gloire indignée à peine le sauvoit.

Il faut toujours avoir devant les yeux ce passage de *Boileau :*

D'un mot mis en sa place enseigner le pouvoir.

C'est ce mot propre qui distingue les orateurs et

---

a Cette expression est précise, et semble d'autant moins devoir être rejetée, que l'on dit en prose : *Cet hymen fait ma joie. Cet enfant fait le malheur de son père*, etc.

les poëtes de ceux qui ne sont que diserts et versificateurs.

15 J'aurois pour mon pays une cruelle haine,
 Si je pouvois encore être toute Romaine,
 Et si je demandois votre triomphe aux dieux
 Au prix de tant de sang qui m'est si précieux.

Ce n'est pas ce *tant* qui est précieux, c'est le *sang; c'est au prix d'un sang qui m'est si précieux.* Le *tant* est inutile, et corrompt un peu la pureté de la phrase et la beauté du vers : c'est une très-petite faute. *a*

16 Égale à tous les deux jusques à la victoire,
 Je prendrai part aux maux sans en prendre à la gloire.

Égale à n'est pas français en ce sens. L'auteur veut dire, *juste envers tous les deux;* car Sabine doit être juste, et non pas indifférente. *b*

17 Et je garde, au milieu de tant d'âpres rigueurs,
 Mes larmes aux vaincus, et ma haine aux vainqueurs.

Elle ne doit pas haïr son mari, ses enfants, s'ils sont victorieux ; ce sentiment n'est pas permis : elle devrait plutôt dire, *sans haïr les vainqueurs.* *c*

a Il me semble que *tant* n'est point inutile. Sabine ne veut pas dire *au prix d'un sang*, mais au prix de *tant* de sang ; c'est-à-dire au prix du sang de tant d'hommes ; sang qui lui est précieux parce qu'elle aime sa patrie.

b Je ne crois pas que l'intention de l'auteur ait été de faire dire à Sabine : *Juste envers tous les deux ;* sa position me la représente ne penchant pas plus pour l'un que pour l'autre. Le mot *égale* ne vaut rien, mais le mot *juste* ne rendroit pas la pensée.

c Sabine n'a point d'enfants : c'est probablement *ses frères* que Voltaire a voulu dire, et il a eu raison de prétendre qu'elle ne doit

28 Qu'on voit naître souvent, de pareilles traverses,
  En des esprits divers, des passions diverses!

Le lecteur se sent arrêté à ces deux vers; ces *de des* embarrassent l'esprit. *Traverses* n'est point le mot propre : les passions ici ne sont point *diverses*. *Sabine* et *Camille* se trouvent dans une situation à-peu-près semblable. Le sens de l'auteur est probablement que *les mêmes malheurs produisent quelquefois des sentiments différents*.

29 Lorsque vous conserviez un esprit tout romain,
  Le sien irrésolu, le sien tout incertain,
  De la moindre mêlée appréhendoit l'orage.

Les premières éditions portent :

Le sien irrésolu, tremblotant, incertain....

Tremblotant n'est pas du style noble, et on doit en avertir les étrangers, pour qui principalement ces remarques sont faites. Corneille changea :

Le sien irrésolu, le sien tout incertain....

Mais comme *incertain* ne dit pas plus qu'*irrésolu*, ce changement n'est pas heureux. Ce redoublement de *sien* fait attendre une idée forte qu'on ne trouve pas. *a*

pas haïr son mari, ses frères, s'ils sont victorieux; mais il est aisé de voir que c'est la passion qui fait parler Sabine, et avec d'autant plus de liberté, que l'événement est incertain. Je crois donc que ce n'étoit pas là le sujet d'une remarque.

a Voltaire n'auroit dû commenter Corneille que sur la dernière édition qu'il a donnée de ses ouvrages; mais puisqu'il rappelle les premières, je ferai observer que *tremblotant*, qui n'est pas noble

20 Mais hier, quand elle sut qu'on avoit pris journée....

On prend *jour*, et on ne prend point *journée*, parce que *jour* signifie temps, et que *journée* signifie bataille. La journée d'Ivry, la journée de Fontenoi. *a*

21 Hier dans sa belle humeur elle entretint Valère.

Hier, comme on l'a déjà dit, est toujours aujourd'hui de deux syllabes : la prononciation serait trop gênée en le faisant d'une seule, comme s'il y avait *her*. *Belle humeur* ne peut se dire que dans la comédie.

au figuré, le devient lorsqu'il est employé au propre. Boileau a dit :

> Sous leurs corps *tremblotans* leurs genoux s'affoiblissent.
> Cet astre *tremblotant* dont le jour les conduit,
> Est pour eux un soleil au milieu de la nuit.

Cette partie de la remarque du commentateur, au lieu d'être utile aux étrangers, nous paroît pouvoir les induire en erreur.

a Il faut *on avoit pris jour* : on ne prend point journée ; mais ce n'est pas, comme le prétend le commentateur, *parce que journée signifie bataille*. Le mot *journée* n'a cette acception que quand il est précédé de l'article et suivi d'un nom de ville. Titus, dans Bérénice, ne parle pas de bataille, quand il dit ce vers :

> Sais-je combien le ciel m'a compté de journées ?

Et ceux-ci :

> Connoissez-moi, madame, et depuis cinq années,
> Comptez tous les moments et toutes les journées, etc.

Voltaire lui-même n'a pas employé journée pour bataille dans ces vers d'Alzire :

> Madame, un des captifs qui, dans cette journée,
> N'ont dû leur liberté qu'à ce grand hyménée, etc.

ACTE I, SCÈNE I.

22 Pour ce rival ; sans doute, elle quitte mon frère.

Sabine ne doit point dire que sans doute *Camille* est volage et infidèle, sur cela seul que *Camille* a parlé civilement à *Valère*, et paraissait être dans sa belle humeur. Ces petits moyens, ces soupçons peuvent produire quelquefois de grands mouvements et des intérêts tragiques, comme la méprise peu vraisemblable d'*Acomat* dans la tragédie de Bajazet. Le plus léger incident peut causer de grands troubles : mais c'est ici tout le contraire ; il ne s'agit que de savoir si *Camille* a quitté *Curiace* pour *Valère*.

Sur de trop vains objets c'est arrêter la vue.

Cela serait un peu froid, même dans une comédie.

23 Son esprit, ébranlé par les objets présents,
Ne trouve point d'absent aimable après deux ans.

Ces deux vers appartiennent plutôt au genre de la comédie qu'à la tragédie.

24 Je forme des soupçons d'un trop léger sujet.

Ces mots font voir que l'auteur sentait que *Sabine* a tort ; mais il valait mieux supprimer ces soupçons de *Sabine* que vouloir les justifier, puisqu'en effet *Sabine* semble se contredire en prétendant que *Camille* a sans doute quitté son frère, et en disant ensuite que les âmes sont rarement blessées de nouveau. Tout cet examen du sujet de la joie de *Camille* n'est nullement héroïque.

25 Mais on n'a pas aussi de si doux entretiens,
Ni de contentements qui soient pareils aux siens,

sont de la comédie de ce temps-là. L'art de dire

noblement les petites choses n'était pas encore trouvé.

26 *Voyez qu'un bon génie à propos nous l'envoie.*

Ce tour a vieilli ; c'est un malheur pour la langue ; il est vif et naturel, et mérite, je crois, d'être imité.

27 *Essayez sur ce point à la faire parler.*

On essaie *de*, on s'essaie *à*. Ce vers d'ailleurs est trop comique.

SCÈNE II.

1 ...... *Ma sœur, entretenez Julie,*

est encore de la comédie. Mais il y a ici un plus grand défaut ; c'est qu'il semble que Camille vienne sans aucun intérêt, et seulement pour faire conversation. La tragédie ne permet pas qu'un personnage paraisse sans une raison importante. On est fort dégoûté aujourd'hui de toutes ces longues conversations qui ne sont amenées que pour remplir le vide de l'action, et qui ne le remplissent pas. D'ailleurs, pourquoi s'en aller quand un bon génie lui envoie Camille, et qu'elle peut s'éclaircir ? *a*

---

a Sabine a plusieurs raisons pour s'en aller : elle craint que Camille ne s'explique pas en sa présence. Aussi dit-elle à Julie d'essayer de la faire parler. *Elle vous aime assez pour ne vous rien celer.* Elle s'excuse ensuite vis-à-vis de Camille sur sa mélancolie, qu'elle a honte de montrer, et sur le besoin qu'elle a d'être seule. Doit-elle d'ailleurs se plaire avec quelqu'un dont le sentiment est totalement opposé au sien ? Cette raison ne suffiroit-elle pas quand Sabine n'auroit pas donné les deux autres ? Nous nous réservons de justifier l'arrivée de Camille, en répondant à la remarque suivante, où elle est encore attaquée.

« Et mon cœur, accablé de mille déplaisirs,
Cherche la solitude à cacher ses soupirs.

Cela n'est pas français ; on cherche la solitude pour cacher ses soupirs, et une solitude propre à les cacher. On ne dit point *une solitude, une chambre à pleurer, à gémir, à réfléchir,* comme on dit *une chambre à coucher, une salle à manger;* mais du temps de Corneille presque personne ne s'étudiait à parler purement.

Corneille a ici une grande attention à lier les scènes ; attention inconnue avant lui. On pourrait dire seulement que Sabine n'a pas une raison assez forte pour s'en aller ; que cette sortie rend son personnage plus inutile et plus froid ; que c'était à Sabine et non à une confidente à écouter les choses importantes que Camille va annoncer ; que cette idée d'entretenir Julie diminue l'intérêt ; qu'un simple entretien ne doit jamais entrer dans la tragédie ; que les principaux personnages ne doivent paraître que pour avoir quelque chose d'important à dire ou à entendre ; qu'enfin il eût été plus théâtral et plus intéressant que Sabine eût reproché à Camille sa joie, et que Camille lui en eût appris la cause. *a*

a Cette remarque contient plusieurs critiques qu'il est peut-être à propos de peser.

à s'employoit autrefois au lieu de *pour*. On en trouve des exemples dans Malherbe, dans Molière.

Je crois avoir prouvé que Sabine avoit suffisamment de raisons pour s'en aller.

Ce que Camille dit est assez important pour motiver l'appa-

SCÈNE III.

1 Qu'elle a tort de vouloir que je vous entretienne !

Cette formule de conversation ne doit jamais entrer dans la tragédie, où les personnages doivent, pour ainsi dire, parler malgré eux, emportés par la passion qui les anime.

2 Je verrai mon amant, mon plus unique bien.....

Plus unique ne peut se dire ; *unique* n'admet ni de plus ni de moins.

3 On peut changer d'amant, mais non changer d'époux.

Ce vers porte entièrement le caractère de la comédie. Corneille en ayant fait plusieurs, en conserva souvent le style ; cela était permis de son temps : on ne distinguait pas assez les bornes qui séparent le familier du simple : le simple est nécessaire, le familier ne peut être souffert. Peut-être une attention trop scrupuleuse aurait éteint le feu du génie : mais après avoir écrit avec la rapidité du génie, il faut corriger avec la lenteur scrupuleuse de la critique.

rition d'un premier personnage ; non-seulement elle se justifie de l'accueil qu'elle a fait à Valère, mais elle fait connoître la réponse de l'oracle qu'elle a consulté.

Julie, dame romaine, confidente de Camille, est, plus qu'aucune autre, la personne à qui ce récit doit être fait.

Cette idée d'entretenir Julie diminue l'intérêt. Voltaire s'est trompé en s'énonçant ; il a voulu dire de *faire entretenir* Julie. Or, loin que l'intérêt diminue, il me semble augmenter, puisqu'on désire apprendre ce que pense Camille.

ACTE I, SCÈNE III.

4 Vous serez toute nôtre, et votre esprit remis.....

n'est pas du style noble. Ces familiarités étaient encore d'usage.

5 Si je l'entretins hier, et lui fis bon visage.....

Faire bon visage est du discours le plus familier.

6 N'en imaginez rien qu'à son désavantage.

Tout cela est d'un style un peu trop bourgeois, qui était admis alors. Il ne serait pas permis aujourd'hui qu'une fille dît que c'est un désavantage de ne lui pas plaire.

7 Il vous souvient qu'à peine on voyait de sa sœur,
Par un heureux hymen, mon frère possesseur, etc.

Il y avait dans les premières éditions :

Quelque cinq ou six mois après que de sa sœur
L'hyménée eut rendu mon frère possesseur.....

Corneille changea heureusement ces deux vers de cette façon. Il a corrigé beaucoup de ses vers au bout de vingt années dans ses pièces immortelles ; et d'autres auteurs laissent subsister une foule de barbarismes dans des pièces qui ont eu quelques succès passagers.

8 Un même instant conclut notre hymen et la guerre,
Fit naître notre espoir, et le jeta par terre.

Non-seulement *un espoir jeté par terre* est une expression vicieuse, mais la même idée est exprimée ici en quatre façons différentes ; ce qui est un vice plus grand. Il faut, autant qu'on le peut, éviter ces pléonasmes ; c'est une abondance stérile : je ne crois pas qu'il y en ait un seul exemple dans Racine.

9 Lui qu'Apollon jamais n'a fait parler à faux.

Parler à faux n'est pas sans doute assez noble, ni même assez juste. Un coup porte à faux, on est accusé à faux, dans le style familier; mais on ne peut dire, *il parle à faux* dans un discours tant soit peu relevé.

10 Albe et Rome demain prendront une autre face;
Tes vœux sont exaucés, elles auront la paix,
Et tu seras unie avec ton Curiace,
Sans qu'aucun mauvais sort t'en sépare jamais.

On pourrait souhaiter que cet oracle eût été plutôt rendu dans un temple que par un Grec qui fait des prédictions au pied d'une montagne. Remarquons encore qu'un oracle doit produire un événement et servir au nœud de la pièce, et qu'ici il ne sert presque à rien qu'à donner un moment d'espérance.

J'oserais encore dire que ces mots à double entente, *sans qu'aucun mauvais sort t'en sépare jamais*, paraissent seulement une plaisanterie amère, une équivoque cruelle sur la destinée malheureuse de Camille.

Le plus grand défaut de cette scène, c'est son inutilité. Cet entretien de Camille et de Julie roule sur un objet trop mince, et qui ne sert en rien ni au nœud ni au dénoûment. Julie veut pénétrer le secret de Camille, et savoir si elle aime un autre que Curiace : rien n'est moins tragique. *a*

---

a Qu'importe que l'oracle ait été rendu dans un temple plutôt qu'au pied de l'Aventin? N'est-il pas suffisant qu'il l'ait été par

ACTE I, SCÈNE III.

« Il me parla d'amour sans me donner d'ennui.....
Je ne lui pus montrer de mépris ni de glace.

On pourrait faire ici une réflexion que je ne hasarde qu'avec la défiance convenable; c'est que Camille était plus en droit de laisser paraître son indifférence pour Valère que de l'écouter avec complaisance; c'est qu'il était même plus naturel de lui montrer de la *glace*, quand elle se croyait sûre d'épouser son amant, que de *faire bon visage* à un homme qui lui déplaît : et enfin ce trait raffiné marque plus de subtilité que de sentiment. Il n'y a rien là de tragique : mais ce vers

Tout ce que je voyois me sembloit Curiace,

est si beau, qu'il semble tout excuser.

Il est vrai que ce petit incident, qui ne consiste que dans la joie que Camille a ressentie, ne produit aucun événement, et n'est pas nécessaire à la pièce; mais il produit des sentiments. Ajoutons que dans un premier acte on permet des incidents de peu d'importance, qu'on ne souffrirait pas dans le cours d'une intrigue tragique. *a*

un Grec dont les prédictions n'ont jamais trompé? Le reste de la remarque, quoiqu'elle soit fort longue, ne paroît guère mieux fondé : ce n'est pas la 3.e scène d'un premier acte qui doit servir au nœud, encore moins au dénoûment d'une pièce.

a D'abord il ne s'agit point de savoir si Camille avoit droit de laisser paroître de l'indifférence pour Valère; mais est-il vrai qu'elle l'ait écouté *avec complaisance*? Elle a dit : *Je ne m'aperçus pas que je parlois à lui*. Effet naturel du ravissement dans lequel l'a mise la réponse de l'oracle. La réflexion de Voltaire n'est donc pas juste, et sa critique *porte à faux*, pour me servir

12 J'en sus hier la nouvelle, et je n'y pris pas garde.

Elle ne prend pas garde à une bataille qui va se donner! Le spectacle des deux armées prêtes à combattre, et le danger de son amant, ne devaient-ils pas autant l'alarmer que le discours d'un Grec au pied du mont Aventin a dû la rassurer? Le premier mouvement dans une telle occasion n'est-il pas de dire : *Ce Grec m'a trompée, c'est un faux prophète?* Avait-elle besoin d'un songe pour craindre ce que deux armées rangées en bataille devaient lui faire redouter ? *a*

13 J'ai vu du sang, des morts, et n'ai rien vu de suite.

Ce songe est beau en ce qu'il alarme un esprit rassuré par un oracle. Je remarquerai ici qu'en général un songe, ainsi qu'un oracle, doit servir au nœud de la pièce : tel est le songe admirable d'Athalie; elle voit un enfant en songe, elle trouve ce même enfant dans le temple : c'est là que l'art est poussé à sa perfection.

Un rêve qui ne sert qu'à faire craindre ce qui doit arriver, ne peut avoir que des beautés de détail, n'est qu'un ornement passager. C'est ce qu'on appelle aujourd'hui un *remplissage*. *Mille* songes, *mille* images, *mille* amas, sont d'un style trop négligé, et ne disent rien d'assez positif.

de l'expression qu'il emploie dans l'avant-dernière remarque ci-dessus.

a D'après la confiance que les Romains avoient dans les oracles, Camille n'a pas dû croire être trompée par un Grec qu'*Apollon jamais n'a fait parler à faux.*

ACTE I, SCÈNE IV.

14 C'est en contraire sens qu'un songe s'interprète.

Pourquoi un songe s'interprète-t-il en sens contraire ? Voyez les songes expliqués par Joseph, par Daniel ; ils sont funestes par eux-mêmes et par leur explication. *a*

☞ 15 Soit que Rome y succombe, ou qu'Albe ait le dessous,
Cher amant, n'attends plus d'être un jour mon époux.

Avoir le dessus ou *le dessous* ne se dit que dans la poésie burlesque ; c'est le *di sopra* et le *di sotto* des Italiens. L'Arioste emploie cette expression lorsqu'il se permet le comique ; le Tasse ne s'en sert jamais. *b*

SCÈNE IV.

1 N'en doutez point, Camille, et revoyez un homme
Qui n'est ni le vainqueur ni l'esclave de Rome.

Camille vient de dire à la fin de la scène précédente :

.... Jamais ce nom (d'époux) ne sera pour un homme
Qui soit ou le vainqueur ou l'esclave de Rome.

On ne permet plus de répéter ainsi un vers. *c*

---

a Cette pensée de Corneille se répétant encore tous les jours, ce n'étoit sûrement pas le sujet d'une remarque.

b A quoi bon citer de l'italien, aller compulser l'Arioste et le Tasse pour appuyer une fausse assertion ? On lit dans le Dictionnaire de l'Académie : *Nous avons eu le dessus dans ce combat. Cet homme a eu le dessous*, veut dire qu'il a eu le désavantage. D'ailleurs Racine a dit :

Votre frère l'emporte, et Phèdre a *le dessus.*

c On ne voit point pourquoi il ne seroit pas permis de répéter

² Cessez d'appréhender de voir rougir mes mains
Du poids honteux des fers ou du sang des Romains.

Rougir est employé ici en deux acceptions différentes. Les mains *rouges de sang*; elles sont rouges en un autre sens que quand elles sont meurtries par le poids des fers. Mais cette figure ne manque pas de justesse, parce qu'en effet il y a de la rougeur dans l'un et dans l'autre cas.

³ Tu fuis une bataille à tes vœux si funeste.

Il est bien étrange que Camille interrompe Curiace pour le soupçonner et le louer d'être un lâche. Ce défaut est grand, et il était aisé de l'éviter. Il était naturel que Curiace dît d'abord ce qu'il doit dire, qu'il ne commençât point par répéter les vers de Camille, par lui dire qu'*il a cru que Camille aimait Rome et la gloire*, qu'*elle mépriserait sa chaîne et haïrait sa victoire;* et que, *comme il craint la victoire et la captivité*..... etc. De tels propos ne sont pas à leur place; il faut aller au fait: *Semper ad eventum festinat.* ᵃ

ainsi un vers; cette répétition nous paroît convenir très-bien dans la bouche de Curiace, qui a pu entendre ce qu'a dit Camille.

ᵃ Une assertion fausse ne doit pas séduire pour cela seul qu'elle amène la citation d'un vers d'Horace. Loin qu'il soit étrange que Camille interrompe Curiace, rien n'est plus naturel : l'amour qu'elle ressent pour lui la porte à croire qu'il a tout sacrifié pour elle; c'est le premier sentiment qu'une amante passionnée puisse éprouver ; mais la connoissance qu'elle a du civisme de son père lui fait craindre qu'il n'ait pas bien accueilli Curiace ; elle doit donc s'en informer. Ce n'est point Corneille qu'il faut accuser d'avoir prêté à ses personnages un langage autre que celui qu'ils doivent tenir.

4 Qu'un autre considère ici ta renommée,
  Et te blâme, s'il veut, de m'avoir trop aimée, etc.

Ces vers condamnent trop l'idée de Camille, que son amant est traître à son pays. Il fallait supprimer toute cette tirade. *a*

5 Mais as-tu vu mon père? et peut-il endurer
  Qu'ainsi dans sa maison tu t'oses retirer?

Ce mot *endurer* est du style de la comédie : on ne dit que dans le discours le plus familier, *j'endure que, je n'endure pas que*. Le terme *endurer* ne s'admet dans le style noble qu'avec un accusatif, *les peines que j'endure*.

6 Camille, pour le moins, croyez-en votre oracle.

On sent ici combien Sabine ferait un meilleur effet que la confidente de Julie. Ce n'est point à Julie à dire, *sachons pleinement;* c'est toujours à la personne la plus intéressée à interroger. *b*

7 . . . . Que faisons-nous, Romains,
  Dit-il, et quel démon nous fait venir aux mains?

J'ose dire que, dans ce discours, imité de Tite-Live, l'auteur français est au-dessus du Romain, plus nerveux, plus touchant; et quand on songe qu'il était gêné par la rime et par une langue embarrassée d'articles, et qui souffre peu d'inversions,

a Cette remarque n'est que la conséquence de la précédente; elle paroît donc n'avoir aucun fondement.

b Le vers cité, non plus que l'empressement de Julie, ne nous semblent pas déplacés. Pourquoi cette *dame romaine* ne prendroit-elle pas personnellement intérêt à un événement qui donne la paix à sa patrie?

qu'il a surmonté toutes ces difficultés, qu'il n'a employé le secours d'aucune épithète, que rien n'arrête l'éloquente rapidité de son discours, c'est là qu'on reconnaît le grand Corneille. Il n'y a que *tant et tant de nœuds* à reprendre.

8 Ils ont assez long-temps joui de nos divorces.

Ce mot de *divorces*, s'il ne signifiait que des querelles, serait impropre ; mais ici il dénote les querelles de deux peuples unis ; et par-là il est juste, nouveau, et excellent.

Que le parti plus foible obéisse au plus fort.

Ce vers est ainsi dans d'autres éditions,

Que le foible parti prenne loi du plus fort.

Il est à croire qu'on reprocha à Corneille une petite faute de grammaire : on doit, dans l'exactitude scrupuleuse de la prose, dire : Que le parti le plus faible obéisse au plus fort. Mais si ces libertés ne sont pas permises aux poëtes, et sur-tout aux poëtes de génie, il ne faut point faire de vers. *Prendre loi* ne se dit pas ; ainsi la première leçon est préférable. Racine a bien dit :

Charger de mon débris les reliques plus chères,

au lieu de *reliques les plus chères*.

Encore une fois, ces licences sont heureuses quand on les emploie dans un morceau élégamment écrit ; car si elles sont précédées et suivies de mauvais vers, elles en prennent la teinture, et en deviennent plus insupportables. [a]

[a] Cette remarque n'est point indiquée dans le texte, parce que,

10 Chacun va renouer avec ses vieux amis.

On doit avouer que *renouer avec ses vieux amis* est de la prose familière, qu'il faut éviter dans le style tragique, bien entendu qu'on ne sera jamais ampoulé.

11 .... L'auteur de vos jours m'a promis à demain....

A demain est trop en style de la comédie. Je fais souvent cette observation ; c'était un des vices du temps. La Sophonisbe de Mairet est tout entière dans ce style ; et Corneille s'y livrait quand les grandes images ne le soutenaient pas.

12 Le bonheur sans pareil de vous donner la main.

Le bonheur sans pareil n'était pas si ridicule qu'aujourd'hui. Ce fut Boileau qui proscrivit toutes ces expressions communes de *sans pareil, sans seconde, à nul autre pareil, à nulle autre seconde*.

13 Le devoir d'une fille est dans l'obéissance. —
Venez donc recevoir ce doux commandement.

Ces deux vers sont de pure comédie ; aussi les retrouve-t-on mot à mot dans la comédie du Menteur ; mais l'auteur aurait dû les retrancher de la tragédie des Horaces.

14 Je vais suivre vos pas, mais pour revoir mes frères,
Et savoir d'eux encor la fin de nos misères.

Il n'est pas inutile de dire aux étrangers que *misère* est en poésie un terme noble, qui signifie calamité, et non pas indigence.

comme on a eu trop souvent occasion de le répéter, Voltaire n'a pas suivi la dernière édition de Corneille.

Hécube près d'Ulysse acheva sa *misère*....
Peut-être je devrois, plus humble en ma *misère*. *a*
RACINE.

ACTE DEUXIÈME.

SCÈNE I.ère

1 Ainsi Rome n'a point séparé son estime ;
Elle eût cru faire ailleurs un choix illégitime.

ILLÉGITIME pourrait n'être pas le mot propre en prose ; on dirait *un mauvais choix, un choix dangereux*, etc. *Illégitime* non-seulement est pardonné à la rime, mais devient une expression forte, et signifie qu'il y aurait de l'injustice à ne point choisir les trois plus braves. *b*

2 Et son illustre ardeur d'oser plus que les autres
D'une seule maison brave toutes les nôtres.

Il y avait dans les premières éditions :

Et ne nous opposant d'autres bras que les vôtres, etc.

Ni l'une ni l'autre manière n'est élégante, et *illustre ardeur d'oser* n'est pas français. *D'une maison braver les autres* n'est pas une expression heureuse, mais le sens est fort beau. On voit que quelquefois Corneille a mal corrigé ses vers. Je crois

a Peut-être eût-on pu se dispenser de cette remarque, et en mettre une au vers suivant, pour indiquer que *cependant* ne veut pas toujours dire *néanmoins*, mais quelquefois *pendant ce temps*.

b La rime ne pourroit pas faire pardonner une expression mauvaise ; mais une expression forte n'a pas besoin d'excuse.

qu'on peut imputer cette singularité non-seulement au peu de bons critiques que la France avait alors, au peu de connaissance de la pureté et de l'élégance de la langue, mais au génie même de Corneille, qui ne produisait ses beautés que quand il était animé par la force de son sujet.

3 Ce choix pouvoit combler trois familles de gloire,
Consacrer hautement leurs noms à la mémoire.

Remarquez que *hautement* fait languir le vers, parce que ce mot est inutile.

4 Oui, l'honneur que reçoit la vôtre par ce choix
En pouvoit, à bon titre, immortaliser trois.

Cette répétition, *oui, l'honneur,* est très-vicieuse. *Omne supervacuum pleno de pectore manat.* C'est ici ce qu'on appelle une battologie. Il est permis de répéter dans la passion, mais non pas dans un compliment.

5 Ce noble désespoir périt malaisément.

Un *désespoir* qui *périt malaisément* n'a pas un sens clair : de plus, Horace n'a point de désespoir. Ce vers est le seul qu'on puisse reprendre dans cette belle tirade.

6 La gloire en est pour vous, et la perte pour eux....
On perd tout quand on perd un ami si fidèle.

Perte suivie de deux fois *perd,* est une faute bien légère. *a*

---

a Si cette faute est bien légère, pourquoi la relever ? mais n'est-ce pas plutôt une beauté ?

SCÈNE II.

¹ *Vos deux frères et vous.* — Qui ? — *Vous et vos deux frères.*

Ce n'est pas ici une battologie ; cette répétition, *vous et vos deux frères*, est sublime par la situation. Voilà la première scène au théâtre où un simple messager ait fait un effet tragique en croyant apporter des nouvelles ordinaires. J'ose croire que c'est la perfection de l'art.

SCÈNE III.

¹ Que les hommes, les dieux, les démons, et le sort,
Préparent contre nous un général effort....

Cet entassement, cette répétition, cette combinaison de *ciel*, de *dieux*, d'*enfer*, de *démons*, de *terre* et d'*hommes*, de *cruel*, d'*horrible*, d'*affreux*, est, je l'avoue, bien condamnable. Cependant le dernier vers fait presque pardonner ce défaut.

Il épuise sa force à former un malheur,
Pour mieux se mesurer avec notre valeur.

Le *sort qui veut se mesurer avec la valeur* paraît bien recherché, bien peu naturel ; mais que ce qui suit est admirable !

³ Hors de l'ordre commun il nous fait des fortunes,

n'est pas une expression propre. Ce mot de *fortunes* au pluriel ne doit jamais être employé sans épithète : *bonnes* et *mauvaises fortunes*, *fortunes diverses*, mais jamais *des fortunes*. Cependant le sens est si beau, et la poésie a tant de priviléges, que je ne crois pas qu'on puisse condamner ce vers.

4 Mille déjà l'ont fait, mille pourroient le faire.

Rien ne fait mieux sentir les difficultés attachées à la rime que ce vers faible, ces *mille* qui ont *fait*, ces *mille* qui pourraient *faire*, pour rimer à *ordinaire*. Le reste est d'une beauté achevée. *a*

5 . . . . Albe montre en effet
Qu'elle m'estime autant que Rome vous a fait,

n'est pas français. On peut dire en prose, et non en vers, *j'ai dû vous estimer autant que je fais*, ou *autant que je le fais*, mais non pas *autant que je vous fais*; et le mot *faire*, qui revient immédiatement après, est encore une faute : mais ce sont des fautes légères qui ne peuvent gâter une si belle scène.

6 Je rends grâces aux dieux de n'être pas Romain,
Pour conserver encor quelque chose d'humain.

Cette tirade fit un effet surprenant sur tout le public; et les deux derniers vers sont devenus un proverbe, ou plutôt une maxime admirable.

7 Albe vous a nommé, je ne vous connois plus. —
Je vous connois encore......

A ces mots, *je ne vous connais plus,* — *je vous connais encore*, on se récria d'admiration; on n'avait jamais rien vu de si sublime : il n'y a pas dans Longin un seul exemple d'une pareille grandeur. Ce sont ces traits qui ont mérité à Corneille le nom

---

a Il n'est pas bien certain que ce soit la difficulté de rimer qui ait fait faire ce vers; il me semble plus naturel que recherché.

de *Grand*, non-seulement pour le distinguer de son frère, mais du reste des hommes. Une telle scène fait pardonner mille défauts.

8 Non, non, n'embrassez pas de vertu par contrainte, etc.

Un des excellents esprits de nos jours trouvait dans ces vers un outrage odieux qu'Horace ne devait pas faire à son beau-frère : je lui dis que cela préparait au meurtre de Camille, et il ne se rendit pas. Voici ce qu'il en dit dans son *Introduction à la connoissance de l'esprit humain* : « Corneille apparemment veut peindre ici une valeur féroce; mais s'exprime-t-on ainsi avec un ami et un guerrier modeste? La fierté est une passion fort théâtrale; mais elle dégénère en vanité et en petitesse sitôt qu'on la montre sans qu'on la provoque. » J'ajouterai à cette réflexion de l'homme du monde qui pensait le plus noblement, qu'outre la fierté déplacée d'Horace, il y a une ironie, une amertume, un mépris dans sa réponse, qui sont plus déplacés encore.

9 Voici venir ma sœur pour se plaindre avec vous.

Voici venir ne se dit plus. Pourquoi fait-il un si bel effet en italien, *Ecco venir la barbara reina*, et qu'il en fait un si mauvais en français? n'est-ce point parce que l'italien fait toujours usage de l'infinitif? *Un bel tacer;* nous ne disons pas *un beau taire*. C'est dans ces exemples que se découvre le génie des langues.

SCÈNE IV.

¹ Avez-vous su l'état qu'on fait de Curiace?

L'état ne se dit plus, et je voudrais qu'on le dît; notre langue n'est pas assez riche pour bannir tant de termes dont Corneille s'est servi heureusement.

SCÈNE V.

¹ Iras-tu, Curiace? et ce funeste honneur....

Il y avait dans les éditions anciennes:

Iras-tu, ma chère âme? et ce funeste honneur....

Chère âme né révoltait point en 1639, et ces expressions tendres rendaient encore la situation plus haute. Depuis peu même une grande actrice a rétabli cette expression, *ma chère âme*.

² .... Mon pouvoir t'excuse à ta patrie,

n'est pas français; il faut *envers ta patrie, auprès de ta patrie*.

³ Autre n'a mieux que toi soutenu cette guerre;
Autre de plus de morts n'a couvert notre terre.

Ces *autres* ne seraient plus soufferts, même dans le style comique. Telle est la tyrannie de l'usage; *nul autre* donne peut-être moins de rapidité et de force au discours.

Que les pleurs d'une amante ont de puissants discours!

Remarquez qu'on peut dire *le langage des pleurs*, comme on dit *le langage des yeux*; pourquoi?

parce que les regards et les pleurs expriment le sentiment ; mais on ne peut dire *le discours des pleurs,* parce que ce mot *discours* tient au raisonnement. Les pleurs n'ont point de discours ; et de plus, *avoir des discours* est un barbarisme.

5 Et qu'un bel œil est fort avec un tel discours !

Ces réflexions générales font rarement un bon effet ; on sent que c'est le poëte qui parle ; c'est à la passion du personnage à parler. Un *bel œil* n'est ni noble ni convenable : il n'est pas question ici de savoir si Camille a un *bel œil,* et si un bel œil est fort ; il s'agit de perdre une femme qu'on adore, et qu'on va épouser. Retranchez ces quatre premiers vers, le discours en devient plus rapide et plus pathétique.

6 N'attaquez plus ma gloire avec tant de douleurs.

Les premières éditions portent :

N'attaquez plus ma gloire avecque vos douleurs.

Comme on s'est fait une loi de remarquer les plus petites choses dans les plus belles scènes, on observera que c'est avec raison que nous avons rejeté *avecque* de la langue ; ce *que* était inutile et rude.

7 Vengez-vous d'un ingrat, punissez un volage.

J'ose penser qu'il y a ici plus d'artifice et de subtilité que de naturel. On sent trop que Curiace ne parle pas sérieusement. Ce trait de rhéteur refroidit ;

mais Camille répond avec des sentiments si vrais, qu'elle couvre tout d'un coup ce petit défaut. *a*

8 ..... Quel malheur, si l'amour de sa femme
Ne peut non plus sur lui que le mien sur ton âme,

n'est pas français; la grammaire demande *ne peut pas plus sur lui* : ces deux vers ne sont pas bien faits. Il ne faut pas s'attendre à trouver dans Corneille la pureté, la correction, l'élégance du style ; ce mérite ne fut connu que dans les beaux jours du siècle de Louis XIV. C'est une réflexion que les lecteurs doivent faire souvent pour justifier Corneille, et pour excuser la multitude des notes du commentateur.

SCÈNE VI.

1 Non, non, mon frère, non ; je ne viens en ce lieu
Que pour vous embrasser et pour vous dire adieu.

Ces trois *non*, et *en ce lieu*, font un mauvais effet. On sent que le *lieu* est pour la rime, et les *non* redoublés pour le vers. Ces négligences, si pardonnables dans un bel ouvrage, sont remarquées aujourd'hui. Mais ces termes *en ce lieu, en ces lieux*, cessent d'être une expression oiseuse, une cheville, quand ils signifient qu'on doit être en ce lieu plutôt qu'ailleurs.

a Il est difficile de convenir avec Voltaire que Curiace ne parle pas sérieusement. Toute cette tirade peint le combat qu'il éprouve au fond du cœur, et il en donne une forte idée par ce vers :

Plus je suis votre amant, moins je suis Curiace.

> Votre sang est trop bon, n'en craignez rien de lâche,
> Rien dont la fermeté de ces grands cœurs se fâche.

Se fâche est trop faible, trop du style familier : mais le lecteur doit examiner quelque chose de plus important ; il verra que cette scène de Sabine n'était pas nécessaire, qu'elle ne fait pas un coup de théâtre, que le discours de Sabine est trop artificieux, que sa douleur est trop étudiée, que ce n'est qu'un effort de rhétorique. Cette proposition qu'un des deux la tue, et que l'autre la venge, n'a pas l'air sérieux ; et d'ailleurs cela n'empêchera pas que Curiace ne combatte le frère de sa maîtresse, et qu'Horace ne combatte l'époux promis à sa sœur. De plus, Camille est un personnage nécessaire, et Sabine ne l'est pas ; c'est sur Camille que roule l'intrigue. Épousera-t-elle son amant ? ne l'épousera-t-elle pas ? Ce sont les personnages dont le sort peut changer et dont les passions doivent être heureuses ou malheureuses, qui sont l'âme de la tragédie. Sabine n'est introduite dans la pièce que pour se plaindre. *a*

a Voltaire ne connoissoit-il donc de scènes nécessaires que celles qui font un coup de théâtre ? Le discours de Sabine n'a rien d'artificieux ; sa douleur n'est pas étudiée ; rien n'est plus naturel, et la proposition qu'un des deux la tue et l'autre la venge, est très-sérieuse et bien motivée. Mais ce qui n'est ni l'un ni l'autre, c'est l'assertion du commentateur. En effet, si le meurtre de Sabine n'empêche pas le combat, celui-ci n'aura, comme elle le dit, plus rien d'étrange :

> Et du moins l'un des deux sera juste agresseur,
> Ou pour venger sa femme, ou pour venger sa sœur.

De plus, dit Voltaire, *Camille est un personnage nécessaire*.

ACTE II, SCÈNE VI.

☞ 3 Vous feriez peu pour lui si vous vous étiez moins.

Ce *peu* et ce *moins* font un mauvais effet, et *vous vous étiez moins* est prosaïque et familier.

4 Quoi! me réservez-vous à voir une victoire
Où, pour haut appareil d'une pompeuse gloire, etc.

Ces vers échappent quelquefois au génie dans le feu de la composition. Ils ne disent rien ; mais ils accompagnent des vers qui disent beaucoup.

5 Que t'ai-je fait, Sabine ? et quelle est mon offense ?

Il y avait auparavant :

Femme, que t'ai-je fait? et quelle est mon offense? etc.

La naïveté qui régnait encore en ce temps-là dans les écrits, permettait ce mot ; la rudesse romaine y paraît même tout entière. *a*

6 Tu me viens de réduire en un étrange point.

Notre malheureuse rime arrache quelquefois de ces mauvais vers : ils passent à la faveur des bons ; mais ils feraient tomber un ouvrage médiocre dans lequel ils seraient en grand nombre.

Comme il n'est pas du tout question de Camille dans tout ce que dit Sabine, il n'est pas aisé d'entendre ce que Voltaire veut dire par ce *de plus*, etc. Il finit par alléguer que *Sabine n'est introduite dans la pièce que pour se plaindre*. Il avoit probablement oublié sa remarque sur la première scène ; il y a reconnu que ce personnage *prend part à tous les événements*, et *qu'il fait l'exposition d'une manière très-intéressante et très noble*.

a C'est peut-être parce que la rudesse romaine se montroit tout entière dans ce mot, que Corneille a cru devoir le faire disparoitre d'une tirade dans laquelle Horace semble amollir son caractère, et dit à Sabine : *Aime assez ton mari pour n'en triompher point.*

SCÈNE VII.

1 Qu'est-ce ci, mes enfants? écoutez-vous vos flammes?

Qu'est-ce ci ne se dit plus aujourd'hui que dans le discours familier.

2 Et perdez-vous encor le temps avec des femmes?

Avec des femmes serait comique en toute autre occasion ; mais je ne sais si cette expression commune ne va pas ici jusqu'à la noblesse, tant elle peint bien le vieil Horace.

SCÈNE VIII.

1 Ne pensez qu'aux devoirs que vos pays demandent.

Des pays ne demandent point *des devoirs* : la patrie impose *des devoirs*; elle en demande l'accomplissement.

2 Faites votre devoir, et laissez faire aux dieux.

J'ai cherché dans tous les anciens et dans tous les théâtres étrangers une situation pareille, un pareil mélange de grandeur d'âme, de douleur, de bienséance, et je ne l'ai point trouvé : je remarquerai sur-tout que chez les Grecs il n'y a rien dans ce goût.

ACTE TROISIÈME.

SCÈNE I.ère 1

SABINE.

Ce monologue de Sabine est absolument inutile, et fait languir la pièce : les comédiens voulaient alors des monologues. La déclamation approchait du chant, sur-tout celle des femmes; les auteurs avaient cette complaisance pour elles. Sabine s'adresse sa pensée, la retourne, répète ce qu'elle a dit, oppose parole à parole :

> 1 En l'une je suis femme, en l'autre je suis fille.
> En l'une je suis fille, en l'autre je suis femme.
> Songeons pour quelle cause, et non par quelles mains.
> Je songe par quels bras, et non pour quelle cause.

Les quatre derniers vers sont plus dans la passion. (Voyez ci-après, v. 51.)

> 2 Leur vertu les élève en cet illustre rang.

Il ne s'agit point ici de rang : l'auteur a voulu rimer à sang. La plus grande difficulté de la poésie française et son plus grand mérite, est que la rime ne doit jamais empêcher d'employer le mot propre.

> 3 Pareille à ces éclairs qui dans le fort des ombres
> Poussent un jour qui fuit, et rend les nuits plus sombres.

La tragédie admet les métaphores, mais non pas les comparaisons; pourquoi? parce que la métaphore, quand elle est naturelle, appartient à la passion ; les comparaisons n'appartiennent qu'à l'esprit.

4 Quels foudres lancez-vous quand vous vous irritez,
Si même vos faveurs ont tant de cruautés?
Et de quelle façon punissez-vous l'offense,
Si vous traitez ainsi les vœux de l'innocence?

Ces quatre derniers vers semblent dignes de la tragédie; mais ce monologue ne semble qu'une amplification.

SCÈNE II.

1 En est-ce fait, Julie? et que m'apportez-vous?

Autant la première scène a refroidi les esprits, autant cette seconde les échauffe; pourquoi? c'est qu'on y apprend quelque chose de nouveau et d'intéressant : il n'y a point de vaine déclamation, et c'est là le grand art de la tragédie, fondé sur la connaissance du cœur humain, qui veut toujours être remué.

2 De tous les combattants a-t-il fait des hosties?

Hostie ne se dit plus, et c'est dommage; il ne reste plus que le mot de *victime*. Plus on a de termes pour exprimer la même chose, plus la poésie est variée.

3 Et, par les désespoirs d'une chaste amitié,
Nous aurions des deux camps tiré quelque pitié.

On n'emploie plus aujourd'hui *désespoir* au pluriel; il fait pourtant un très-bel effet. *Mes déplaisirs, mes craintes, mes douleurs, mes ennuis,* disent plus que *mon déplaisir, ma crainte,* etc. Pourquoi ne pourrait-on pas dire *mes désespoirs,*

ACTE III, SCÈNE II.

comme on dit *mes espérances?* Ne peut-on pas désespérer de plusieurs choses, comme on peut en espérer plusieurs ?

4 Ils combattront plutôt et l'une et l'autre armée,
 Et mourront par les mains qui leur font d'autres lois,
 Que pas un d'eux renonce aux honneurs d'un tel choix.

Il y avait :

Et mourront par les mains qui les ont séparés,
Que quitter les honneurs qui leur sont déférés.

Comme il y a ici une faute évidente de langage, *mourront que quitter*, et que l'auteur avait oublié le mot *plutôt,* qu'il ne pouvait pourtant répéter parce qu'il est au vers précédent, il changea ainsi cet endroit ; par malheur la même faute s'y retrouve. Tout le reste de ce couplet est très-bien écrit.

5 Puisque chacun, dit-il, s'échauffe en ce discord,
 Consultons des grands dieux la majesté sacrée.

En ce discord ne se dit plus, mais il est à regretter.

6 Comme si toutes deux le connoissoient pour roi.

C'est une petite faute : le sens est, *comme si toutes deux voyaient en lui leur roi. Connaître un homme pour roi* ne signifie pas le reconnaître pour son souverain. On peut connaître un homme pour roi d'un autre pays : *connaître* ne veut pas dire *reconnaître.*

SCÈNE III.

¹ Ma sœur, que je vous die une bonne nouvelle.

Au lieu de *die* on a imprimé *dise* dans les éditions suivantes. *Die* n'est plus qu'une licence ; on ne l'emploie que pour la rime. *Une bonne nouvelle* est du style de la comédie ; ce n'est là qu'une très-légère inattention. Il était très-aisé à Corneille de mettre, *Ah! ma sœur, apprenez une heureuse nouvelle*, et d'exprimer ce petit détail autrement ; mais alors ces expressions familières étaient tolérées ; elles ne sont devenues des fautes que quand la langue s'est perfectionnée ; et c'est à Corneille même qu'elle doit en partie cette perfection. On fit bientôt une étude sérieuse d'une langue dans laquelle il avait écrit de si belles choses.

² Ils (les dieux) descendent bien moins dans de si bas étages,
Que dans l'âme des rois, leurs vivantes images.

Bas étages est bien bas, et la pensée n'est que poétique. Cette contestation de Sabine et de Camille paroît froide dans un moment où l'on est si impatient de savoir ce qui se passe. Ce discours de Camille semble avoir un autre défaut : ce n'est point à une amante à dire que *les dieux inspirent toujours les rois, qu'ils sont des rayons de la divinité*; c'est là de la déclamation d'un rhéteur dans un panégyrique.

Ces contestations de Camille et de Sabine sont, à la vérité, des jeux d'esprit un peu froids ; c'est un grand malheur que le peu de matière que fournit

ACTE III, SCÈNE IV.

la pièce ait obligé l'auteur à y mêler ces scènes qui, par leur inutilité, sont toujours languissantes.

☞ 3 Adieu : je vais savoir comme enfin tout se passe.

Ce vers de comédie démontre l'inutilité de la scène. La nécessité de savoir comme tout se passe condamne tout ce froid dialogue.

4 Modérez vos frayeurs; j'espère, à mon retour,
Ne vous entretenir que de propos d'amour.

Ce discours de Julie est trop d'une soubrette de comédie.

SCÈNE IV.

1 Parmi nos déplaisirs souffrez que je vous blâme.

Cette scène est encore froide. On sent trop que Sabine et Camille ne sont là que pour amuser le peuple en attendant qu'il arrive un événement intéressant ; elles répètent ce qu'elles ont déjà dit. Corneille manque à la grande règle, *semper ad eventum festinat;* mais quel homme l'a toujours observée? J'avouerai que Shakespeare est de tous les auteurs tragiques celui où l'on trouve le moins de ces scènes de pure conversation : il y a presque toujours quelque chose de nouveau dans chacune de ses scènes ; c'est, à la vérité, aux dépens des règles, et de la bienséance, et de la vraisemblance ; c'est en entassant vingt années d'événements les uns sur les autres, c'est en mêlant le grotesque au terrible, c'est en passant d'un cabaret à un champ de bataille, et d'un cimetière à un trône ; mais enfin il attache. L'art serait d'attacher et de surprendre toujours sans aucun de ces moyens irréguliers et burlesques tant employés sur les théâtres espagnols et anglais. *a*

2 L'hymen qui nous attache en une autre famille
Nous détache de celle où l'on a vécu fille.

Il faut *attache à une autre famille*; d'ailleurs, ces vers sont très-familiers.

3 C'est un raisonnement bien mauvais que le vôtre.

Ce mot seul de *raisonnement* est la condamnation de cette scène et de toutes celles qui lui ressemblent. Tout doit être action dans une tragédie : non que chaque scène doive être un événement; mais chaque scène doit servir à nouer ou à dénouer l'intrigue; chaque discours doit être préparation ou obstacle. *b* ☞ C'est en vain qu'on cherche à mettre des contrastes entre les caractères dans ces scènes inutiles, si ces contrastes ne produisent rien.

☞ 4 Et tous maux sont pareils alors qu'ils sont extrêmes.

Ce beau vers est d'une grande vérité ; il est triste qu'il soit perdu dans une amplification.

☞ 5 ... L'amant qui vous charme et pour qui vous brûlez,
Ne vous est, après tout, que ce que vous voulez;

a Cette scène ne doit pas être confondue avec celles de pure conversation; elle naît de la situation des personnages, peint parfaitement le cœur humain, est généralement bien écrite, et renferme de très-beaux vers. Voltaire, dans une remarque suivante, en cite un comme étant d'une grande vérité. N'en est-il pas de même de celui-ci, où, en parlant des *maux*, Camille dit :

Chacun voit ceux d'autrui d'un autre œil que les siens ?

b Cette assertion seroit absolument juste, dans un cinquième acte ; mais au milieu du troisième, la rigueur est extrême.

ACTE III, SCÈNE IV.

Une mauvaise humeur, un peu de jalousie,
En fait assez souvent passer la fantaisie,

sont des vers comiques qui gâteraient la plus belle tirade.

6 Vous ne connoissez point ni l'amour ni ses traits.

Ce *point* est de trop; il faut, *vous ne connaissez ni l'amour ni ses traits.* *a*

7 Il entre avec douceur, mais il règne par force, etc.

Ces maximes détachées, qui sont un défaut quand la passion doit parler, avaient alors le mérite de la nouveauté; on s'écriait : *C'est connaître le cœur humain!* mais c'est le connaître bien mieux que de faire dire en sentiment ce qu'on n'exprimait guère alors qu'en sentences : défaut éblouissant que les auteurs imitaient de Sénèque. *b*

8. Vouloir ne plus aimer c'est ce qu'elle ne peut,
Puisqu'elle ne peut plus vouloir que ce qu'il veut.

Ces deux *peut,* ces syllabes dures, ces monosyllabes *veut* et *peut,* et cette idée de vouloir ce que l'amour veut, comme s'il était question ici du dieu d'amour, tout cela constitue deux des plus mauvais vers qu'on pût faire, et c'était de tels vers qu'il fallait corriger.

a Corneille a changé ce vers; il n'auroit donc pas dû être l'objet d'une remarque.

b Il ne s'agit point ici d'une maxime détachée : ce que dit Camille tient au sujet; c'est sa passion pour Curiace qui le lui fait dire. Je n'examinerai pas si l'on ne s'exprimoit plus en sentences du temps de Voltaire; je ferai seulement observer qu'il seroit à souhaiter qu'on ne s'en fût jamais permis de plus déplacées que celles qui font l'objet de cette remarque.

☞ 9 Ses chaînes sont pour nous aussi fortes que belles.

Toute cette scène est ce qu'on appelle du remplissage ; défaut insupportable, mais devenu presque nécessaire dans nos tragédies, qui sont toutes trop longues, à l'exception d'un très-petit nombre. *a*

SCÈNE V.

1 Je viens vous apporter de fâcheuses nouvelles.

Comme l'arrivée du vieil Horace rend la vie au théâtre, qui languissait ! Quel moment et quelle noble simplicité ! On pourrait objecter qu'Horace ne devrait pas venir avertir des femmes que leurs époux et leurs frères sont aux mains ; que c'est venir les désespérer inutilement et sans raison ; qu'on les a même renfermées pour ne point entendre leurs cris ; qu'il ne résulte rien de cette nouvelle ; mais il en résulte du plaisir pour le spectateur, qui, malgré cette critique, est très-aise de voir le vieil Horace. *b*

2 Ne nous consolez point contre tant d'infortune.

Cela n'est pas français : on console *du* malheur ; on s'arme, on se soutient *contre* le malheur.

---

a On ne peut appeler remplissage une scène qui naît de la situation des personnages, et dans laquelle ils s'expriment en beaux vers. Je crois que la seule chose à blâmer dans cette scène, c'est une sorte d'affectation de la part de Sabine à se servir des mêmes expressions que Camille a employées.

b Quand Voltaire donne un éloge à Corneille, c'est toujours pour faire passer une critique. Il est aisé d'apercevoir que celle-ci n'est point juste. Horace dit lui-même à ses filles : *En vain je voudrois vous celer ce qu'on ne vous sauroit long-temps dissimuler.* Il a donc quelque raison pour les instruire de ce qui se passe.

ACTE III, SCÈNE V.

☞ 3 Nous pourrions aisément faire en votre présence
De notre désespoir une fausse constance.

Faire une fausse constance de son désespoir est du phébus, du galimatias : est-il possible que le mauvais se trouve ainsi presque toujours à côté du bon !

4 Mais quand on peut sans honte être sans fermeté,
L'affecter au dehors, c'est une lâcheté.

Ces sentences et ces raisonnements sont bien mal placés dans un moment si douloureux ; c'est là le poëte qui parle et qui raisonne.

5 Ma main bientôt sur eux m'eût vengé hautement....

Ce discours du vieil Horace est plein d'un art d'autant plus beau, qu'il ne paraît pas : on ne voit que la hauteur d'un Romain, et la chaleur d'un vieillard qui préfère l'honneur à la nature. Mais cela même prépare tout ce qu'il dit dans la scène suivante ; c'est là qu'est le vrai génie. *a*

6. Un si glorieux titre est un digne trésor.

Notre malheureuse rime n'amène que trop souvent de ces expressions faibles ou impropres. *Un titre qui est un digne trésor* ne serait permis que dans le cas où il s'agirait d'opposer ce titre à la fortune ; mais ici il ne forme pas de sens ; et ce mot de *digne* achève de rendre ce vers intolérable. Quand les poëtes se trouvent ainsi gênés par une rime, ils doivent absolument en chercher deux autres.

a Corneille n'a donc pas eu tort de faire venir le vieil Horace, puisque cette scène donne l'occasion d'un si beau discours, et prépare une scène encore plus belle.

SCÈNE VI.

¹ Nous venez-vous, Julie, apprendre la victoire ?

Il semble intolérable qu'une suivante ait vu le combat, et que ce père des trois champions de Rome reste inutilement avec des femmes pendant que ses enfants sont aux mains, lui qui a dit auparavant,

Qu'est-ce ci, mes enfants ? écoutez-vous vos flammes ?
Et perdez-vous encor le temps avec des femmes ?

C'est une grande inconséquence ; c'est démentir son caractère. Quoi ! cet homme qui se sent assez de force pour tuer ses trois enfants *hautement* s'ils donnent un *mol consentement* à un nouveau choix que le peuple est endroit de faire, quitte le champ où ses trois fils combattent, pour venir apprendre à des femmes une nouvelle qu'on doit leur cacher ! Il ne prétexte pas même cette disparate sur l'horreur qu'il aurait de voir ses fils combattre contre son gendre ! Il ne vient que comme messager, tandis que Rome entière est sur le champ de bataille ! Il reste les bras croisés, tandis qu'une soubrette a tout vu ! Ce défaut peut-il se pardonner ? On peut répondre qu'il est resté pour empêcher ces femmes d'aller séparer les combattants ; comme s'il n'y avait pas tant d'autres moyens ! [a]

[a] Voltaire dit que *le vieil Horace quitte le champ où ses trois fils combattent*, etc. Comment peut-il le quitter ? il n'y a pas même été ; il n'est pas sorti de chez lui. Il y est resté, le commentateur est obligé d'en convenir, pour empêcher Camille et Sabine d'aller séparer les combattants. Cette réponse est indiquée

² Ce bonheur a suivi leur courage invaincu....

Ce mot *invaincu* n'a été employé que par Corneille, et devrait l'être, je crois, par tous nos poëtes. Une expression si bien mise à sa place dans le Cid et dans cette admirable scène ne doit jamais vieillir.

³ Qu'ils ont vu Rome libre autant qu'ils ont vécu,
Et ne l'auront point vue obéir qu'à son prince.

Ce *point* est ici un solécisme; il faut *et ne l'auront vue obéir qu'à.*

⁴ Que vouliez-vous qu'il fît contre trois? — Qu'il mourût....

Voilà ce fameux *qu'il mourût*, ce trait du plus grand sublime, ce mot auquel il n'en est aucun de comparable dans toute l'antiquité. Tout l'auditoire fut si transporté, qu'on n'entendit jamais le vers faible qui suit; et le morceau *n'eût-il que d'un moment* par la pièce même. En effet, le jeune Horace, inquiet de la menace qu'a faite Sabine dans l'acte précédent, a dit, en partant: *Mon père, retenez des femmes qui s'emportent.* Et son père a répondu: *J'en aurai soin; allez.* Une telle promesse du vieil Horace n'est-elle pas suffisante pour l'empêcher de sortir de sa maison?

Parce que, dans un moment de colère, Horace père se seroit vengé sur ses fils de l'affront qu'ils lui auroient fait, *si, par quelque foiblesse, ils avoient mendié la pitié des deux camps,* on prétend qu'il auroit dû assister de sang-froid à un combat où doivent périr ses fils ou son gendre, et parce qu'il ne l'a pas fait, Voltaire s'écrie: Ce défaut peut-il se pardonner?

Quand un commentateur se permet, comme il l'a fait dans cette remarque, d'appeler une dame romaine *une soubrette*, et qu'aux mots *venger hautement*, il substitue ceux *tuer hautement*, son commentaire peut-il se pardonner?

retardé sa défaite, étant plein de chaleur, augmenta encore la force du *qu'il mourût.* Que de beautés ! et d'où naissent-elles? d'une simple méprise très-naturelle, sans complication d'événements, sans aucune intrigue recherchée, sans aucun effort. Il y a d'autres beautés tragiques! mais celle-ci est au premier rang.

Il est vrai que le vieil Horace, qui était présent quand les Horaces et les Curiaces ont refusé qu'on nommât d'autres champions, a dû être présent à leur combat. *a* ☞Cela gâte jusqu'au *qu'il mourût.*

5 Il est de tout son sang comptable à sa patrie ;
Chaque goutte épargnée a sa gloire flétrie.

Chaque goutte paraît être de trop. Il ne faut pas tant retourner sa pensée.

A sa gloire flétrie : la sévérité de la grammaire ne permet point ce *flétrie;* il faut, dans la rigueur, *a flétri sa gloire;* mais *a sa gloire flétrie* est plus

a Le vieil Horace eût-il été présent lorsque ses fils et les Curiaces ont refusé qu'on nommât d'autres champions, ce ne seroit pas une raison pour qu'il eût assisté au combat. Mais où Voltaire a-t-il vu que le vieil Horace ait été présent à ce refus héroïque? L'assertion du commentateur est aussi fausse que la conséquence qu'il en tire. Horace père n'est point sorti de sa maison ; c'est chez lui qu'il a appris que les armées s'opposoient au combat. Camille étoit avec lui lorsqu'on lui a dit cette nouvelle. Elle répond à Sabine, qui veut la lui apprendre, scène 3, vers 3 :

On l'a dite à mon père, et j'étois avec lui.

Nota. Les derniers mots de la remarque de Voltaire, *cela gâte jusqu'au qu'il mourût*, ne se trouvent pas dans l'édition de 1764. L'académie n'auroit assurément point laissé passer une pareille assertion. Voltaire a ajouté ces mots dans l'édition de 1774.

beau, plus poétique, plus éloigné du langage ordinaire, sans causer d'obscurité.

6 Chaque instant de sa vie, après ce lâche tour....

Après ce lâche tour est une expression trop triviale.

7 Met d'autant plus ma honte avec la sienne au jour.
J'en romprai bien le cours, etc.

Ces derniers mots se rapportent naturellement à la honte; mais on ne rompt point le cours d'une honte : il faut donc qu'ils tombent sur *chaque instant de sa vie*, qui est plus haut, mais *je romprai le cours de chaque instant de sa vie* ne peut se dire. *Bien* signifie, dans ces occasions, *fortement* ou *aisément*; je le punirai *bien*, je l'empêcherai *bien*. a

8 Dieux ! verrons-nous toujours des malheurs de la sorte?

Ce *de la sorte* est une expression du peuple, qui n'est pas convenable ; elle n'est pas même française. Il faudrait *de cette sorte*, ou *d'une telle sorte*.

9 Nous faudra-t-il toujours en craindre de plus grands,
Et toujours redouter la main de nos parents ?

Ce dernier vers est de la plus grande beauté : non-seulement il dit ce dont il s'agit, mais il prépare ce qui doit suivre.

a Il n'est pas question *de chaque instant de sa vie*, ce qui seroit absurde, mais de *sa vie*. J'en romprai bien le cours, veut dire : j'en saurai rompre le cours. Cette expression est très-intelligible.

ACTE QUATRIÈME.

SCÈNE I.ère

₁ Ne me parlez jamais en faveur d'un infâme.

Nous avons vu qu'il est très-extraordinaire que le père n'ait pas été détrompé entre le troisième et le quatrième acte ; qu'un vieillard de son caractère, qui a assez de force pour tuer son fils de ses propres mains, à ce qu'il dit, n'en ait pas assez pour être allé sur le champ de bataille ; qu'il reste dans sa maison tandis que Rome entière est spectatrice du combat. Comment souffrir qu'une suivante soit allée voir ce fameux duel, et que le vieil Horace soit demeuré chez lui ? comment ne s'est-il pas mieux informé pendant l'entr'acte ? pourquoi le père des Horaces ignore-t-il seul ce que tout Rome sait ? Je ne sais de réponse à cette critique, sinon que ce défaut est presque excusable, puisqu'il amène de grandes beautés. *a*

---

a Voilà la quatrième fois que Voltaire revient à critiquer la même scène. Il n'a pu se dispenser de s'écrier : *Comme l'arrivée du vieil Horace rend la vie au théâtre, qui languissoit ! Quel moment ! quelle noble simplicité !* Plus bas, il convient qu'au reproche qui seroit fait au vieillard de n'avoir pas été présent au combat, *on peut répondre qu'il est resté pour empêcher ces femmes d'aller séparer les combattants.* Maintenant il demande *comment ne s'est-il pas mieux informé pendant l'entr'acte ? pourquoi le père des Horaces ignore-t-il ce que tout Rome sait ?*

² Sabine y peut mettre ordre, ou derechef j'atteste
Le souverain pouvoir de la troupe céleste....

Derechef et *la troupe céleste* sont hors d'usage. *La troupe céleste* est bannie du style noble, surtout depuis que Scarron l'a employée dans le style burlesque.

³ Le jugement de Rome est peu pour mon regard.

Pour mon regard est suranné et hors d'usage; c'est pourtant une expression nécessaire.

La réponse est facile. Il est sorti à la dernière scène du troisième acte; ses filles, craignant les suites de sa colère, l'ont suivi.

Suivons-le promptement; la colère l'emporte.

Elles ne l'ont pas quitté. Camille cherchoit encore à l'apaiser lorsqu'il est rentré à la première scène du quatrième acte, en disant :

Ne me parlez jamais en faveur d'un infâme.

Rien ne peut être plus vraisemblable. Cependant le commentateur ne sait d'autre réponse à ses propres critiques, sinon que *ce défaut est presque excusable, puisqu'il amène de grandes beautés.*

D'après ces attaques multipliées, dont le but est de blâmer une conduite très-naturelle, que Voltaire trouve à peine excusable, ne peut-on pas supposer que la jalousie a seule dicté sa critique? Sans un pareil motif, auroit-il prétendu que le vieil Horace eût dû être présent à un combat dans lequel ses trois fils ou son gendre, et les deux frères de celui-ci, devoient périr les uns par les autres; à un combat où sa présence n'eût été que péniblement inutile, tandis qu'elle étoit nécessaire chez lui? Il a dû y rester pour contenir Camille et Sabine, suivant la prière que son fils lui en avoit faite en partant, et la promesse qu'il en avoit donnée, en lui disant : *J'en aurai soin: allez; vos frères vous attendent.*

SCÈNE II.

1 C'est à moi seul aussi de punir son forfait.

Si son fils est coupable d'un *forfait* envers Rome, pourquoi seroit-ce au père seul à le punir ?*a*

2 Vous redoublez ma honte et ma confusion.

Je ne sais s'il n'y a pas dans cette scène un artifice trop visible, une méprise trop long-temps soutenue. Il semble que l'auteur ait eu plus d'égards au jeu de théâtre qu'à la vraisemblance. C'est le même défaut que dans la scène de Chimène avec don Sanche dans le Cid. ☞ Ce petit et faible artifice, dont Corneille se sert trop souvent, n'est pas la véritable tragédie. *b*

☞ 3 Quels honneurs, quel triomphe, et quel empire enfin,
Lorsqu'Albe sous ses lois range notre destin ?

On ne range point ainsi un destin.

4 Quoi ! Rome donc triomphe !

Que ce mot est pathétique ! comme il sort des entrailles d'un vieux Romain !

a Il sait que son fils a fui. Rome peut pardonner au jeune Horace d'avoir évité un danger manifeste ; mais son père, sensible au déshonneur de sa famille, peut vouloir l'en punir.

b Cette scène n'est pas un simple jeu de théâtre contraire à la vraisemblance, puisque la méprise du vieil Horace est autorisée par le rapport qui lui a été fait. Le spectateur, qui ignore ce qui s'est passé, partage l'émotion du vieil Horace ; l'illusion est donc complète.

Vraisemblablement l'académie a fortement blâmé la dernière phrase de Voltaire. Elle n'a été imprimée que dans l'édition de 1774.

ACTE IV, SCÈNE II.

5 L'air résonne des cris qu'au ciel chacun envoie ;
Albe en jette d'angoisse, et les Romains de joie.

On ne dit plus guère *angoisse*; et pourquoi ? quel mot lui a-t-on substitué? *Douleur, horreur, peine, affliction*, ne sont pas des équivalents : *angoisse* exprime la douleur pressante et la crainte à la fois.

6 C'est peu pour lui de vaincre, il veut encor braver.

Braver est un verbe actif qui demande toujours un régime; de plus, ce n'est pas ici une bravade; c'est un sentiment généreux d'un citoyen qui venge ses frères et sa patrie.

7 C'est où le roi le mène....

Mener à des chants et à des vœux n'est ni noble ni juste; mais le récit de Valère a été si beau, qu'on pardonne aisément ces petites fautes.

.... Et tandis il m'envoie
Faire office envers vous de douleur et de joie.

Tandis, sans un *que*, est absolument proscrit, et n'est plus permis que dans une espèce de style burlesque et naïf, qu'on nomme *marotique : Tandis la perdrix vire*.

Faire office de douleur n'est plus français, et je ne sais s'il l'a jamais été. On dit familièrement, *faire office d'ami, office de serviteur, office d'homme intéressé*, mais non *office de douleur et de joie*.

8 Le roi ne sait que c'est d'honorer à demi.

Cette phrase est italienne : nous disons aujourd'hui, *ne sait ce que c'est*. Mais la dignité du tragique rejette ces expressions de comédie. *a*

---
a Corneille a changé ce vers ; Voltaire ne devoit donc pas faire de remarque.

9 *Je vous devrai beaucoup pour un si bon office.*

Ici la pièce est finie; l'action est complètement terminée. Il s'agissait de la victoire, et elle est remportée; du destin de Rome, et il est décidé. *a*

SCÈNE III.

1 *Ma fille, il n'est plus temps de répandre des pleurs.*

Voici donc une autre pièce qui commence; le sujet en est bien moins grand, moins intéressant, moins théâtral que celui de la première. Ces deux actions différentes ont nui au succès complet des *Horaces*. Il est vrai qu'en Espagne, en Angleterre, on joint quelquefois plusieurs actions sur le théâtre : on représente, dans la même pièce, la Mort de César et la Bataille de Philippes. *Nos musas colimus severiores.*

Qu'en un lieu, qu'en un jour, un seul fait accompli
Tienne jusqu'à la fin le théâtre rempli.

Remarquez que Camille a été si inutile sur la fin de la première pièce des Horaces, qu'elle n'a proféré qu'un *hélas* pendant le récit de la mort de Curiace.

Remarquez encore que ce vieil Horace n'a plus rien à dire, et qu'il perd le temps à répéter à Camille qu'il va consoler Sabine. *b*

---

a Cela n'est pas exactement vrai. La pièce porte le titre d'*Horace*, et tant qu'il n'y a rien de décidé sur le sort de ce principal personnage, la pièce n'est pas finie. On peut seulement y reprocher qu'il n'y a pas unité d'intérêt.

b Ce n'est point une autre pièce qui commence, puisque l'abat-

ACTE IV, SCÈNE III.

2 On pleure injustement des pertes domestiques,
Quand on en voit sortir des victoires publiques.

Des victoires qui sortent font une image peu convenable : on ne voit point sortir des victoires comme on voit sortir des troupes d'une ville. *a*

3 En la mort d'un amant vous ne perdez qu'un homme,
Dont la perte est aisée à réparer dans Rome.

L'auteur répète trop souvent cette idée, et ce n'est pas là le temps de parler de mariage à Camille. *b*

4 Et ses trois frères, morts par la main d'un époux,
Lui donneront des pleurs bien plus justes qu'à vous.

Lui donneront des pleurs justes n'est pas français. C'est Sabine qui donnera des pleurs ; ce ne sont pas ses trois frères morts qui lui en donneront. Un accident fait couler des pleurs, et ne les donne pas.

tement dans lequel le vieil Horace voit Camille fait dire à ce père : *Ma fille, il n'est plus temps de répandre des larmes.* Camille n'a point été inutile dans la scène précédente. Elle étoit, plus que personne, intéressée à connoître l'issue du combat ; et le profond *hélas* qu'elle prononce, est l'expression la plus vraie de sa vive douleur. Ce que dit le vieil Horace est conforme au caractère que l'auteur lui a donné. Il y a de l'injustice à dire qu'il perd le temps à répéter à Camille qu'il va consoler Sabine, puisqu'en peignant la situation de celle-ci, qui perd trois frères par la main d'un époux, il cherche à diminuer la douleur de Camille, et l'engage à recevoir son frère avec moins de foiblesse.

a Voyez les observations générales, titre *Des Métaphores.*

b Ce n'est pas là lui parler mariage. Le discours d'Horace est si naturel, que c'est celui que tout autre tiendroit à sa place.

5 Faites-vous voir sa sœur, et qu'en un même flanc
Le ciel vous a tous deux formés d'un même sang.

Faites-vous voir... et qu'en... est un solécisme; parce que *faites-vous voir* signifie *montrez-vous, soyez sa sœur*; et *montrez-vous, soyez, paraissez*, ne peut régir un *que*.

Ajoutez qu'après lui avoir dit, *faites-vous voir sa sœur*, il est très-superflu de dire qu'elle est sortie du même flanc.*a*

SCÈNE IV.

1 Oui, je lui ferai voir, par d'infaillibles marques,
Qu'un véritable amour brave la main des Parques.

Voici Camille qui, après un long silence, dont on ne s'est pas seulement aperçu, parce que l'âme était toute remplie du destin des Horaces et des Curiaces, et de celui de Rome; voici Camille, dis-je, qui s'échauffe tout d'un coup, et comme de propos délibéré; elle débute par une sentence poétique, *Qu'un véritable amour brave la main des Parques. Infaillibles marques* n'est là que pour la rime; grand défaut de notre poésie.

Ce monologue même n'est qu'une vaine déclamation. La vraie douleur ne raisonne point tant, ne récapitule point; elle ne dit point qu'on bâtit *en l'air sur le malheur d'autrui*, et que son père

---

a En adoptant l'interprétation du commentateur, *montrez-vous, soyez sa sœur,* il est impossible de continuer la phrase *et qu'en, etc.*; mais le vrai sens de *faites-vous voir sa sœur,* est *faites voir que vous êtes sa sœur, et que, etc.* Il n'y a donc point de solécisme.

ACTE IV, SCÈNE IV.

triomphe, comme son frère, de ce malheur ; elle ne s'excite point à *braver la colère*, à essayer de déplaire. Tous ces vains efforts sont froids ; et pourquoi ? c'est qu'au fond le sujet manque à l'auteur. Dès qu'il n'y a plus de combats dans le cœur, il n'y a plus rien à dire. *a*

a Il y a dans les tragédies des situations qui ne peuvent être jugées que sur le théâtre ; et certes, le spectateur le moins clairvoyant s'apercevroit que Camille, après avoir prononcé le déchirant *hélas*, reste accablée dans sa douleur. C'est parce que le vieil Horace la trouve dans cette situation, qu'il lui dit : *Ma fille, il n'est plus temps de répandre des pleurs.* L'accablement de Camille est dans la nature ; il ne l'est pas moins qu'une fois seule, elle se livre à toute la violence de sa passion. La récapitulation qu'elle fait n'est point déplacée. Il peut y avoir quelques expressions à reprendre dans ce monologue ; mais il est parfaitement en situation.

Voltaire est un exemple frappant de la justesse d'une de ses propres remarques, que nous avons prise pour épigraphe : *Les censures faites avec passion ont toutes été maladroites.* Il tombe à chaque instant dans des méprises. Il n'y a qu'un moment il reprochoit à Horace le père d'avoir quitté un champ de bataille où il n'étoit même pas allé. Ce vieillard, ainsi que nous l'avons démontré, n'est point sorti de sa maison ; cependant le commentateur a assuré qu'*il étoit présent quand les Horaces et les Curiaces ont refusé qu'on nommât d'autres champions.* Maintenant, dans l'attaque qu'il dirige contre un monologue généralement regardé comme fort beau, il fait dire par Camille que *son père* triomphe, comme son frère, de son malheur. En lisant la pièce avec attention, on verra que ce n'est point de son père que Camille parle, mais de Valère, rival de Curiace, et qui est venu annoncer la mort de ce dernier.

Son rival me l'apprend, et faisant à mes yeux
D'un si triste succès le récit odieux,
. . . .
Aussi bien que mon frère *il* triomphe de lui.

² .... Et, par un juste effort,
Je la veux rendre égale aux rigueurs de mon sort.

Elle dit ici qu'elle veut rendre sa douleur *égale, par un juste effort, aux rigueurs de son sort.* Quand on fait ainsi des efforts pour proportionner sa douleur à son état, on n'est pas même poétiquement affligé.

3 Un oracle m'assure, un songe me travaille.

M'assure ne signifie pas *me rassure;* et c'est *me rassure* que l'auteur entend. Je suis effrayé, on me rassure. Je doute d'une chose, on m'assure qu'elle est ainsi..... *Assurer* avec l'accusatif ne s'emploie que pour *certifier, J'assure ce fait;* et, en termes d'art, il signifie *affermir: Assurez cette solive, ce chevron.* ᵃ

4 Pour combattre mon frère on choisit mon amant.

Cette récapitulation de la pièce précédente n'est-elle point encore l'opposé d'une affliction véritable? *Curœ leves loquuntur.* ᵇ

ᵃ *Assurer* s'emploie en poésie pour *rassurer.*

Assurez vos âmes craintives.
MALHERBES.

Girot en vain l'*assure,* et riant de sa peur, etc.
BOILEAU, *le Lutrin.*

O bonté qui m'*assure* autant qu'elle m'honore !
RACINE, *Esther.*

Princesse, assurez-vous ; je les prends sous ma garde.
RACINE, *Athalie.*

ᵇ Il n'est pas une personne affligée qui ne récapitule ainsi tous les sujets de sa douleur. Est-il décent au commentateur de dire cette récapitulation de la pièce précédente ?

⁵ Dégénérons, mon cœur, d'un si vertueux père, etc.

Ce *dégénérons, mon cœur,* cette résolution de se mettre en colère, ce long discours, cette nouvelle sentence mal exprimée, que *c'est gloire de passer pour un cœur abattu,* enfin tout refroidit, tout glace le lecteur, qui ne souhaite plus rien. C'est, encore une fois, la faute du sujet. L'aventure des Horaces, des Curiaces et de Camille, est plus propre, en effet, pour l'histoire que pour le théâtre.

On ne peut trop honorer Corneille, qui a senti ce défaut, et qui en parle dans son examen avec la candeur d'un grand homme.

⁶ Il vient, préparons-nous à montrer constamment
Ce que doit une amante à la mort d'un amant.

Préparons-nous augmente encore le défaut. On voit une femme qui s'étudie à montrer son affliction, qui répète, pour ainsi dire, sa leçon de douleur. *ᵃ*

SCÈNE V.

¹ Ma sœur, voici le bras qui venge nos deux frères, etc.

Ce n'est plus là l'Horace du second acte. Ce *bras* trois fois répété, et cet ordre de rendre ce *qu'on doit à l'heur de sa victoire,* témoignent, ce semble, plus de vanité que de grandeur : il ne devrait parler

---

ᵃ Quel est l'homme qui, ayant de vifs reproches à faire à un autre, ne dise, en le voyant paroître : Le voici, je vais lui apprendre à vivre ? Seroit-on reçu à dire : *Cet homme répète sa leçon de colère ?*

à sa sœur que pour la consoler, ou plutôt il n'a rien du tout à dire. Qui l'amène auprès d'elle ? est-ce à elle qu'il doit présenter les armes de ses beaux-frères ? C'est au roi, c'est au sénat assemblé qu'il devait montrer ces trophées. Les femmes ne se mêlaient de rien chez les premiers Romains : ni la bienséance, ni l'humanité, ni son devoir, ne lui permettaient de venir faire à sa sœur une telle insulte. Il paraît qu'Horace pouvait déposer au moins ces dépouilles dans la maison paternelle, en attendant que le roi vînt; que sa sœur, à cet aspect, pouvait s'abandonner à la douleur, sans qu'Horace lui dît, *voici ce bras*, et sans qu'il lui ordonnât de ne s'entretenir jamais que de sa victoire; il semble qu'alors Camille aurait paru un peu plus coupable, et que l'emportement d'Horace aurait eu quelque excuse. *a*

² O d'une indigne sœur insupportable audace !

Observez que la colère du vieil Horace contre son fils était très-intéressante, et que celle de son fils

---

a Croiroit-on que l'auteur de cette remarque a lu ou vu la pièce ? N'est-ce pas en effet dans la maison paternelle qu'Horace vient déposer ses trophées ? ne les a-t-il pas auparavant montrés au roi et au sénat ? Valère n'a-t-il pas dit, dans la deuxième scène de ce même acte, qu'Horace étoit avec le roi, qui le menoit en triomphe ? D'après le caractère de ce jeune Romain, il ne peut entrer dans son esprit que sa sœur soit affligée de sa triple victoire, qui rend Rome maîtresse d'Albe. Il ne doit donc pas chercher à la consoler. Il n'est pas dans son caractère de croire l'insulter en vantant son triomphe; mais il est, en véritable Romain, indigné qu'elle ne partage point sa joie.

ACTE IV, SCÈNE V.

contre sa sœur est révoltante et sans aucun intérêt. C'est que la colère du vieil Horace supposait le malheur de Rome ; au lieu que le jeune Horace ne se met en colère que contre une femme qui pleure et qui crie, et qu'il faut laisser crier et pleurer. Cela est historique, oui ; mais cela n'est nullement tragique, nullement théâtral. *a*

3 D'un ennemi public dont je reviens vainqueur
Le nom est dans ta bouche et l'amour dans ton cœur !

Le reproche est évidemment injuste. Horace lui-même devait plaindre Curiace ; c'est son beau-frère ; il n'y a plus d'ennemis, les deux peuples n'en font plus qu'un. Il a dit lui-même, au second acte, qu'*il aurait voulu racheter de sa vie le sang de Curiace*. *b*

a Cette situation, quoique Voltaire prétende qu'elle ne soit pas tragique, excite la pitié et la terreur, c'est-à-dire les deux sentiments qui constituent la tragédie.

b C'est la remarque de Voltaire qui est évidemment fausse. En effet, pourquoi les deux peuples n'en font-ils plus qu'un ? C'est parce qu'Horace a tué Curiace ; donc Curiace étoit devenu un *ennemi public*, par le choix qui avoit été fait de lui pour défendre le parti des Albains. La pensée dont Voltaire appuie son assertion est astucieusement présentée. Il y a dans la pièce :

. . . . Vouloir au public immoler ce qu'on aime,
. . . .
. . . . S'armer pour la patrie,
Contre un sang qu'on voudroit racheter de sa vie,
Une telle vertu n'appartenoit qu'à nous.

Un homme qui sent ainsi ne peut pas, au sortir du combat, plaindre son ennemi et consoler sa sœur ; mais il doit s'irriter qu'on lui reproche sa victoire.

4 Donne-moi donc, barbare, un cœur comme le tien.

Ces plaintes seraient plus touchantes si l'amour de Camille avait été le sujet de la pièce ; mais il n'en a été que l'épisode ; on y a songé à peine : on n'a été occupé que de Rome. Un petit intérêt d'amour interrompu ne peut plus reprendre une vraie force. Le cœur doit saigner par degré dans la tragédie, et toujours des mêmes coups redoublés, et sur-tout variés. *a*

5 Rome, l'unique objet de mon ressentiment ! etc.

Ces imprécations de Camille ont toujours été un beau morceau de déclamation, et ont fait valoir toutes les actrices qui ont joué ce rôle. Plusieurs juges sévères n'ont pas aimé le *mourir de plaisir;* ils ont dit que l'hyperbole est si forte, qu'elle va jusqu'à la plaisanterie.

Il y a une observation à faire ; c'est que jamais les douleurs de Camille, ni sa mort, n'ont fait répandre une larme.

Pour m'arracher des pleurs il faut que vous pleuriez.

Mais Camille n'est que furieuse : elle ne doit pas être en colère contre Rome ; elle doit s'être attendue que Rome ou Albe triompherait : elle n'a raison d'être en colère que contre Horace, qui, au lieu d'être auprès du roi après sa victoire, vient se van-

---

a Les mêmes coups sur-tout variés, cela n'est peut-être pas très-intelligible ; mais dire qu'on a songé à peine dans la pièce à l'amour de Camille pour Curiace, tandis qu'il n'y a presque pas de scène où l'on n'en parle, c'est une assertion trop évidemment fausse pour qu'on n'y aperçoive point de mauvaise foi.

ACTE IV, SCÈNE V.

ter assez mal-à-propos à sa sœur d'avoir tué son amant. Encore une fois, ce ne peut être un sujet de tragédie. *a*

6 Va dedans les enfers plaindre ton Curiace.

On ne se sert plus du mot *dedans*, et il fut toujours un solécisme quand on lui donne un régime; on ne peut l'employer que dans un sens absolu : *Êtes-vous hors du cabinet? Non, je suis dedans.* Mais il est toujours mal de dire *dedans ma chambre, dehors de ma chambre*. Corneille, au cinquième acte, dit :

Dans les murs, hors des murs, tout parle de sa gloire.

Il n'aurait pas parlé français s'il eût dit, *dedans les murs, dehors les murs.* *b*

---

a L'imprécation de Camille est la plus belle qu'il y ait au théâtre. Ce n'est donc pas un simple morceau de déclamation. Il n'est personne qui ne prenne part à ses douleurs : sa mort ne fait pas répandre de larmes, parce qu'elles sont incompatibles avec la terreur dont on est saisi en voyant son frère la poursuivre.

On a fait observer qu'Horace a été *auprès du roi* après sa victoire.

En lisant les remarques de Voltaire avec soin, on seroit tenté de croire qu'il n'en a point mis à lire les pièces de Corneille; mais comme il assure *avoir examiné chaque pièce avec la plus grande attention*,* on reste convaincu que c'est à dessein qu'il en a dénaturé plusieurs circonstances.

b Dans sa deuxième remarque sur le Cid, le commentateur a reconnu que *dedans* n'avoit été ni censuré par Scudéri ni remarqué par l'Académie. N'est-ce pas la preuve que cette faute n'en étoit pas une du temps de Corneille?

* 17.ᵉ remarque sur la dernière scène de Rodogune.

SCÈNE VI.

PROCULE.

1 Que venez-vous de faire ?

D'où vient ce Procule? à quoi sert ce Procule, ce personnage subalterne qui n'a pas dit un mot jusqu'ici? C'est encore un très-grand défaut, non pas de ces défauts de convenance, de ces fautes qui amènent des beautés, mais de celles qui amènent de nouveaux défauts.

Cette scène a toujours paru dure et révoltante. Aristote remarque que la plus froide des catastrophes est celle dans laquelle on commet de sang-froid une action atroce qu'on a voulu commettre. Addisson, dans son *Spectateur,* dit que ce meurtre de Camille est d'autant plus révoltant, qu'il semble commis de sang-froid, et qu'Horace, traversant tout le théâtre pour poignarder sa sœur, avait tout le temps de la réflexion. Le public éclairé ne peut jamais souffrir un meurtre sur le théâtre, à moins qu'il ne soit absolument nécessaire, ou que le meurtrier n'ait les plus violents remords. *a*

a Voltaire demande d'où vient ce Procule? Il est entré à la suite d'Horace, portant les épées des Curiaces, et rien ne motivant sa sortie, il n'a point encore dû quitter la scène.

Ce n'est point de sang-froid qu'Horace tue sa sœur : il n'est pas venu dans l'intention de la tuer; il ne commet ce crime qu'emporté par la fureur qu'excite en lui l'imprécation qu'elle fait contre Rome. L'action d'Horace n'est donc pas de celles qu'Aristote blâme comme une froide catastrophe.

SCÈNE VII.

¹ À quoi s'arrête ici ton illustre colère ?

Sabine arrivant après le meurtre de Camille, seulement pour reprocher cette mort à son mari, achève de jeter de la froideur sur un événement qui, autrement préparé, devait être terrible.

L'*illustre colère* et *les généreux coups* sont une déclamation ironique. Racine a pourtant imité ce vers dans Andromaque :

Que peut-on refuser à ces généreux coups ?

Cette conversation de Sabine et d'Horace, après le meurtre de Camille, est aussi inutile que la scène de Procule ; elle ne produit aucun changement. *a*

² Embrasse ma vertu pour vaincre ta foiblesse.

Est-ce là le langage qu'il doit tenir à sa femme, quand il vient d'assassiner sa sœur dans un moment de colère ? *b*

a L'événement a été terrible ; les scènes qui viennent ensuite ne peuvent pas atténuer l'effet qu'il a produit ; mais ce sont ces scènes qui paroissent froides, parce que le cœur a reçu auparavant une violente émotion. Le style ironique n'est pas déplacé dans la bouche de Sabine.

b Il n'y a qu'un instant Voltaire prétendoit qu'Horace avoit tué sa sœur de sang-froid, et il en concluoit que la catastrophe étoit froide. Maintenant il dit que c'est dans un moment de colère qu'il l'a tuée, et il en conclut qu'il ne devroit pas parler si modérément à son épouse. Sans prétendre concilier deux opinions si op-

3   Participe à ma gloire au lieu de la souiller ;
    Tâche à t'en revêtir, non à m'en dépouiller, etc.

Sans parler des fautes de langage, tous ces conseils ne peuvent faire aucun bon effet, parce que la douleur de Sabine n'en peut faire aucun.

4   Mais enfin je renonce à la vertu romaine.

C'est une répétition un peu froide des vers de Curiace :

Je rends grâces aux dieux de n'être pas Romain.

5   Pourquoi veux-tu, cruel, agir d'une autre sorte ?
    Laisse en entrant ici tes lauriers à la porte.

On sent assez qu'*agir d'une autre sorte*, et *laisser en entrant les lauriers à la porte*, ne sont des expressions ni nobles ni tragiques, et que toute cette tirade est une déclamation oiseuse d'une femme inutile. *a*

6   Quelle injustice aux dieux d'abandonner aux femmes
    Un empire si grand sur les plus belles âmes ! etc.

Cette tendresse est-elle convenable à l'assassin de sa sœur, qui n'a aucun remords de cette indigne action, et qui parle encore de sa vertu ? Voyez comme

posées, je répondrai sur la seconde ; d'abord, que la colère d'Horace a été assouvie par le meurtre de sa sœur ; ensuite, que les expressions de Sabine étant moins violentes, il doit lui parler comme il le fait.

---

a Cette tirade est-elle une déclamation ? Ne convient-elle pas à la situation de Sabine, que Voltaire, dans ses remarques sur la première scène, n'a pas jugée un personnage inutile ? *Laisse en entrant ici tes lauriers à la porte*, est une expression noble. Voyez les observations générales, titre *Des Hardiesses poétiques*.

ces sentences et ces discours vagues sur le pouvoir des femmes conviennent peu devant le corps sanglant de Camille, qu'Horace vient d'assassiner. *a*

7 A quel point ma vertu devient-elle réduite !

Devient réduite n'est pas français. Ce mot *devenir* ne convient jamais qu'aux affections de l'âme; on devient faible, malheureux, hardi, timide, etc. mais on ne devient pas *forcé à, réduit à*. *b*

8 Et n'employons après que nous à notre mort.

Sabine parle toujours de mourir : il n'en faut pas tant parler quand on ne meurt point.

ACTE CINQUIÈME.

Corneille, dans son jugement sur Horace, s'exprime ainsi : *Tout ce cinquième acte est encore une des causes du peu de satisfaction que laisse cette tragédie; il est tout en plaidoyers*, etc. Après un si noble aveu, il ne faut parler de la pièce que pour rendre hommage au génie d'un homme assez grand pour se condamner lui-même. Si j'ose ajouter quelque chose, c'est qu'on trouvera de beaux détails dans ces plaidoyers.

Il est vrai que cette pièce n'est pas régulière,

---

a Horace ne peut avoir de remords d'avoir tué sa sœur, qu'il juge coupable.

b On devient également pauvre, riche, malade, et ce ne sont sûrement pas là des affections de l'âme.

qu'il y a en effet trois tragédies absolument distinctes ; la victoire d'Horace, la mort de Camille, et le procès d'Horace. C'est imiter en quelque façon le défaut qu'on reproche à la scène anglaise et à l'espagnole ; mais les scènes d'Horace, de Curiace et du vieil Horace, sont d'une si grande beauté, qu'on reverra toujours ce poëme avec plaisir quand il se trouvera des acteurs qui auront assez de talent pour faire sentir ce qu'il y a d'excellent, et faire pardonner ce qu'il y a de défectueux. *a*

SCÈNE I.ère

2 Nos plaisirs les plus doux ne vont point sans tristesse ;

expression familière dont il ne faut jamais se servir dans le style noble. En effet, des plaisirs ne *vont point*. *b*

3 Si ma main en devient honteuse et profanée,
Vous pouvez d'un seul mot trancher ma destinée.

Une action est honteuse, mais la main ne l'est pas ; elle est souillée, coupable, etc.

4 Reprenez tout ce sang de qui ma lâcheté
A si brutalement souillé la pureté.

Lâcheté..... brutalement. S'il a été lâche et bru-

---

a Voltaire dit qu'après le noble aveu de Corneille sur son cinquième acte, il ne faut parler de la pièce que pour rendre hommage à son génie, et il fait à l'instant même la critique la plus sanglante de l'ouvrage.

b Ce vers est vrai et naturel.

tal, pourquoi parlait-il à sa femme de *la vertu* avec laquelle il avait tué sa sœur? *a*

5 Son amour doit se taire où toute excuse est nulle.

Est nulle, expression qui doit être bannie des vers.

SCÈNE II.

1 Un si rare service et si fort important, etc.

Fort est de trop.

2 J'ai su par son rapport, et je n'en doutois pas,
Comme de vos deux fils vous portez le trépas.

Il faut *comment;* et *portez* n'est plus d'usage. *b*

3 Et je doute comment vous portez cette mort.

Répétition vicieuse.

4 Sire, puisque le ciel entre les mains des rois
Dépose sa justice et la force des lois, etc.

Il faut avouer que ce *Valère* fait là un fort mauvais personnage : il n'a encore paru dans la pièce que pour faire un compliment ; on n'en a parlé

---

a Horace ne prétend pas avoir été lâche et brutal, puisqu'il dit au contraire : *J'ai cru devoir son sang aux lieux qui m'ont vu naître ;* il ajoute seulement, en parlant à son père : *Si, dans vos sentiments, mon zèle est criminel, reprenez,* etc.

b Comme s'emploie pour *comment*. Racine a dit, dans Britannicus :

Voilà *comme*, occupé de mon nouvel amour,
Mes yeux, sans se fermer, ont attendu le jour.

Voltaire, à l'occasion du sentiment de l'Académie sur ses commentaires, a écrit : *Il est impossible que mon sentiment s'accorde toujours avec le sien, avant que je sache* COMME *elle pense.*

que comme d'un homme sans conséquence. C'est un défaut capital que Corneille tâche en vain de pallier dans son examen.

5 Permettez qu'il achève, et je ferai justice.

C'est la loi de l'unité de lieu qui force ici l'auteur à faire le procès d'Horace dans sa propre maison; ce qui n'est ni convenable, ni vraisemblable. J'ajouterai ici une remarque purement historique; c'est que les chefs de Rome, appelés *rois*, ne rendaient point justice seuls; il fallait le concours du sénat entier, ou des délégués.

6 Souffrez donc, ô grand roi, le plus juste des rois,
Que tous les gens de bien vous parlent par ma voix, etc.

Ce plaidoyer ressemble à celui d'un avocat qui s'est préparé : il n'est ni dans le génie de ces temps-là, ni dans le caractère d'un amant qui parle contre l'assassin de sa maîtresse.

7 Mais je hais ces moyens qui sentent l'artifice.

Ce trait est de l'art oratoire, et non de l'art tragique; mais quelque chose que pût dire Valère, il ne pouvait toucher.

8 Sire, c'est rarement qu'il s'offre une matière
A montrer d'un grand cœur la vertu tout entière, etc.

Ces vers sont beaux, parce qu'ils sont vrais et bien écrits.

9 Que votre majesté désormais m'en dispense.

On ne connaissait point alors le titre de *majesté*.

SCÈNE III.

¹ Il mourra plus en moi qu'il ne mourroit en lui.

Ces subtilités de Sabine jettent beaucoup de froid sur cette scène : on est las de voir une femme qui a toujours eu une douleur étudiée, qui a proposé à Horace de la tuer afin que Curiace la vengeât, et qui maintenant veut qu'on la fasse mourir pour Horace, parce qu'Horace vit en elle.

² Tous trois désavoûront la douleur qui te touche....
L'horreur que tu fais voir d'un mari vertueux....

Cela n'est pas vrai. Sabine, qui veut mourir pour Horace, n'a point montré d'horreur pour lui. *a*

³ Il m'en reste encore un; conservez-le pour elle, etc.

Quoiqu'en effet tout ce cinquième acte ne soit qu'un plaidoyer hors d'œuvre, et dans lequel personne ne craint pour l'accusé, cependant il y a de temps en temps des maximes profondes, nobles, justes, qu'on écoutait autrefois avec grand plaisir. Pascal même, qui faisait un recueil de toutes les pensées qui pouvaient servir à établir un ouvrage qu'il n'a jamais pu faire, n'a pas manqué de mettre dans son agenda cette pensée de Corneille, *Il faut plaire aux esprits bien faits.*

---

a Le vieil Horace a-t-il tort de dire à Sabine : *L'horreur que tu fais voir d'un mari vertueux*, quand celle-ci vient de dire au roi: Quelle horreur *d'embrasser un homme dont l'épée de toute ma famille a la trame coupée!* A-t-elle tort elle-même de penser ainsi? Non; il n'y a donc que Voltaire qui ait tort dans sa remarque.

4 *J'en garde en mon esprit les forces plus pressantes.*

Force s'emploie au pluriel pour les forces du corps, pour celles d'un état, mais non pour un discours. *Plus* est une faute.

SCÈNE IV.

1 JULIE.

Ce commentaire de Julie sur le sens de l'oracle a été retranché dans les éditions suivantes : il est visiblement imité de la fin du *Pastor fido*. Mais dans l'italien cette explication fait le dénoûment; elle est dans la bouche de deux pères infortunés; elle sauve la vie au héros de la pièce : ici c'est une confidente inutile qui dit une chose inutile. Ces vers furent récités dans les premières représentations.

Les lecteurs raisonnables trouveront bon sans doute qu'on ait ainsi remarqué avec une équité impartiale les grandes beautés et les défauts de Corneille, et qu'on poursuive dans cet esprit. Un commentateur n'est pas un avocat qui cherche seulement à faire valoir en tout la cause de sa partie; et ce serait trahir la mémoire de Corneille, que de ne pas imiter la candeur avec laquelle il se juge lui-même. On doit la vérité au public. *a*

---

a Cette scène a été supprimée par Corneille. Elle n'existe pas dans les deux dernières éditions qu'il a données; et, de l'aveu du commentateur, elle n'a été récitée que dans les premières représentations : on ne devoit donc point en parler. Il est impossible de trouver de l'équité dans les plus importantes remarques faites sur

RÉCAPITULATION.

Le vieil Horace peut-il, comme le prétend Voltaire, avoir quitté le champ où ses fils combattent, quand on prouve qu'il n'y a pas même été? Peut-on reprocher à ce même vieillard d'être resté chez lui pendant le combat, et de n'être pas mieux informé des suites qu'il a eues, lorsqu'il avoit promis aux combattants de garder ses filles dans la maison? N'est-ce pas une grande méprise, en parlant de la cinquième scène du quatrième acte, de blâmer le jeune Horace de n'avoir pas été, après sa victoire, montrer ses trophées au roi, lorsque, deux scènes auparavant, six vers ont été employés à annoncer qu'il étoit auprès du roi, qui le menoit en triomphe? L'imprécation de Camille n'est-elle pas généralement admirée? Que sont les remarques de Voltaire sur le reste de l'ouvrage?

cette tragédie. Si un commentateur ne doit pas être tout-à-fait un avocat, il doit encore moins chercher à faire trouver, dans l'ouvrage qu'il commente, des défauts qui n'y sont pas.

FIN DES REMARQUES ET DES OBSERVATIONS SUR HORACE.

CINNA,

OU

LA CLÉMENCE D'AUGUSTE,

TRAGÉDIE

REPRÉSENTÉE EN 1639.

A MONSIEUR
DE MONTAURON.

Monsieur,

Je vous présente un tableau d'une des plus belles actions d'Auguste. Ce monarque étoit tout généreux, et sa générosité n'a jamais paru avec tant d'éclat que dans les effets de sa clémence et de sa libéralité. Ces deux rares vertus lui étoient si naturelles et si inséparables en lui, qu'il semble qu'en cette histoire, que j'ai mise sur notre théâtre, elles se soient tour à tour entre-produites dans son âme. Il avoit été si libéral envers Cinna, que sa conjuration ayant fait voir une ingratitude extraordinaire, il eut besoin d'un extraordinaire effort de clémence pour lui pardonner; et le pardon qu'il lui donna fut la source des nouveaux bienfaits dont il lui fut prodigue, pour vaincre tout-à-fait cet esprit qui n'avoit pu être gagné par les premiers; de sorte qu'il est vrai de dire, qu'il eût été moins clément envers lui s'il eût été moins libéral, et qu'il eût été moins libéral s'il eût été moins clément. Cela étant, à qui pourrois-je plus justement donner le portrait de l'une de ces héroïques vertus, qu'à celui qui possède l'autre en un si haut degré, puisque dans cette action ce grand prince les a si bien attachées, et comme unies l'une à l'autre, qu'elles ont été tout ensemble et la cause et l'effet l'une de l'autre? Vous avez des richesses, mais vous savez en jouir, et vous en jouissez d'une façon si noble, si relevée, et tellement illustre, que vous forcez la voix publique d'avouer que la fortune a consulté la raison quand elle a répandu ses faveurs sur vous, et qu'on a plus de sujet de vous en souhaiter le redoublement, que de vous en envier l'abondance. J'ai vécu si éloigné de la flatterie, que je pense être en possession de me faire croire quand je dis du bien de quelqu'un; et lorsque je donne des louanges, ce qui m'arrive assez rarement, c'est avec tant de retenue, que je supprime toujours quantité de glorieuses vérités pour ne me rendre pas suspect d'étaler de ces mensonges obligeants, que beaucoup de nos modernes savent débiter de si bonne grâce. Aussi je ne dirai rien des avantages de votre naissance, ni de votre courage qui l'a si dignement soutenue dans la profession des armes à qui vous avez donné vos premières années; ce sont des choses trop connues de tout le monde. Je ne dirai rien de ce prompt et puissant secours que reçoivent chaque jour de votre main tant de bonnes familles ruinées par les désordres de nos guerres; ce sont des choses que vous voulez tenir cachées : je dirai seulement un mot de ce que vous avez particulièrement de commun avec Auguste. C'est que cette générosité qui compose la meilleure partie de votre âme, et règne sur l'autre, et qu'à juste titre on peut nommer l'âme de votre âme, puisqu'elle en fait mouvoir toutes les puissances; c'est, dis-je, que cette générosité, à l'exemple de ce grand empereur, prend plaisir à s'étendre sur les gens de lettres, en un temps où beaucoup pensent avoir trop récompensé leurs travaux quand ils les ont honorés d'une louange stérile : et certes, vous avez traité quelques-unes de nos muses avec tant de magnanimité, qu'en elles vous avez obligé toutes les autres, et qu'il n'en est point qui ne vous en doive un remercîment. Trouvez donc bon, Monsieur, que je m'acquitte de celui que je reconnois vous en devoir, par le présent que je vous fais de ce poëme, que j'ai choisi comme le plus durable des miens, pour apprendre plus long-temps à ceux qui le liront, que le généreux M. de Montauron, par une libéralité inouïe en ce siècle, s'est rendu toutes les muses redevables, et que je prends tant de part aux bienfaits dont vous avez surpris quelques-unes d'elles, que je m'en dirai toute ma vie,

MONSIEUR,

>Votre très-humble et très-obligé serviteur,
>
>P. CORNEILLE.

EXTRAIT

DU LIVRE DE SÉNÈQUE LE PHILOSOPHE,

DONT LE SUJET DE CINNA EST TIRÉ.

Seneca, *lib 1, de Clementia, cap.* 9.

Divus Augustus mitis fuit princeps, si quis illum à principatu suo æstimare incipiat : in communi quidem republica, duodevicesimum egressus annum, jam pugiones in sinum amicorum absconderat, jam insidiis M. Antonii consulis latus petierat, jam fuerat collega proscriptionis : sed quum annum quadragesimum transisset, et in Gallia moraretur, delatum est ad eum indicium L. Cinnam, solidi ingenii virum, insidias ei struere. Dictum est et ubi, et quando, et quemadmodum aggredi vellet. Unus ex consciis deferebat; statuit se ab eo vindicare. Consilium amicorum advocari jussit.

Nox illi inquieta erat, quum cogitaret adolescentem nobilem, hoc detracto integrum, Cn. Pompeii nepotem damnandum. Jam unum hominem occidere non poterat, quum M. Antonio proscriptionis edictum inter cœnam dictaret. Gemens subinde voces emittebat varias et inter se contrarias : *Quid ergo ! ego percussorem meum securum ambulare patiar, me sollicito ? Ergo non dabit pœnas, qui tot civilibus bellis frustra petitum caput, tot navalibus, tot pedestribus prœliis incolume, postquam terrâ marique pax parta est, non occidere constituit, sed immolare?* (Nam sacrificantem placuerat adoriri.) Rursus silentio interposito, majore multò voce sibi quàm Cinnæ irascebatur : *Quid vivis, si perire te tam multorum interest? Quis finis erit suppliciorum? quis sanguinis? Ego sum nobilibus adolescentulis expositum caput, in quod mucrones acuant. Non est tanti vita, si, ut ego non peream, tam multa perdenda sunt.* Interpellavit tandem illum Livia uxor; et *Admittis*, inquit, *muliebre consilium? Fac quod medici solent; ubi usitata remedia non procedunt, tentant contraria. Severitate nihil adhuc profecisti : Salvidienum Lepidus secutus est, Lepidum Muræna, Murænam Cæpio, Cæpionem Egnatius, ut alios taceam quos tantum ausos pudet : nunc tanta quomodò tibi cedat clementia. Ignosce L. Cinnæ ; deprehensus est; jam nocere tibi non potest, prodesse famæ tuæ potest.*

Gavisus sibi quòd advocatum invenerat, uxori quidem gratias egit : renuntiari autem exemplo amicis quos in consilium rogaverat imperavit, et Cinnam unum ad se accersit, dimissisque omnibus è cubiculo, quum alteram poni Cinnæ cathedram jussisset, *Hoc*, inquit, *primùm a te peto ne me loquentem interpelles, ne medio sermone meo proclames; dabitur tibi loquendi liberum tempus. Ego te, Cinna, quum in hostium castris invenissem, non factum tantùm mihi inimicum, sed natum servavi; patrimonium tibi omne concessi; hodie tam felix es et tam dives, ut victo victores invideant: sacerdotium tibi petenti, præteritis compluribus quorum parentes mecum militaverant, dedi. Quum sic de te meruerim, occidere me constituisti.*

Quum ad hanc vocem exclamasset Cinna, procul hanc ab se abesse dementiam: *Non præstas*, inquit, *fidem, Cinna; convenerat ne interloquereris. Occidere, inquam, me paras.* Adjecit locum, socios, diem, ordinem insidiarum, cui commissum esset ferrum. Et quum defixum videret, nec ex conventione jam, sed ex conscientia tacentem: *Quo,* inquit, *hoc animo facis? Ut ipse sis princeps? Male mehercule cum populo romano agitur, si tibi ad imperandum nihil præter me obstat. Domum tuam tueri non potes; nuper libertini hominis gratiâ in privato judicio superatus es. Adeo nihil facilius potes quàm contra Cæsarem advocare. Cedo, si spes tuas solus impedio. Paulusne te et Fabius Maximus et Cossi et Servilii ferent, tantumque agmen nobilium, non inania nomina præferentium, sed eorum qui imaginibus suis decori sunt?* Ne totam ejus orationem repetendo magnam partem voluminis occupem, diutiùs enim quàm duabus horis locutum esse constat, quum hanc pœnam quâ solâ erat contentus futurus, extenderet. *Vitam tibi,* inquit, *Cinna, iterum do, priùs hosti, nunc insidiatori ac parricidæ. Ex ho-*

dierno die inter nos amicitia incipiat. Contendamus, utrum ego meliore fide vitam tibi dederim, an tu debeas. Post hæc detulit ultro consulatum, questus quòd non auderet petere : amicissimum, fidelissimumque habuit, hæres solus fuit illi, nullis ampliùs insidiis ab ullo petitus est.

PERSONNAGES.

OCTAVE-CÉSAR-AUGUSTE, empereur de Rome.

LIVIE, impératrice.

CINNA, fils d'une fille de Pompée, chef de la conjuration contre Auguste.

MAXIME, autre chef de la conjuration.

ÉMILIE, fille de C. Toranius, tuteur d'Auguste, et proscrit par lui durant le triumvirat.

FULVIE, confidente d'Émilie.

POLYCLÈTE, affranchi d'Auguste.

ÉVANDRE, affranchi de Cinna.

EUPHORBE, affranchi de Maxime.

La scène est à Rome.

CINNA,
TRAGÉDIE.

ACTE PREMIER.

SCÈNE I.ère

ÉMILIE. 1

IMPATIENTS désirs d'une illustre vengeance, 2
Dont la mort de mon père a formé la naissance,
Enfants impétueux de mon ressentiment,
Que ma douleur séduite embrasse aveuglément,
Vous prenez sur mon âme un trop puissant empire ; 3
Durant quelques moments souffrez que je respire,
Et que je considère, en l'état où je suis,
Et ce que je hasarde, et ce que je poursuis.
Quand je regarde Auguste au milieu de sa gloire, 4
Et que vous reprochez à ma triste mémoire 5
Que par sa propre main mon père massacré
Du trône où je le vois fait le premier degré ;
Quand vous me présentez cette sanglante image, 6
La cause de ma haine, et l'effet de sa rage,
Je m'abandonne toute à vos ardents transports,
Et crois, pour une mort, lui devoir mille morts. 7

Au milieu toutefois d'une fureur si juste,
J'aime encor plus Cinna que je ne hais Auguste, 8
Et je sens refroidir ce bouillant mouvement,
Quand il faut, pour le suivre, exposer mon amant.
Oui, Cinna, contre moi moi-même je m'irrite
Quand je songe aux dangers où je te précipite.
Quoique, pour me servir, tu n'appréhendes rien,
Te demander du sang, c'est exposer le tien :
D'une si haute place on n'abat point de têtes
Sans attirer sur soi mille et mille tempêtes;
L'issue en est douteuse, et le péril certain.
Un ami déloyal peut trahir ton dessein;
L'ordre mal concerté, l'occasion mal prise,
Peuvent sur son auteur renverser l'entreprise,
Tourner sur toi les coups dont tu le veux frapper;
Dans sa ruine même il peut t'envelopper;
Et, quoi qu'en ma faveur ton amour exécute,
Il te peut, en tombant, écraser sous sa chute.
Ah! cesse de courir à ce mortel danger;
Te perdre en me vengeant, ce n'est pas me venger.
Un cœur est trop cruel quand il trouve des charmes
Aux douceurs que corrompt l'amertume des larmes;
Et l'on doit mettre au rang des plus cuisants malheurs
La mort d'un ennemi qui coûte tant de pleurs.

Mais peut-on en verser alors qu'on venge un père?
Est-il perte à ce prix qui ne semble légère?
Et quand son assassin tombe sous notre effort,
Doit-on considérer ce que coûte sa mort?
Cessez, vaines frayeurs; cessez, lâches tendresses,
De jeter dans mon cœur vos indignes foiblesses.

Et toi qui les produis par tes soins superflus,
Amour, sers mon devoir, et ne le combats plus : 9
Lui céder, c'est ta gloire ; et le vaincre, ta honte :
Montre-toi généreux, souffrant qu'il te surmonte ;
Plus tu lui donneras, plus il te va donner,
Et ne triomphera que pour te couronner.

SCÈNE II.

ÉMILIE, FULVIE.

ÉMILIE.

Je l'ai juré, Fulvie, et je le jure encore,
Quoique j'aime Cinna, quoique mon cœur l'adore, 1
S'il me veut posséder, Auguste doit périr ;
Sa tête est le seul prix dont il peut m'acquérir.
Je lui prescris la loi que mon devoir m'impose.

FULVIE.

Elle a pour la blâmer une trop juste cause ;
Par un si grand dessein vous vous faites juger 2
Digne sang de celui que vous voulez venger. 3
Mais, encore une fois, souffrez que je vous die
Qu'une si juste ardeur devroit être attiédie.
Auguste chaque jour, à force de bienfaits,
Semble assez réparer les maux qu'il vous a faits ;
Sa faveur envers vous paroît si déclarée,
Que vous êtes chez lui la plus considérée ;
Et de ses courtisans souvent les plus heureux
Vous pressent, à genoux, de lui parler pour eux.

CINNA.

ÉMILIE.

Toute cette faveur ne me rend pas mon pére ;
Et de quelque façon que l'on me considère,
Abondante en richesse, ou puissante en crédit,
Je demeure toujours la fille d'un proscrit.
Les bienfaits ne font pas toujours ce que tu penses ;
D'une main odieuse ils tiennent lieu d'offenses :
Plus nous en prodiguons à qui nous peut haïr,
Plus d'armes nous donnons à qui nous veut trahir.
Il m'en fait chaque jour, sans changer mon courage ;
Je suis ce que j'étois, et je puis davantage ;
Et des mêmes présents qu'il verse dans mes mains
J'achète contre lui les esprits des Romains :
Je recevrois de lui la place de Livie 4
Comme un moyen plus sûr d'attenter à sa vie.
Pour qui venge son père il n'est point de forfaits ;
Et c'est vendre son sang que se rendre aux bienfaits.

FULVIE.

Quel besoin toutefois de passer pour ingrate ?
Ne pouvez-vous haïr sans que la haine éclate ?
Assez d'autres sans vous n'ont pas mis en oubli
Par quelles cruautés son trône est établi ;
Tant de braves Romains, tant d'illustres victimes, 5
Qu'à son ambition ont immolés ses crimes,
Laissent à leurs enfants d'assez vives douleurs
Pour venger votre perte en vengeant leurs malheurs.
Beaucoup l'ont entrepris, mille autres vont les suivre :
Qui vit haï de tous ne sauroit long-temps vivre :
Remettez à leurs bras les communs intérêts,
Et n'aidez leurs desseins que par des vœux secrets.

ACTE I, SCÈNE II.

ÉMILIE.

Quoi! je le haïrai sans tâcher de lui nuire?
J'attendrai du hasard qu'il ose le détruire?
Et je satisferai des devoirs si pressants
Par une haine obscure et des vœux impuissants?
Sa perte, que je veux, me deviendroit amère,
Si quelqu'un l'immoloit à d'autres qu'à mon père ;
Et tu verrois mes pleurs couler pour son trépas, 6
Qui, le faisant périr, ne me vengeroit pas.
C'est une lâcheté que de remettre à d'autres
Les intérêts publics qui s'attachent aux nôtres.
Joignons à la douceur de venger nos parents
La gloire qu'on remporte à punir les tyrans ;
Et faisons publier par toute l'Italie :
La liberté de Rome est l'œuvre d'Émilie :
On a touché son âme, et son cœur s'est épris ;
Mais elle n'a donné son amour qu'à ce prix.

FULVIE.

Votre amour à ce prix n'est qu'un présent funeste
Qui porte à votre amant sa perte manifeste.
Pensez mieux, Émilie, à quoi vous l'exposez,
Combien à cet écueil se sont déjà brisés ;
Ne vous aveuglez point quand sa mort est visible.

ÉMILIE.

Ah ! tu sais me frapper par où je suis sensible.
Quand je songe aux dangers que je lui fais courir,
La crainte de sa mort me fait déjà mourir ;
Mon esprit en désordre à soi-même s'oppose ;
Je veux, et ne veux pas, je m'emporte, et je n'ose ;

Et mon devoir confus, languissant, étonné,
Cède aux rébellions de mon cœur mutiné.

    Tout beau, ma passion; deviens un peu moins forte;
Tu vois bien des hasards; ils sont grands, mais n'importe:
Cinna n'est pas perdu pour être hasardé.
De quelques légions qu'Auguste soit gardé,
Quelque soin qu'il se donne, et quelque ordre qu'il tienne,
Qui méprise la vie est maître de la sienne :
Plus le péril est grand, plus doux en est le fruit;
La vertu nous y jette, et la gloire le suit.
Quoi qu'il en soit, qu'Auguste ou que Cinna périsse;
Aux mânes paternels je dois ce sacrifice;
Cinna me l'a promis en recevant ma foi;
Et ce coup seul aussi le rend digne de moi.
Il est tard, après tout, de m'en vouloir dédire.
Aujourd'hui l'on s'assemble, aujourd'hui l'on conspire;
L'heure, le lieu, le bras se choisit aujourd'hui;
Et c'est à faire enfin à mourir après lui.
Mais le voici qui vient.

SCÈNE III.
CINNA, ÉMILIE, FULVIE.

ÉMILIE.

    Cinna, votre assemblée,
Par l'effroi du péril, n'est-elle point troublée?
Et reconnoissez-vous au front de vos amis
Qu'ils soient prêts à tenir ce qu'ils vous ont promis?

CINNA.

Jamais contre un tyran entreprise conçue
Ne permit d'espérer une si belle issue;

ACTE I, SCÈNE III.

Jamais de telle ardeur on n'en jura la mort,
Et jamais conjurés ne furent mieux d'accord :
Tous s'y montrent portés avec tant d'allégresse,
Qu'ils semblent, comme moi, servir une maîtresse;
Et tous font éclater un si puissant courroux,
Qu'ils semblent tous venger un père, comme vous.

ÉMILIE.

Je l'avois bien prévu, que, pour un tel ouvrage,
Cinna sauroit choisir des hommes de courage,
Et ne remettroit pas en de mauvaises mains
L'intérêt d'Emilie, et celui des Romains.

CINNA.

Plût aux dieux que vous-même eussiez vu de quel zèle [1]
Cette troupe entreprend une action si belle !
Au seul nom de César, d'Auguste et d'empereur,
Vous eussiez vu leurs yeux s'enflammer de fureur,
Et dans un même instant, par un effet contraire,
Leur front pâlir d'horreur, et rougir de colère.
Amis, leur ai-je dit, voici le jour heureux [2]
Qui doit conclure enfin nos desseins généreux :
Le ciel entre nos mains a mis le sort de Rome,
Et son salut dépend de la perte d'un homme,
Si l'on doit le nom d'homme à qui n'a rien d'humain,
A ce tigre altéré de tout le sang romain.
Combien pour le répandre a-t-il formé de brigues !
Combien de fois changé de partis et de ligues !
Tantôt ami d'Antoine, et tantôt ennemi,
Et jamais insolent ni cruel à demi.
Là, par un long récit de toutes les misères [3]
Que, durant notre enfance, ont enduré nos pères,

Renouvelant leur haine avec leur souvenir,
Je redouble en leurs cœurs l'ardeur de le punir.
Je leur fais des tableaux de ces tristes batailles
Où Rome, par ses mains, déchiroit ses entrailles;
Où l'aigle abattoit l'aigle, et de chaque côté
Nos légions s'armoient contre leur liberté;
Où les meilleurs soldats et les chefs les plus braves
Mettoient toute leur gloire à devenir esclaves;
Où, pour mieux assurer la honte de leurs fers,
Tous vouloient à leur chaîne attacher l'univers;
Et, l'exécrable honneur de lui donner un maître
Faisant aimer à tous l'infâme nom de traître,
Romains contre Romains, parents contre parents,
Combattoient seulement pour le choix des tyrans.
 J'ajoute à ces tableaux la peinture effroyable
De leur concorde impie, affreuse, inexorable,
Funeste aux gens de bien, aux riches, au sénat,
Et, pour tout dire enfin, de leur triumvirat.
Mais je ne trouve point de couleurs assez noires
Pour en représenter les tragiques histoires:
Je les peins dans le meurtre à l'envi triomphants,
Rome entière noyée au sang de ses enfants;
Les uns assassinés dans les places publiques,
Les autres dans le sein de leurs dieux domestiques;
Le méchant par le prix au crime encouragé,
Le mari par sa femme en son lit égorgé;
Le fils tout dégouttant du meurtre de son père,
Et, sa tête à la main, demandant son salaire;
Sans pouvoir exprimer, par tant d'horribles traits,
Qu'un crayon imparfait de leur sanglante paix.

ACTE I, SCÈNE III.

Vous dirai-je les noms de ces grands personnages 5
Dont j'ai dépeint les morts pour aigrir les courages,
De ces fameux proscrits, ces demi-dieux mortels,
Qu'on a sacrifiés jusque sur les autels ?
Mais pourrois-je vous dire à quelle impatience,
A quels frémissements, à quelle violence
Ces indignes trépas, quoique mal figurés,
Ont porté les esprits de tous nos conjurés?
Je n'ai point perdu temps ; et voyant leur colère
Au point de ne rien craindre, en état de tout faire,
J'ajoute en peu de mots : *Toutes ces cruautés,*
La perte de nos biens et de nos libertés,
Le ravage des champs, le pillage des villes,
Et les proscriptions, et les guerres civiles,
Sont les degrés sanglants dont Auguste a fait choix
Pour monter sur le trône, et nous donner des lois.
Mais nous pouvons changer un destin si funeste, 6
Puisque de trois tyrans c'est le seul qui nous reste,
Et que, juste une fois, il s'est privé d'appui,
Perdant, pour régner seul, deux méchants comme lui.
Lui mort, nous n'avons point de vengeur ni de maître : 7
Avec la liberté Rome s'en va renaître ; 8
Et nous mériterons le nom de vrais Romains,
Si le joug qui l'accable est brisé par nos mains.
Prenons l'occasion tandis qu'elle est propice :
Demain au Capitole il fait un sacrifice ;
Qu'il en soit la victime, et faisons en ces lieux
Justice à tout le monde à la face des dieux.
Là presque pour sa suite il n'a que notre troupe ;
C'est de ma main qu'il prend et l'encens et la coupe ;

*Et je veux pour signal que cette même main
Lui donne, au lieu d'encens, d'un poignard dans le sein
Ainsi d'un coup mortel la victime frappée
Fera voir si je suis du sang du grand Pompée :
Faites voir, après moi, si vous vous souvenez
Des illustres aïeux de qui vous êtes nés.*

A peine ai-je achevé, que chacun renouvelle,
Par un noble serment, le vœu d'être fidèle :
L'occasion leur plaît, mais chacun veut pour soi
L'honneur du premier coup, que j'ai choisi pour moi.
La raison règle enfin l'ardeur qui les emporte :
Maxime et la moitié s'assurent de la porte ;
L'autre moitié me suit, et doit l'environner,
Prête au moindre signal que je voudrai donner.

Voilà, belle Émilie, à quel point nous en sommes.
Demain j'attends la haine ou la faveur des hommes, 9
Le nom de parricide, ou de libérateur ;
César celui de prince, ou d'un usurpateur.
Du succès qu'on obtient contre la tyrannie
Dépend ou notre gloire, ou notre ignominie ;
Et le peuple, inégal à l'endroit des tyrans, 10
S'il les déteste morts, les adore vivants.
Pour moi, soit que le ciel me soit dur ou propice,
Qu'il m'élève à la gloire, ou me livre au supplice,
Que Rome se déclare ou pour ou contre nous,
Mourant pour vous servir, tout me semblera doux.

ÉMILIE.

Ne crains point de succès qui souille ta mémoire :
Le bon et le mauvais sont égaux pour ta gloire ;

Et, dans un tel dessein, le manque de bonheur
Met en péril ta vie, et non pas ton honneur.
Regarde le malheur de Brute et de Cassie;
La splendeur de leur nom en est-elle obscurcie?
Sont-ils morts tout entiers avec leurs grands desseins?
Ne les compte-t-on plus pour les derniers Romains?
Leur mémoire dans Rome est encor précieuse
Autant que de César la vie est odieuse:
Si leur vainqueur y règne, ils y sont regrettés,
Et par les vœux de tous leurs pareils souhaités.
Va marcher sur leurs pas où l'honneur te convie: 12
Mais ne perds pas le soin de conserver ta vie;
Souviens-toi du beau feu dont nous sommes épris, 13
Qu'aussi bien que la gloire Émilie est ton prix;
Que tu me dois ton cœur, que mes faveurs t'attendent;
Que tes jours me sont chers, que les miens en dépendent....
Mais quelle occasion mène Évandre vers nous?

SCÈNE IV.

CINNA, ÉMILIE, ÉVANDRE, FULVIE.

ÉVANDRE.

Seigneur, César vous mande, et Maxime avec vous. 1
CINNA.
Et Maxime avec moi! Le sais-tu bien, Évandre?
ÉVANDRE.
Polyclète est encor chez vous à vous attendre,
Et fût venu lui-même avec moi vous chercher,
Si ma dextérité n'eût su l'en empêcher;

Je vous en donne avis de peur d'une surprise;
Il presse fort.

ÉMILIE.

Mander les chefs de l'entreprise!
Tous deux! en même temps! Vous êtes découverts.

CINNA.

Espérons mieux, de grâce.

ÉMILIE.

Ah! Cinna, je te perds!
Et les dieux, obstinés à nous donner un maître,
Parmi tes vrais amis ont mêlé quelque traître.
Il n'en faut point douter, Auguste a tout appris.
Quoi! tous deux! et sitôt que le conseil est pris!

CINNA.

Je ne vous puis celer que son ordre m'étonne;
Mais souvent il m'appelle auprès de sa personne :
Maxime est, comme moi, de ses plus confidents;
Et nous nous alarmons peut-être en imprudents.

ÉMILIE.

Sois moins ingénieux à te tromper toi-même,
Cinna; ne porte point mes maux jusqu'à l'extrême;
Et puisque désormais tu ne peux me venger,
Dérobe au moins ta tête à ce mortel danger;
Fuis d'Auguste irrité l'implacable colère.
Je verse assez de pleurs pour la mort de mon père; [2]
N'aigris point ma douleur par un nouveau tourment,
Et ne me réduis point à pleurer mon amant.

CINNA.

Quoi! sur l'illusion d'une terreur panique,
Trahir vos intérêts et la cause publique!

ACTE I, SCÈNE IV.

Par cette lâcheté moi-même m'accuser!
Et tout abandonner quand il faut tout oser!
Que feront nos amis si vous êtes déçue?

ÉMILIE.

Mais que deviendras-tu si l'entreprise est sue?

CINNA.

S'il est pour me trahir des esprits assez bas,
Ma vertu pour le moins ne me trahira pas;
Vous la verrez, brillante au bord des précipices,
Se couronner de gloire en bravant les supplices,
Rendre Auguste jaloux du sang qu'il répandra,
Et le faire trembler alors qu'il me perdra.
Je deviendrois suspect à tarder davantage.
Adieu. Raffermissez ce généreux courage.
S'il faut subir le coup d'un destin rigoureux,
Je mourrai tout ensemble heureux et malheureux;
Heureux, pour vous servir, de perdre ainsi la vie;
Malheureux, de mourir sans vous avoir servie.

ÉMILIE.

Oui, va; n'écoute plus ma voix qui te retient;
Mon trouble se dissipe, et ma raison revient.
Pardonne à mon amour cette indigne foiblesse.
Tu voudrois fuir en vain, Cinna, je le confesse;
Si tout est découvert, Auguste a su pourvoir
A ne te laisser pas ta fuite en ton pouvoir.
Porte, porte chez lui cette mâle assurance,
Digne de notre amour, digne de ta naissance;
Meurs, s'il y faut mourir, en citoyen romain,
Et par un beau trépas couronne un beau dessein.

Ne crains pas qu'après toi rien ici me retienne ;
Ta mort emportera mon âme vers la tienne ;
Et mon cœur, aussitôt percé des mêmes coups.....

CINNA.

Ah ! souffrez que tout mort je vive encore en vous ;
Et du moins en mourant permettez que j'espère
Que vous saurez venger l'amant avec le père.
Rien n'est pour vous à craindre ; aucun de nos amis
Ne sait ni vos desseins, ni ce qui m'est promis ;
Et, leur parlant tantôt des misères romaines,
Je leur ai tû la mort qui fait naître nos haines,
De peur que mon ardeur touchant vos intérêts
D'un si parfait amour ne trahît les secrets ;
Il n'est su que d'Évandre et de votre Fulvie.

ÉMILIE.

Avec moins de frayeur je vais donc chez Livie,
Puisque dans ton péril il me reste un moyen
De faire agir pour toi son crédit et le mien :
Mais si mon amitié par-là ne te délivre,
N'espère pas qu'enfin je veuille te survivre.
Je fais de ton destin des règles à mon sort, 4
Et j'obtiendrai ta vie, ou je suivrai ta mort. 5

CINNA.

Soyez en ma faveur moins cruelle à vous-même.

ÉMILIE.

Va-t'en, et souviens-toi seulement que je t'aime. 6

FIN DU PREMIER ACTE.

ACTE SECOND.

SCÈNE I.ère 1

AUGUSTE, CINNA, MAXIME,
TROUPE DE COURTISANS.

AUGUSTE.

Que chacun se retire, et qu'aucun n'entre ici.
Vous, Cinna, demeurez; et vous, Maxime, aussi.
(Tous se retirent, à la réserve de Cinna et de Maxime.)
Cet empire absolu sur la terre et sur l'onde, 2
Ce pouvoir souverain que j'ai sur tout le monde,
Cette grandeur sans borne et cet illustre rang
Qui m'a jadis coûté tant de peine et de sang,
Enfin tout ce qu'adore en ma haute fortune
D'un courtisan flatteur la présence importune,
N'est que de ces beautés dont l'éclat éblouit,
Et qu'on cesse d'aimer sitôt qu'on en jouit.
L'ambition déplaît quand elle est assouvie; 3
D'une contraire ardeur son ardeur est suivie;
Et comme notre esprit, jusqu'au dernier soupir,
Toujours vers quelque objet pousse quelque désir,
Il se ramène en soi, n'ayant plus où se prendre;
Et, monté sur le faîte, il aspire à descendre. 4
J'ai souhaité l'empire, et j'y suis parvenu;
Mais, en le souhaitant, je ne l'ai pas connu :
Dans sa possession j'ai trouvé pour tous charmes
D'effroyables soucis, d'éternelles alarmes,

Mille ennemis secrets, la mort à tous propos, 5
Point de plaisir sans trouble, et jamais de repos. 6
Sylla m'a précédé dans ce pouvoir suprême ;
Le grand César mon père en a joui de même.
D'un œil si différent tous deux l'ont regardé,
Que l'un s'en est démis, et l'autre l'a gardé :
Mais l'un, cruel, barbare, est mort aimé, tranquille,
Comme un bon citoyen dans le sein de sa ville ;
L'autre, tout débonnaire, au milieu du sénat,
A vu trancher ses jours par un assassinat.
Ces exemples récents suffiroient pour m'instruire,
Si par l'exemple seul on se devoit conduire ;
L'un m'invite à le suivre, et l'autre me fait peur.
Mais l'exemple souvent n'est qu'un miroir trompeur ;
Et l'ordre du destin, qui gêne nos pensées, 7
N'est pas toujours écrit dans les choses passées :
Quelquefois l'un se brise où l'autre s'est sauvé,
Et par où l'un périt un autre est conservé.

    Voilà, mes chers amis, ce qui me met en peine.
Vous, qui me tenez lieu d'Agrippe et de Mécène, 8
Pour résoudre ce point avec eux débattu,
Prenez sur mon esprit le pouvoir qu'ils ont eu :
Ne considérez point cette grandeur suprême,
Odieuse aux Romains, et pesante à moi-même ;
Traitez-moi comme ami, non comme souverain ;
Rome, Auguste, l'état, tout est en votre main :
Vous mettrez et l'Europe, et l'Asie, et l'Afrique
Sous les lois d'un monarque, ou d'une république ;
Votre avis est ma règle, et par ce seul moyen
Je veux être empereur, ou simple citoyen.

ACTE II, SCÈNE I.

CINNA.

Malgré notre surprise, et mon insuffisance, 9
Je vous obéirai, seigneur, sans complaisance,
Et mets bas le respect qui pourroit m'empêcher
De combattre un avis où vous semblez pencher;
Souffrez-le d'un esprit jaloux de votre gloire,
Que vous allez souiller d'une tache trop noire,
Si vous ouvrez votre âme à ces impressions
Jusques à condamner toutes vos actions.

On ne renonce point aux grandeurs légitimes;
On garde sans remords ce qu'on acquiert sans crimes;
Et plus le bien qu'on quitte est noble, grand, exquis,
Plus qui l'ose quitter le juge mal acquis.
N'imprimez pas, seigneur, cette honteuse marque
A ces rares vertus qui vous ont fait monarque;
Vous l'êtes justement, et c'est sans attentat
Que vous avez changé la forme de l'état.
Rome est dessous vos lois par le droit de la guerre, 10
Qui sous les lois de Rome a mis toute la terre;
Vos armes l'ont conquise, et tous les conquérants,
Pour être usurpateurs, ne sont pas des tyrans;
Quand ils ont sous leurs lois asservi des provinces,
Gouvernant justement, ils s'en font justes princes.
C'est ce que fit César; il vous faut aujourd'hui 11
Condamner sa mémoire, ou faire comme lui.
Si le pouvoir suprême est blâmé par Auguste,
César fut un tyran, et son trépas fut juste,
Et vous devez aux dieux compte de tout le sang 12
Dont vous l'avez vengé pour monter à son rang.

N'en craignez point, seigneur, les tristes destinées; 13
Un plus puissant démon veille sur vos années :
On a dix fois sur vous attenté sans effet, 14
Et qui l'a voulu perdre au même instant l'a fait.
On entreprend assez, mais aucun n'exécute;
Il est des assassins, mais il n'est plus de Brute :
Enfin, s'il faut attendre un semblable revers,
Il est beau de mourir maître de l'univers.
C'est ce qu'en peu de mots j'ose dire; et j'estime
Que ce peu que j'ai dit est l'avis de Maxime.

MAXIME.

Oui, j'accorde qu'Auguste a droit de conserver
L'empire où sa vertu l'a fait seule arriver,
Et qu'au prix de son sang, au péril de sa tête,
Il a fait de l'état une juste conquête.
Mais que, sans se noircir, il ne puisse quitter
Le fardeau que sa main est lasse de porter,
Qu'il accuse par-là César de tyrannie,
Qu'il approuve sa mort, c'est ce que je dénie.
   Rome est à vous, seigneur; l'empire est votre bien.
Chacun en liberté peut disposer du sien;
Il le peut à son choix garder, ou s'en défaire.
Vous seul ne pourriez pas ce que peut le vulgaire !
Et seriez devenu, pour avoir tout domté,
Esclave des grandeurs où vous êtes monté !
Possédez-les, seigneur, sans qu'elles vous possèdent;
Loin de vous captiver, souffrez qu'elles vous cèdent;
Et faites hautement connoître enfin à tous
Que tout ce qu'elles ont est au-dessous de vous.

ACTE II, SCÈNE I. 185

Votre Rome autrefois vous donna la naissance ; [15]
Vous lui voulez donner votre toute-puissance ;
Et Cinna vous impute à crime capital [16]
La libéralité vers le pays natal !
Il appelle remords l'amour de la patrie !
Par la haute vertu la gloire est donc flétrie,
Et ce n'est qu'un objet digne de nos mépris, [17]
Si de ses pleins effets l'infamie est le prix.
Je veux bien avouer qu'une action si belle
Donne à Rome bien plus que vous ne tenez d'elle :
Mais commet-on un crime indigne de pardon, [18]
Quand la reconnoissance est au-dessus du don ?
Suivez, suivez, seigneur, le ciel qui vous inspire :
Votre gloire redouble à mépriser l'empire ;
Et vous serez fameux chez la postérité,
Moins pour l'avoir conquis que pour l'avoir quitté.
Le bonheur peut conduire à la grandeur suprême :
Mais pour y renoncer il faut la vertu même ;
Et peu de généreux vont jusqu'à dédaigner, [19]
Après un sceptre acquis, la douceur de régner.

Considérez d'ailleurs que vous régnez dans Rome,
Où, de quelque façon que votre cœur vous nomme,
On hait la monarchie ; et le nom d'empereur,
Cachant celui de roi, ne fait pas moins d'horreur.
Il passe pour tyran quiconque s'y fait maître : [20]
Qui le sert, pour esclave ; et qui l'aime, pour traître ; [21]
Qui le souffre a le cœur lâche, mol, abattu ; [22]
Et pour s'en affranchir tout s'appelle vertu.
Vous en avez, seigneur, des preuves trop certaines :
On a fait contre vous dix entreprises vaines ;

Peut-être que l'onzième est prête d'éclater,
Et que ce mouvement qui vous vient d'agiter
N'est qu'un avis secret que le ciel vous envoie,
Qui, pour vous conserver, n'a plus que cette voie.
Ne vous exposez plus à ces fameux revers :
Il est beau de mourir maître de l'univers ;
Mais la plus belle mort souille notre mémoire,
Quand nous avons pu vivre et croître notre gloire.

CINNA.

Si l'amour du pays doit ici prévaloir,
C'est son bien seulement que vous devez vouloir ;
Et cette liberté, qui lui semble si chère,
N'est pour Rome, seigneur, qu'un bien imaginaire,
Plus nuisible qu'utile, et qui n'approche pas
De celui qu'un bon prince apporte à ses états.
Avec ordre et raison les honneurs il dispense,
Avec discernement punit et récompense,
Et dispose de tout en juste possesseur,
Sans rien précipiter, de peur d'un successeur.
Mais quand le peuple est maître, on n'agit qu'en tumulte
La voix de la raison jamais ne se consulte ;
Les honneurs sont vendus aux plus ambitieux,
L'autorité livrée aux plus séditieux.
Ces petits souverains qu'il fait pour une année,
Voyant d'un temps si court leur puissance bornée,
Des plus heureux desseins font avorter le fruit,
De peur de le laisser à celui qui les suit :
Comme ils ont peu de part au bien dont ils ordonnent,
Dans le champ du public largement ils moissonnent, [23]

Assurés que chacun leur pardonne aisément,
Espérant à son tour un pareil traitement.
Le pire des états, c'est l'état populaire. 24

AUGUSTE.

Et toutefois le seul qui dans Rome peut plaire.
Cette haine des rois que depuis cinq cents ans
Avec le premier lait sucent tous ses enfants,
Pour l'arracher des cœurs, est trop enracinée.

MAXIME.

Oui, seigneur, dans son mal Rome est trop obstinée;
Son peuple, qui s'y plaît, en fuit la guérison :
Sa coutume l'emporte, et non pas la raison;
Et cette vieille erreur, que Cinna veut abattre,
Est une heureuse erreur dont il est idolâtre,
Par qui le monde entier, asservi sous ses lois,
L'a vu cent fois marcher sur la tête des rois,
Son épargne s'enfler du sac de leurs provinces.
Que lui pouvoient de plus donner les meilleurs princes?
  J'ose dire, seigneur, que par tous les climats
Ne sont pas bien reçus toutes sortes d'états;
Chaque peuple a le sien conforme à sa nature,
Qu'on ne sauroit changer sans lui faire une injure :
Telle est la loi du ciel, dont la sage équité
Sème dans l'univers cette diversité.
Les Macédoniens aiment le monarchique,
Et le reste des Grecs la liberté publique :
Les Parthes, les Persans veulent des souverains;
Et le seul consulat est bon pour les Romains.

CINNA.

Il est vrai que du ciel la prudence infinie
Départ à chaque peuple un différent génie ;
Mais il n'est pas moins vrai que cet ordre des cieux
Change selon les temps comme selon les lieux.
Rome a reçu des rois ses murs et sa naissance ;
Elle tient des consuls sa gloire et sa puissance,
Et reçoit maintenant de vos rares bontés
Le comble souverain de ses prospérités.
Sous vous, l'état n'est plus en pillage aux armées ;
Les portes de Janus par vos mains sont fermées,
Ce que sous ses consuls on n'a vu qu'une fois,
Et qu'a fait voir comme eux le second de ses rois.

MAXIME.

Les changements d'état que fait l'ordre céleste [25]
Ne coûtent point de sang, n'ont rien qui soit funeste.

CINNA.

C'est un ordre des dieux, qui jamais ne se rompt,
De nous vendre bien cher les grands biens qu'ils nous font.
L'exil des Tarquins même ensanglanta nos terres,
Et nos premiers consuls nous ont coûté des guerres.

MAXIME.

Donc votre aïeul Pompée au ciel a résisté [26]
Quand il a combattu pour notre liberté ?

CINNA.

Si le ciel n'eût voulu que Rome l'eût perdue,
Par les mains de Pompée il l'auroit défendue :
Il a choisi sa mort pour servir dignement
D'une marque éternelle à ce grand changement,

Et devoit cette gloire aux mânes d'un tel homme
D'emporter avec eux la liberté de Rome.
 Ce nom depuis long-temps ne sert qu'à l'éblouir,
Et sa propre grandeur l'empêche d'en jouir.
Depuis qu'elle se voit la maîtresse du monde,
Depuis que la richesse entre ses murs abonde,
Et que son sein, fécond en glorieux exploits,
Produit des citoyens plus puissants que des rois,
Les grands, pour s'affermir achetant les suffrages,
Tiennent pompeusement leurs maîtres à leurs gages,
Qui, par des fers dorés se laissant enchaîner,
Reçoivent d'eux les lois qu'ils pensent leur donner.
Envieux l'un de l'autre, ils mènent tout par brigues,
Que leur ambition tourne en sanglantes ligues.
Ainsi de Marius Sylla devint jaloux ;
César, de mon aïeul ; Marc-Antoine, de vous :
Ainsi la liberté ne peut plus être utile
Qu'à former les fureurs d'une guerre civile,
Lorsque, par un désordre à l'univers fatal,
L'un ne veut point de maître, et l'autre point d'égal.
 Seigneur, pour sauver Rome, il faut qu'elle s'unisse
En la main d'un bon chef à qui tout obéisse.
Si vous aimez encore à la favoriser,
Otez-lui les moyens de se plus diviser.
Sylla, quittant la place enfin bien usurpée, [27]
N'a fait qu'ouvrir le champ à César et Pompée,
Que le malheur des temps ne nous eût pas fait voir, [28]
S'il eût dans sa famille assuré son pouvoir.
Qu'a fait du grand César le cruel parricide,
Qu'élever contre vous Antoine avec Lépide,

Qui n'eussent pas détruit Rome par les Romains,
Si César eût laissé l'empire entre vos mains?
Vous la replongerez, en quittant cet empire,
Dans les maux dont à peine encore elle respire;
Et de ce peu, seigneur, qui lui reste de sang,
Une guerre nouvelle épuisera son flanc.
 Que l'amour du pays, que la pitié vous touche;
Votre Rome à genoux vous parle par ma bouche. 29
Considérez le prix que vous avez coûté :
Non pas qu'elle vous croie avoir trop acheté ;
Des maux qu'elle a soufferts elle est trop bien payée;
Mais une juste peur tient son âme effrayée.
Si, jaloux de son heur, et las de commander,
Vous lui rendez un bien qu'elle ne peut garder,
S'il lui faut à ce prix en acheter un autre,
Si vous ne préférez son intérêt au vôtre,
Si ce funeste don la met au désespoir,
Je n'ose dire ici ce que j'ose prévoir.
Conservez-vous, seigneur, en lui laissant un maître 30
Sous qui son vrai bonheur commence de renaître ;
Et, pour mieux assurer le bien commun de tous,
Donnez un successeur qui soit digne de vous.

AUGUSTE.

N'en délibérons plus; cette pitié l'emporte.
Mon repos m'est bien cher, mais Rome est la plus forte;
Et, quelque grand malheur qui m'en puisse arriver,
Je consens à me perdre afin de la sauver.
Pour ma tranquillité mon cœur en vain soupire :
Cinna, par vos conseils je retiendrai l'empire;

ACTE II, SCÈNE I.

Mais je le retiendrai pour vous en faire part.
Je vois trop que vos cœurs n'ont point pour moi de fard,
Et que chacun de vous, dans l'avis qu'il me donne,
Regarde seulement l'état et ma personne ;
Votre amour en tous deux fait ce combat d'esprits,
Et vous allez tous deux en recevoir le prix.

    Maxime, je vous fais gouverneur de Sicile ; 31
Allez donner mes lois à ce terroir fertile :
Songez que c'est pour moi que vous gouvernerez,
Et que je répondrai de ce que vous ferez.

    Pour épouse, Cinna, je vous donne Émilie ; 32
Vous savez qu'elle tient la place de Julie,
Et que, si nos malheurs et la nécessité
M'ont fait traiter son père avec sévérité,
Mon épargne depuis, en sa faveur ouverte, 33
Doit avoir adouci l'aigreur de cette perte.
Voyez-la de ma part ; tâchez de la gagner :
Vous n'êtes point pour elle un homme à dédaigner ;
De l'offre de vos vœux elle sera ravie. 34
Adieu : j'en veux porter la nouvelle à Livie.

SCÈNE II.

CINNA, MAXIME.

MAXIME.

Quel est votre dessein après ces beaux discours ? 1

CINNA.

Le même que j'avois, et que j'aurai toujours.

MAXIME.
Un chef de conjurés flatte la tyrannie!

CINNA.
Un chef de conjurés la veut voir impunie!

MAXIME.
Je veux voir Rome libre. ²

CINNA.
Et vous pouvez juger
Que je veux l'affranchir ensemble et la venger.
Octave aura donc vu ses fureurs assouvies, ³
Pillé jusqu'aux autels, sacrifié nos vies,
Rempli les champs d'horreur, comblé Rome de morts,
Et sera quitte après pour l'effet d'un remords!
Quand le ciel par nos mains à le punir s'apprête,
Un lâche repentir garantira sa tête! ⁴
C'est trop semer d'appâts, et c'est trop inviter,
Par son impunité, quelque autre à l'imiter.
Vengeons nos citoyens, et que sa peine étonne
Quiconque après sa mort aspire à la couronne.
Que le peuple aux tyrans ne soit plus exposé;
S'il eût puni Sylla, César eût moins osé.

MAXIME.
Mais la mort de César, que vous trouvez si juste,
A servi de prétexte aux cruautés d'Auguste.
Voulant nous affranchir, Brute s'est abusé;
S'il n'eût puni César, Auguste eût moins osé. ⁵

CINNA.
La faute de Cassie, et ses terreurs paniques,
Ont fait rentrer l'état sous des lois tyranniques;

ACTE II, SCÈNE II.

Mais nous ne verrons point de pareils accidents,
Lorsque Rome suivra des chefs moins imprudents.

MAXIME.

Nous sommes encor loin de mettre en évidence
Si nous nous conduirons avec plus de prudence ;
Cependant c'en est peu que de n'accepter pas
Le bonheur qu'on recherche au péril du trépas.

CINNA.

C'en est encor bien moins, alors qu'on s'imagine
Guérir un mal si grand sans couper la racine :
Employer la douceur à cette guérison,
C'est, en fermant la plaie, y verser du poison.

MAXIME.

Vous la voulez sanglante, et la rendez douteuse.

CINNA.

Vous la voulez sans peine, et la rendez honteuse.

MAXIME.

Pour sortir de ses fers jamais on ne rougit.

CINNA.

On en sort lâchement si la vertu n'agit.

MAXIME.

Jamais la liberté ne cesse d'être aimable ;
Et c'est toujours pour Rome un bien inestimable.

CINNA.

Ce ne peut être un bien qu'elle daigne estimer,
Quand il vient d'une main lasse de l'opprimer :
Elle a le cœur trop bon pour se voir avec joie
Le rebut du tyran dont elle fut la proie ;
Et tout ce que la gloire a de vrai partisans
Le hait trop puissamment pour aimer ses présents.

MAXIME.
Donc pour vous Émilie est un objet de haine?
CINNA.
La recevoir de lui me seroit une gêne :
Mais quand j'aurai vengé Rome des maux soufferts, 6
Je saurai le braver jusque dans les enfers.
Oui, quand par son trépas je l'aurai méritée,
Je veux joindre à sa main ma main ensanglantée, 7
L'épouser sur sa cendre, et qu'après notre effort
Les présents du tyran soient le prix de sa mort.
MAXIME.
Mais l'apparence, ami, que vous puissiez lui plaire
Teint du sang de celui qu'elle aime comme un père?
Car vous n'êtes pas homme à la violenter.
CINNA.
Ami, dans ce palais on peut nous écouter, 8
Et nous parlons peut-être avec trop d'imprudence
Dans un lieu si mal propre à notre confidence :
Sortons; qu'en sûreté j'examine avec vous,
Pour en venir à bout, les moyens les plus doux.

FIN DU SECOND ACTE.

ACTE TROISIÈME.

SCÈNE I.ère

MAXIME, EUPHORBE.

MAXIME.

Lui-même il m'a tout dit; leur flamme est mutuelle;
Il adore Émilie, il est adoré d'elle : [1]
Mais sans venger son père il n'y peut aspirer,
Et c'est pour l'acquérir qu'il nous fait conspirer.

EUPHORBE.

Je ne m'étonne plus de cette violence [2]
Dont il contraint Auguste à garder sa puissance :
La ligue se romproit s'il s'en étoit démis, [3]
Et tous vos conjurés deviendroient ses amis.

MAXIME.

Ils servent à l'envi la passion d'un homme [4]
Qui n'agit que pour soi, feignant d'agir pour Rome;
Et moi, par un malheur qui n'eut jamais d'égal,
Je pense servir Rome, et je sers mon rival!

EUPHORBE.

Vous êtes son rival! [5]

MAXIME.

Oui, j'aime sa maîtresse,
Et l'ai caché toujours avec assez d'adresse :
Mon ardeur inconnue, avant que d'éclater
Par quelque grand exploit la vouloit mériter :

Cependant par mes mains je vois qu'il me l'enlève ;
Son dessein fait ma perte, et c'est moi qui l'achève ;
J'avance des succès dont j'attends le trépas,
Et pour m'assassiner je lui prête mon bras.
Que l'amitié me plonge en un malheur extrême ! 6

EUPHORBE.

L'issue en est aisée : agissez pour vous-même ;
D'un dessein qui vous perd rompez le coup fatal ;
Gagnez une maîtresse, accusant un rival. 7
Auguste, à qui par-là vous sauverez la vie,
Ne vous pourra jamais refuser Émilie.

MAXIME.

Quoi ! trahir mon ami !

EUPHORBE.

L'amour rend tout permis :
Un véritable amant ne connoît point d'amis ; 8
Et même avec justice on peut trahir un traître
Qui pour une maîtresse ose trahir son maître.
Oubliez l'amitié, comme lui les bienfaits.

MAXIME.

C'est un exemple à fuir que celui des forfaits.

EUPHORBE.

Contre un si noir dessein tout devient légitime ;
On n'est point criminel quand on punit un crime.

MAXIME.

Un crime par qui Rome obtient sa liberté !

EUPHORBE.

Craignez tout d'un esprit si plein de lâcheté.
L'intérêt du pays n'est point ce qui l'engage ;
Le sien, et non la gloire, anime son courage ;

ACTE III, SCÈNE I.

Il aimeroit César s'il n'étoit amoureux,
Et n'est enfin qu'ingrat, et non pas généreux.
　　Pensez-vous avoir lu jusqu'au fond de son âme ?
Sous la cause publique il vous cachoit sa flamme,
Et peut cacher encor sous cette passion
Les détestables feux de son ambition.
Peut-être qu'il prétend, après la mort d'Octave,
Au lieu d'affranchir Rome, en faire son esclave,
Qu'il vous compte déjà pour un de ses sujets,
Ou que sur votre perte il fonde ses projets.

MAXIME.

Mais comment l'accuser sans nommer tout le reste ?
A tous nos conjurés l'avis seroit funeste,
Et par-là nous verrions indignement trahis
Ceux qu'engage avec nous le seul bien du pays.
D'un si lâche dessein mon âme est incapable :
Il perd trop d'innocents pour punir un coupable.
J'ose tout contre lui, mais je crains tout pour eux.

EUPHORBE.

Auguste s'est lassé d'être si rigoureux ;
En ces occasions, ennuyé de supplices,
Ayant puni les chefs, il pardonne aux complices.
Si toutefois pour eux vous craignez son courroux,
Quand vous lui parlerez, parlez au nom de tous.

MAXIME.

Nous disputons en vain, et ce n'est que folie
De vouloir par sa perte acquérir Émilie ;
Ce n'est pas le moyen de plaire à ses beaux yeux
Que de priver du jour ce qu'elle aime le mieux.

Pour moi, j'estime peu qu'Auguste me la donne;
Je veux gagner son cœur plutôt que sa personne, 10
Et ne fais point d'état de sa possession
Si je n'ai point de part à son affection.
Puis-je la mériter par une triple offense?
Je trahis son amant, je détruis sa vengeance,
Je conserve le sang qu'elle veut voir périr : 11
Et j'aurois quelqu'espoir qu'elle me pût chérir!

EUPHORBE.

C'est ce qu'à dire vrai je vois fort difficile. 12
L'artifice pourtant vous y peut être utile;
Il en faut trouver un qui la puisse abuser;
Et, du reste, le temps en pourra disposer.

MAXIME.

Mais si pour s'excuser il nomme sa complice,
S'il arrive qu'Auguste avec lui la punisse,
Puis-je lui demander, pour prix de mon rapport,
Celle qui nous oblige à conspirer sa mort?

EUPHORBE.

Vous pourriez m'opposer tant et de tels obstacles,
Que pour les surmonter il faudroit des miracles;
J'espère toutefois qu'à force d'y rêver....

MAXIME.

Éloigne-toi; dans peu j'irai te retrouver :
Cinna vient, et je veux en tirer quelque chose, 13
Pour mieux résoudre, après, ce que je me propose.

SCÈNE II.

CINNA, MAXIME.

MAXIME.

Vous me semblez pensif.

CINNA.

Ce n'est pas sans sujet.

MAXIME.

Puis-je d'un tel chagrin savoir quel est l'objet?

CINNA.

Émilie et César ; l'un et l'autre me gêne ;
L'un me semble trop bon, l'autre trop inhumaine.
Plût aux dieux que César employât mieux ses soins,
Et s'en fît plus aimer, ou m'aimât un peu moins ;
Que sa bonté touchât la beauté qui me charme,
Et la pût adoucir comme elle me désarme !
Je sens au fond du cœur mille remords cuisants
Qui rendent à mes yeux tous ses bienfaits présents.
Cette faveur si pleine, et si mal reconnue,
Par un mortel reproche à tous moments me tue :
Il me semble sur-tout incessamment le voir
Déposer en nos mains son absolu pouvoir,
Écouter nos avis, m'applaudir, et me dire :
Cinna, par vos conseils je retiendrai l'empire ;
Mais je le retiendrai pour vous en faire part.
Et je puis dans son sein enfoncer un poignard !
Ah ! plutôt.... Mais, hélas ! j'idolâtre Émilie ;
Un serment exécrable à sa haine me lie ;

L'horreur qu'elle a de lui me le rend odieux :
Des deux côtés j'offense et ma gloire et les dieux ; 2
Je deviens sacrilége, ou je suis parricide ;
Et vers l'un ou vers l'autre il faut être perfide.

MAXIME.

Vous n'aviez point tantôt ces agitations ; 3
Vous paroissiez plus ferme en vos intentions ;
Vous ne sentiez au cœur ni remords ni reproche.

CINNA.

On ne les sent aussi que quand le coup approche ; 4
Et l'on ne reconnoît de semblables forfaits
Que quand la main s'apprête à venir aux effets.
L'âme, de son dessein jusque-là possédée,
S'attache aveuglément à sa première idée ;
Mais alors quel esprit n'en devient point troublé ?
Ou plutôt quel esprit n'en est point accablé ?
Je crois que Brute même, à tel prix qu'on le prise,
Voulut plus d'une fois rompre son entreprise ;
Qu'avant que de frapper elle lui fit sentir
Plus d'un remords en l'âme, et plus d'un repentir.

MAXIME.

Il eut trop de vertu pour tant d'inquiétude ;
Il ne soupçonna point sa main d'ingratitude,
Et fut contre un tyran d'autant plus animé,
Qu'il en reçut des biens et qu'il s'en vit aimé.
Comme vous l'imitez, faites la même chose ;
Et formez vos remords d'une plus juste cause ; 5
De vos lâches conseils, qui seuls ont arrêté
Le bonheur renaissant de notre liberté ;

ACTE III, SCÈNE II.

C'est vous seul aujourd'hui qui nous l'avez ôtée :
De la main de César Brute l'eût acceptée,
Et n'eût jamais souffert qu'un intérêt léger
De vengeance ou d'amour l'eût remise en danger.
N'écoutez plus la voix d'un tyran qui vous aime,
Et vous veut faire part de son pouvoir suprême ;
Mais entendez crier Rome à votre côté : 6
Rends-moi, rends-moi, Cinna, ce que tu m'as ôté;
Et, si tu m'as tantôt préféré ta maîtresse,
Ne me préfère pas le tyran qui m'oppresse.

CINNA.

Ami, n'accable plus un esprit malheureux 7
Qui ne forme qu'en lâche un dessein généreux.
Envers nos citoyens je sais quelle est ma faute,
Et leur rendrai bientôt tout ce que je leur ôte :
Mais pardonne aux abois d'une vieille amitié
Qui ne peut expirer sans me faire pitié ;
Et laisse-moi, de grâce, attendant Émilie,
Donner un libre cours à ma mélancolie.
Mon chagrin t'importune, et le trouble où je suis
Veut de la solitude à calmer tant d'ennuis.

MAXIME.

Vous voulez rendre compte à l'objet qui vous blesse
De la bonté d'Octave, et de votre foiblesse.
L'entretien des amants veut un entier secret.
Adieu. Je me retire en confident discret. 8

SCÈNE III.

CINNA.

Donne un plus digne nom au glorieux empire [1]
Du noble sentiment que la vertu m'inspire,
Et que l'honneur oppose au coup précipité
De mon ingratitude et de ma lâcheté :
Mais plutôt continue à le nommer foiblesse,
Puisqu'il devient si foible auprès d'une maîtresse,
Qu'il respecte un amour qu'il devroit étouffer,
Ou que, s'il le combat, il n'ose en triompher.
En ces extrémités quels conseils dois-je prendre?
De quel côté pencher? à quel parti me rendre?

Qu'une âme généreuse a de peine à faillir ! [2]
Quelque fruit que par-là j'espère de cueillir,
Les douceurs de l'amour, celles de la vengeance,
La gloire d'affranchir le lieu de ma naissance,
N'ont point assez d'appas pour flatter ma raison
S'il les faut acquérir par une trahison,
S'il faut percer le flanc d'un prince magnanime [3]
Qui du peu que je suis fait une telle estime,
Qui me comble d'honneurs, qui m'accable de biens,
Qui ne prend pour régner de conseils que les miens.
O coup, ô trahison trop indigne d'un homme! [4]
Dure, dure à jamais l'esclavage de Rome;
Périsse mon amour, périsse mon espoir,
Plutôt que de ma main parte un crime si noir !
Quoi ! ne m'offre-t-il pas tout ce que je souhaite,
Et qu'au prix de mon sang ma passion achète?

ACTE III, SCÈNE IV.

Pour jouir de ses dons faut-il l'assassiner?
Et faut-il lui ravir ce qu'il me veut donner?
    Mais je dépends de vous, ô serment téméraire,
O haine d'Émilie, ô souvenir d'un père!
Ma foi, mon cœur, mon bras, tout vous est engagé,
Et je ne puis plus rien que par votre congé :
C'est à vous à régler ce qu'il faut que je fasse;
C'est à vous, Émilie, à lui donner sa grâce;
Vos seules volontés président à son sort,
Et tiennent en mes mains et sa vie et sa mort.
O dieux, qui, comme vous, la rendez adorable,
Rendez-la, comme vous, à mes vœux exorable;
Et, puisque de ses lois je ne puis m'affranchir,
Faites qu'à mes désirs je la puisse fléchir!
Mais voici de retour cette aimable inhumaine.

SCÈNE IV.

ÉMILIE, CINNA, FULVIE.

ÉMILIE.

Graces aux dieux, Cinna, ma frayeur étoit vaine;
Aucun de tes amis ne t'a manqué de foi,
Et je n'ai point eu lieu de m'employer pour toi.
Octave en ma présence a tout dit à Livie,
Et, par cette nouvelle, il m'a rendu la vie.

CINNA.

Le désavoûrez-vous? et du don qu'il me fait
Voudrez-vous retarder le bienheureux effet?

ÉMILIE.

L'effet est en ta main.

CINNA.

Mais plutôt en la vôtre.

ÉMILIE.

Je suis toujours moi-même, et mon cœur n'est point autre;
Me donner à Cinna, c'est ne lui donner rien;
C'est seulement lui faire un présent de son bien.

CINNA.

Vous pouvez toutefois.... O ciel! l'osé-je dire?

ÉMILIE.

Que puis-je? et que crains-tu?

CINNA.

Je tremble, je soupire,
Et vois que, si nos cœurs avoient mêmes désirs,
Je n'aurois pas besoin d'expliquer mes soupirs.
Ainsi je suis trop sûr que je vais vous déplaire;
Mais je n'ose parler, et je ne puis me taire.

ÉMILIE.

C'est trop me gêner; parle.

CINNA.

Il faut vous obéir.
Je vais donc vous déplaire, et vous m'allez haïr.
Je vous aime, Émilie; et le ciel me foudroie [1]
Si cette passion ne fait toute ma joie,
Et si je ne vous aime avec toute l'ardeur
Que peut un digne objet attendre d'un grand cœur!
Mais voyez à quel prix vous me donnez votre âme;
En me rendant heureux vous me rendez infâme:
Cette bonté d'Auguste....

ÉMILIE.

Il suffit, je t'entends ;
Je vois ton repentir et tes vœux inconstants.
Les faveurs du tyran emportent tes promesses ; 2
Tes feux et tes serments cèdent à ses caresses,
Et ton esprit crédule ose s'imaginer
Qu'Auguste pouvant tout peut aussi me donner ;
Tu me veux de sa main plutôt que de la mienne :
Mais ne crois pas qu'ainsi jamais je t'appartienne.
Il peut faire trembler la terre sous ses pas, 3
Mettre un roi hors du trône, et donner ses états,
De ses proscriptions rougir la terre et l'onde,
Et changer à son gré l'ordre de tout le monde ;
Mais le cœur d'Émilie est hors de son pouvoir. 4

CINNA.

Aussi n'est-ce qu'à vous que je veux le devoir.
Je suis toujours moi-même, et ma foi toujours pure ; 5
La pitié que je sens ne me rend point parjure ;
J'obéis sans réserve à tous vos sentiments,
Et prends vos intérêts par-delà mes serments. 6
J'ai pu, vous le savez, sans parjure et sans crime,
Vous laisser échapper cette illustre victime :
César se dépouillant du pouvoir souverain
Nous ôtoit tout prétexte à lui percer le sein ;
La conjuration s'en alloit dissipée, 7
Vos desseins avortés, votre haine trompée :
Moi seul j'ai raffermi son esprit étonné,
Et pour vous l'immoler ma main l'a couronné.

ÉMILIE.

Pour me l'immoler, traître ! Et tu veux que moi-même
Je retienne ta main, qu'il vive, et que je l'aime,
Que je sois le butin de qui l'ose épargner, 8
Et le prix du conseil qui le force à régner !

CINNA.

Ne me condamnez point quand je vous ai servie :
Sans moi vous n'auriez plus de pouvoir sur sa vie ;
Et, malgré ses bienfaits, je rends tout à l'amour 9
Quand je veux qu'il périsse, ou vous doive le jour.
Avec les premiers vœux de mon obéissance
Souffrez ce foible effort de ma reconnoissance, 10
Que je tâche de vaincre un indigne courroux,
Et vous donner pour lui l'amour qu'il a pour vous.
Une âme généreuse, et que la vertu guide, 11
Fuit la honte des noms d'ingrate et de perfide ;
Elle en hait l'infamie attachée au bonheur,
Et n'accepte aucun bien aux dépens de l'honneur.

ÉMILIE.

Je fais gloire, pour moi, de cette ignominie :
La perfidie est noble envers la tyrannie ;
Et quand on rompt le cours d'un sort si malheureux,
Les cœurs les plus ingrats sont les plus généreux. 12

CINNA.

Vous faites des vertus au gré de votre haine.

ÉMILIE.

Je me fais des vertus dignes d'une Romaine. 13

CINNA.

Un cœur vraiment romain....

ACTE III, SCÈNE IV.

ÉMILIE.

Ose tout pour ravir
Une odieuse vie à qui le fait servir :
Il fuit plus que la mort la honte d'être esclave.

CINNA.

C'est l'être avec honneur que de l'être d'Octave ;
Et nous voyons souvent des rois à nos genoux
Demander pour appuis tels esclaves que nous ;
Il abaisse à nos pieds l'orgueil des diadèmes, 14
Il nous fait souverains sur leurs grandeurs suprêmes ;
Il prend d'eux les tributs dont il nous enrichit,
Et leur impose un joug dont il nous affranchit.

ÉMILIE.

L'indigne ambition que ton cœur se propose !
Pour être plus qu'un roi tu te crois quelque chose ! 15
Aux deux bouts de la terre en est-il un si vain 16
Qu'il prétende égaler un citoyen romain ?
Antoine sur sa tête attira notre haine
En se déshonorant par l'amour d'une reine ;
Attale, ce grand roi dans la pourpre blanchi, 17
Qui du peuple romain se nommoit l'affranchi,
Quand de toute l'Asie il se fût vu l'arbitre,
Eût encor moins prisé son trône que ce titre.
Souviens-toi de ton nom, soutiens sa dignité ;
Et, prenant d'un Romain la générosité,
Sache qu'il n'en est point que le ciel n'ait fait naître
Pour commander aux rois, et pour vivre sans maître.

CINNA.

Le ciel a trop fait voir, en de tels attentats, 18
Qu'il hait les assassins et punit les ingrats ;

Et quoi qu'on entreprenne, et quoi qu'on exécute,
Quand il élève un trône, il en venge la chute ;
Il se met du parti de ceux qu'il fait régner ;
Le coup dont on les tue est long-temps à saigner ;
Et quand à les punir il a pu se résoudre,
De pareils châtiments n'appartiennent qu'au foudre.

ÉMILIE.

Dis que de leur parti toi-même tu te rends, [19]
De te remettre au foudre à punir les tyrans.
 Je ne t'en parle plus : va, sers la tyrannie ;
Abandonne ton âme à son lâche génie ;
Et, pour rendre le calme à ton esprit flottant,
Oublie et ta naissance et le prix qui t'attend.
Sans emprunter ta main pour servir ma colère, [20]
Je saurai bien venger mon pays et mon père.
J'aurois déjà l'honneur d'un si fameux trépas,
Si l'amour jusqu'ici n'eût arrêté mon bras ;
C'est lui qui, sous tes lois me tenant asservie,
M'a fait en ta faveur prendre soin de ma vie.
Seule contre un tyran, en le faisant périr,
Par les mains de sa garde il me falloit mourir ;
Je t'eusse par ma mort dérobé ta captive ;
Et comme pour toi seul l'amour veut que je vive, [21]
J'ai voulu, mais en vain, me conserver pour toi,
Et te donner moyen d'être digne de moi.
 Pardonnez-moi, grands dieux, si je me suis trompée
Quand j'ai pensé chérir un neveu de Pompée, [22]
Et si d'un faux-semblant mon esprit abusé
A fait choix d'un esclave en son lieu supposé.

ACTE III, SCÈNE IV.

Je t'aime toutefois, quel que tu puisses être ;
Et si pour me gagner il faut trahir ton maître,
Mille autres à l'envi recevroient cette loi, 23
S'ils pouvoient m'acquérir à même prix que toi :
Mais n'appréhende pas qu'un autre ainsi m'obtienne.
Vis pour ton cher tyran, tandis que je meurs tienne :
Mes jours avec les siens se vont précipiter,
Puisque ta lâcheté n'ose me mériter.
Viens me voir, dans son sang et dans le mien baignée,
De ma seule vertu mourir accompagnée,
Et te dire en mourant d'un esprit satisfait :
N'accuse point mon sort, c'est toi seul qui l'as fait ;
Je descends dans la tombe où tu m'as condamnée,
Où l'a gloire me suit qui t'étoit destinée :
Je meurs en détruisant un pouvoir absolu ;
Mais je vivrois à toi si tu l'avois voulu.

CINNA.

Eh bien, vous le voulez, il faut vous satisfaire ;
Il faut affranchir Rome, il faut venger un père ;
Il faut sur un tyran porter de justes coups ;
Mais apprenez qu'Auguste est moins tyran que vous.
S'il nous ôte à son gré nos biens, nos jours, nos femmes, 24
Il n'a point jusqu'ici tyrannisé nos âmes ;
Mais l'empire inhumain qu'exercent vos beautés 25
Force jusqu'aux esprits et jusqu'aux volontés.
Vous me faites priser ce qui me déshonore ; 26
Vous me faites haïr ce que mon âme adore ;
Vous me faites répandre un sang pour qui je dois
Exposer tout le mien et mille et mille fois :

Vous le voulez, j'y cours ; ma parole est donnée ;
Mais ma main aussitôt contre mon sein tournée, 27
Aux mânes d'un tel prince immolant votre amant,
A mon crime forcé joindra mon châtiment,
Et, par cette action dans l'autre confondue,
Recouvrera ma gloire aussitôt que perdue.
Adieu.

SCÈNE V.

ÉMILIE, FULVIE.

FULVIE.

Vous avez mis son âme au désespoir.

ÉMILIE.

Qu'il cesse de m'aimer, ou suive son devoir.

FULVIE.

Il va vous obéir aux dépens de sa vie :
Vous en pleurez !

ÉMILIE.

Hélas ! cours après lui, Fulvie ;
Et, si ton amitié daigne me secourir,
Arrache-lui du cœur ce dessein de mourir ;
Dis-lui....

FULVIE.

Qu'en sa faveur vous laissez vivre Auguste ?

ÉMILIE.

Ah ! c'est faire à ma haine une loi trop injuste.

ACTE III, SCÈNE V.

FULVIE.

Et quoi donc?

ÉMILIE.

Qu'il achève, et dégage sa foi,
Et qu'il choisisse après de la mort ou de moi.

FIN DU TROISIÈME ACTE.

ACTE QUATRIÈME.

SCÈNE I.ère

AUGUSTE, EUPHORBE, POLYCLÈTE,
GARDES.

AUGUSTE.

Tout ce que tu me dis, Euphorbe, est incroyable. 1

EUPHORBE.

Seigneur, le récit même en paroît effroyable :
On ne conçoit qu'à peine une telle fureur,
Et la seule pensée en fait frémir d'horreur.

AUGUSTE.

Quoi ! mes plus chers amis ! quoi ! Cinna ! quoi ! Maxime !
Les deux que j'honorois d'une si haute estime,
A qui j'ouvrois mon cœur, et dont j'avois fait choix
Pour les plus importants et plus nobles emplois !
Après qu'entre leurs mains j'ai remis mon empire,
Pour m'arracher le jour l'un et l'autre conspire !
Maxime a vu sa faute ; il m'en fait avertir,
Et montre un cœur touché d'un juste repentir :
Mais Cinna !

EUPHORBE.

Cinna seul dans sa rage s'obstine, 2
Et contre vos bontés d'autant plus se mutine ;

ACTE IV, SCÈNE I.

Lui seul combat encor les vertueux efforts
Que sur les conjurés fait ce juste remords;
Et, malgré les frayeurs à leurs regrets mêlées,
Il tâche à raffermir leurs âmes ébranlées.

AUGUSTE.

Lui seul les encourage, et lui seul les séduit!
O le plus déloyal que la terre ait produit!
O trahison conçue au sein d'une furie!
O trop sensible coup d'une main si chérie!
Cinna, tu me trahis!... Polyclète, écoutez.
(Il lui parle à l'oreille.)

POLYCLÈTE.

Tous vos ordres, seigneur, seront exécutés.

AUGUSTE.

Qu'Éraste en même temps aille dire à Maxime
Qu'il vienne recevoir le pardon de son crime.

SCÈNE II.

AUGUSTE, EUPHORBE.

EUPHORBE.

Il l'a trop jugé grand pour ne pas s'en punir.
A peine du palais il a pu revenir,
Que, les yeux égarés, et le regard farouche,
Le cœur gros de soupirs, les sanglots à la bouche,
Il déteste sa vie, et ce complot maudit,
M'en apprend l'ordre entier tel que je vous l'ai dit;
Et m'ayant commandé que je vous avertisse,
Il ajoute : *Dis-lui que je me fais justice,*

Que je n'ignore point ce que j'ai mérité;
Puis soudain dans le Tibre il s'est précipité;
Et l'eau grosse et rapide, et la nuit assez noire,
M'ont dérobé la fin de sa tragique histoire.

AUGUSTE.

Sous ce pressant remords il a trop succombé,
Et s'est à mes bontés lui-même dérobé :
Il n'est crime envers moi qu'un repentir n'efface :
Mais puisqu'il a voulu renoncer à ma grâce,
Allez pourvoir au reste, et faites qu'on ait soin
De tenir en lieu sûr ce fidèle témoin.

SCÈNE III.

AUGUSTE.

Ciel, à qui voulez-vous désormais que je fie ¹
Les secrets de mon âme et le soin de ma vie?
Reprenez le pouvoir que vous m'avez commis,
Si donnant des sujets il ôte les amis,
Si tel est le destin des grandeurs souveraines,
Que leurs plus grands bienfaits n'attirent que des haines,
Et si votre rigueur les condamne à chérir
Ceux que vous animez à les faire périr.
Pour elles rien n'est sûr; qui peut tout doit tout craindre.
 Rentre en toi-même, Octave, et cesse de te plaindre.
Quoi! tu veux qu'on t'épargne, et n'as rien épargné!
Songe aux fleuves de sang où ton bras s'est baigné; ²
De combien ont rougi les champs de Macédoine,
Combien en a versé la défaite d'Antoine,

ACTE IV, SCÈNE III.

Combien celle de Sexte ; et revois tout d'un temps
Pérouse au sien noyée, et tous ses habitants ;
Remets dans ton esprit, après tant de carnages,
De tes proscriptions les sanglantes images,
Où toi-même, des tiens devenu le bourreau,
Au sein de ton tuteur enfonças le couteau :
Et puis ose accuser le destin d'injustice
Quand tu vois que les tiens s'arment pour ton supplice,
Et que, par ton exemple à ta perte guidés,
Ils violent des droits que tu n'as pas gardés !
Leur trahison est juste, et le ciel l'autorise :
Quitte ta dignité comme tu l'as acquise ;
Rends un sang infidèle à l'infidélité, 3
Et souffre des ingrats après l'avoir été.

Mais que mon jugement au besoin m'abandonne !
Quelle fureur, Cinna, m'accuse et te pardonne ;
Toi dont la trahison me force à retenir
Ce pouvoir souverain dont tu me veux punir,
Me traite en criminel, et fait seule mon crime,
Relève pour l'abattre un trône illégitime,
Et, d'un zèle effronté couvrant son attentat,
S'oppose, pour me perdre, au bonheur de l'état ?
Donc jusqu'à l'oublier je pourrois me contraindre !
Tu vivrois en repos après m'avoir fait craindre !
Non, non, je me trahis moi-même d'y penser :
Qui pardonne aisément invite à l'offenser.
Punissons l'assassin, proscrivons les complices.

Mais quoi ! toujours du sang, et toujours des supplices !
Ma cruauté se lasse, et ne peut s'arrêter ;
Je veux me faire craindre, et ne fais qu'irriter.

Rome a pour ma ruine une hydre trop fertile;
Une tête coupée en fait renaître mille;
Et le sang répandu de mille conjurés
Rend mes jours plus maudits, et non plus assurés.
Octave, n'attends plus le coup d'un nouveau Brute :
Meurs, et dérobe-lui la gloire de ta chute :
Meurs; tu ferois pour vivre un lâche et vain effort,
Si tant de gens de cœur font des vœux pour ta mort,
Et si tout ce que Rome a d'illustre jeunesse,
Pour te faire périr, tour à tour s'intéresse :
Meurs, puisque c'est un mal que tu ne peux guérir;
Meurs enfin, puisqu'il faut ou tout perdre, ou mourir :
La vie est peu de chose, et le peu qui t'en reste
Ne vaut pas l'acheter par un prix si funeste :
Meurs; mais quitte du moins la vie avec éclat;
Éteins-en le flambeau dans le sang de l'ingrat;
A toi-même en mourant immole ce perfide;
Contentant ses désirs, punis son parricide;
Fais un tourment pour lui de ton propre trépas,
En faisant qu'il le voie et n'en jouisse pas.
Mais jouissons plutôt nous-même de sa peine; 5
Et si Rome nous hait, triomphons de sa haine.
   O Romains ! ô vengeance ! ô pouvoir absolu !
O rigoureux combat d'un cœur irrésolu
Qui fuit en même temps tout ce qu'il se propose !
D'un prince malheureux ordonnez quelque chose.
« Qui des deux dois-je suivre, et duquel m'éloigner? 6
« Ou laissez-moi périr, ou laissez-moi régner.

ACTE IV, SCÈNE IV.

SCÈNE IV.

AUGUSTE, LIVIE.

AUGUSTE.

« Madame, on me trahit, et la main qui me tue
« Rend sous mes déplaisirs ma constance abattue.
« Cinna, Cinna le traître....

LIVIE.

Euphorbe m'a tout dit,
« Seigneur, et j'ai pâli cent fois à ce récit.
« Mais écouteriez-vous les conseils d'une femme ?

AUGUSTE.

« Hélas ! de quel conseil est capable mon âme ?

LIVIE.

« Votre sévérité, sans produire aucun fruit,
« Seigneur, jusqu'à présent a fait beaucoup de bruit.
« Par les peines d'un autre aucun ne s'intimide :
« Salvidien à bas a soulevé Lépide ;
« Murène a succédé, Cépion l'a suivi ;
« Le jour à tous les deux dans les tourments ravi
« N'a point mêlé de crainte à la fureur d'Égnace,
« Dont Cinna maintenant ose prendre la place ;
« Et dans les plus bas rangs les noms les plus abjects
« Ont voulu s'ennoblir par de si hauts projets.
« Après avoir en vain puni leur insolence,
« Essayez sur Cinna ce que peut la clémence ;

« Faites son châtiment de sa confusion.
« Cherchez le plus utile en cette occasion :
« Sa peine peut aigrir une ville animée ;
« Son pardon peut servir à votre renommée ;
« Et ceux que vos rigueurs ne font qu'effaroucher,
« Peut-être à vos bontés se laisseront toucher.

AUGUSTE.

« Gagnons-les tout-à-fait en quittant cet empire
« Qui nous rend odieux, contre qui l'on conspire.
« J'ai trop par vos avis consulté là-dessus ; 2
« Ne m'en parlez jamais, je ne consulte plus.
  « Cesse de soupirer, Rome, pour ta franchise ;
« Si je t'ai mise aux fers, moi-même je les brise,
« Et te rends ton état, après l'avoir conquis,
« Plus paisible et plus grand que je ne te l'ai pris :
« Si tu me veux haïr, hais-moi sans plus rien feindre ;
« Si tu me veux aimer, aime-moi sans me craindre :
« De tout ce qu'eut Sylla de puissance et d'honneur,
« Lassé comme il en fut, j'aspire à son bonheur.

LIVIE.

« Assez et trop long-temps son exemple vous flatte ;
« Mais gardez que sur vous le contraire n'éclate : 3
« Ce bonheur sans pareil qui conserva ses jours
« Ne seroit pas bonheur s'il arrivoit toujours.

AUGUSTE.

« Eh bien, s'il est trop grand, si j'ai tort d'y prétendre,
« J'abandonne mon sang à qui voudra l'épandre.
« Après un long orage il faut trouver un port ;
« Et je n'en vois que deux, le repos, ou la mort.

ACTE IV, SCÈNE IV.

LIVIE.

« Quoi ! vous voulez quitter le fruit de tant de peines ?

AUGUSTE.

« Quoi ! vous voulez garder l'objet de tant de haines ?

LIVIE.

« Seigneur, vous emporter à cette extrémité,
« C'est plutôt désespoir que générosité.

AUGUSTE.

« Régner, et caresser une main si traîtresse,
« Au lieu de sa vertu c'est montrer sa foiblesse.

LIVIE.

« C'est régner sur vous-même, et, par un noble choix,
« Pratiquer la vertu la plus digne des rois.

AUGUSTE.

« Vous m'aviez bien promis des conseils d'une femme ; 4
« Vous me tenez parole, et c'en sont là, madame.
« Après tant d'ennemis à mes pieds abattus,
« Depuis vingt ans je règne, et j'en sais les vertus ; 5
« Je sais leur divers ordre, et de quelle nature
« Sont les devoirs d'un prince en cette conjoncture :
« Tout son peuple est blessé par un tel attentat,
« Et la seule pensée est un crime d'état,
« Une offense qu'on fait à toute sa province, 6
« Dont il faut qu'il la venge, ou cesse d'être prince.

LIVIE.

« Donnez moins de croyance à votre passion.

AUGUSTE.

« Ayez moins de foiblesse, ou moins d'ambition.

LIVIE.

« Ne traitez plus si mal un conseil salutaire.

AUGUSTE.

« Le ciel m'inspirera ce qu'ici je dois faire.
« Adieu : nous perdons temps.

LIVIE.

Je ne vous quitte point,
« Seigneur, que mon amour n'ait obtenu ce point. 7

AUGUSTE.

« C'est l'amour des grandeurs qui vous rend importune.

LIVIE.

« J'aime votre personne, et non votre fortune.
(Seule.)
« Il m'échappe ; suivons, et forçons-le de voir
« Qu'il peut, en faisant grâce, affermir son pouvoir,
« Et qu'enfin la clémence est la plus belle marque
« Qui fasse à l'univers connoître un vrai monarque.

SCÈNE V. [1]

ÉMILIE, FULVIE.

ÉMILIE.

D'où me vient cette joie ? et que mal-à-propos [2]
Mon esprit malgré moi goûte un entier repos !
César mande Cinna sans me donner d'alarmes !
Mon cœur est sans soupirs, mes yeux n'ont point de larmes,
Comme si j'apprenois d'un secret mouvement
Que tout doit succéder à mon contentement !
Ai-je bien entendu ? me l'as-tu dit, Fulvie ?

FULVIE.

J'avois gagné sur lui qu'il aimeroit la vie,

ACTE IV, SCENE V.

Et je vous l'amenois, plus traitable et plus doux, 3
Faire un second effort contre votre courroux;
Je m'en applaudissois, quand soudain Polyclète,
Des volontés d'Auguste ordinaire interprète,
Est venu l'aborder et sans suite et sans bruit,
Et de sa part sur l'heure au palais l'a conduit.
Auguste est fort troublé; l'on ignore la cause;
Chacun diversement soupçonne quelque chose; 4
Tous présument qu'il ait un grand sujet d'ennui,
Et qu'il mande Cinna pour prendre avis de lui.
Mais ce qui m'embarrasse, et que je viens d'apprendre,
C'est que deux inconnus se sont saisis d'Évandre,
Qu'Euphorbe est arrêté sans qu'on sache pourquoi,
Que même de son maître on dit je ne sais quoi : 5
On lui veut imputer un désespoir funeste; 6
On parle d'eaux, de Tibre, et l'on se tait du reste. 7

ÉMILIE.

Que de sujets de craindre et de désespérer, 8
Sans que mon triste cœur en daigne murmurer!
A chaque occasion le ciel y fait descendre
Un sentiment contraire à celui qu'il doit prendre :
Une vaine frayeur tantôt m'a pu troubler;
Et je suis insensible alors qu'il faut trembler!
Je vous entends, grands dieux; vos bontés que j'adore
Ne peuvent consentir que je me déshonore,
Et ne me permettant soupirs, sanglots, ni pleurs,
Soutiennent ma vertu contre de tels malheurs :
Vous voulez que je meure avec ce grand courage
Qui m'a fait entreprendre un si fameux ouvrage;

Et je veux bien périr comme vous l'ordonnez, 9
Et dans la même assiette où vous me retenez.

O liberté de Rome! ô mânes de mon père!
J'ai fait de mon côté tout ce que j'ai pu faire :
Contre votre tyran j'ai ligué ses amis,
Et plus osé pour vous qu'il ne m'étoit permis :
Si l'effet a manqué, ma gloire n'est pas moindre ;
N'ayant pu vous venger, je vous irai rejoindre,
Mais si fumante encor d'un généreux courroux,
Par un trépas si noble et si digne de vous,
Qu'il vous fera sur l'heure aisément reconnoître
Le sang des grands héros dont vous m'avez fait naître.

SCÈNE VI.

MAXIME, ÉMILIE, FULVIE.

ÉMILIE.

Mais je vous vois, Maxime, et l'on vous faisoit mort ! 1

MAXIME.

Euphorbe trompe Auguste avec ce faux rapport;
Se voyant arrêté, la trame découverte,
Il a feint ce trépas pour empêcher ma perte.

ÉMILIE.

Que dit-on de Cinna?

MAXIME.

Que son plus grand regret,
C'est de voir que César sait tout votre secret :
En vain il le dénie et le veut méconnoître,
Évandre a tout conté pour excuser son maître;

ACTE IV, SCÈNE VI.

Et par ordre d'Auguste on vient vous arrêter.

ÉMILIE.

Celui qui l'a reçu tarde à l'exécuter;
Je suis prête à le suivre et lasse de l'attendre.

MAXIME.

Il vous attend chez moi.

ÉMILIE.

Chez vous!

MAXIME.

C'est vous surprendre :
Mais apprenez le soin que le ciel a de vous;
C'est un des conjurés qui va fuir avec nous.
Prenons notre avantage avant qu'on nous poursuive;
Nous avons pour partir un vaisseau sur la rive.

ÉMILIE.

Me connois-tu, Maxime? et sais-tu qui je suis?

MAXIME.

En faveur de Cinna je fais ce que je puis, 2
Et tâche à garantir de ce malheur extrême
La plus belle moitié qui reste de lui-même.
Sauvons-nous, Emilie; et conservons le jour,
Afin de le venger par un heureux retour.

ÉMILIE.

Cinna dans son malheur est de ceux qu'il faut suivre, 3
Qu'il ne faut pas venger, de peur de leur survivre.
Quiconque après sa mort aspire à se sauver
Est indigne du jour qu'il tâche à conserver.

MAXIME.

Quel désespoir aveugle à ces fureurs vous porte?
O dieux! que de foiblesse en une âme si forte!

Ce cœur si généreux rend si peu de combat,
Et du premier revers la fortune l'abat!
Rappelez, rappelez cette vertu sublime;
Ouvrez enfin les yeux, et connoissez Maxime :
C'est un autre Cinna qu'en lui vous regardez; 4
Le ciel vous rend en lui l'amant que vous perdez;
Et puisque l'amitié n'en faisoit plus qu'une âme, 5
Aimez en cet ami l'objet de votre flamme;
Avec la même ardeur il saura vous chérir,
Que....

ÉMILIE.

Tu m'oses aimer, et tu n'oses mourir! 6
Tu prétends un peu trop: mais, quoi que tu prétendes,
Rends-toi digne du moins de ce que tu demandes;
Cesse de fuir en lâche un glorieux trépas,
Ou de m'offrir un cœur que tu fais voir si bas;
Fais que je porte envie à ta vertu parfaite;
Ne te pouvant aimer, fais que je te regrette;
Montre d'un vrai Romain la dernière vigueur,
Et mérite mes pleurs au défaut de mon cœur.
Quoi! si ton amitié pour Cinna s'intéresse,
Crois-tu qu'elle consiste à flatter sa maîtresse?
Apprends, apprends de moi quel en est le devoir,
Et donne-m'en l'exemple, ou viens le recevoir.

MAXIME.

Votre juste douleur est trop impétueuse.

ÉMILIE.

La tienne en ta faveur est trop ingénieuse.

ACTE IV, SCÈNE VI.

Tu me parles déjà d'un bienheureux retour,
Et dans tes déplaisirs tu conçois de l'amour!

MAXIME.

Cet amour en naissant est toutefois extrême;
C'est votre amant et vous, c'est mon ami que j'aime;
Et des mêmes ardeurs dont il fut embrasé....

ÉMILIE.

Maxime, en voilà trop pour un homme avisé. 7
Ma perte m'a surprise et ne m'a point troublée;
Mon noble désespoir ne m'a point aveuglée;
Ma vertu tout entière agit sans s'émouvoir,
Et je vois, malgré moi, plus que je ne veux voir.

MAXIME.

Quoi! vous suis-je suspect de quelque perfidie?

ÉMILIE.

Oui, tu l'es, puisqu'enfin tu veux que je le die.
L'ordre de notre fuite est trop bien concerté,
Pour ne te soupçonner d'aucune lâcheté :
Les dieux seroient pour nous prodigues en miracles
S'ils en avoient sans toi levé tous les obstacles.
Fuis sans moi; tes amours sont ici superflus. 8

MAXIME.

Ah! vous m'en dites trop.

ÉMILIE.

                    J'en présume encor plus.
Ne crains pas toutefois que j'éclate en injures;
Mais n'espère non plus m'éblouir de parjures.
Si c'est te faire tort que de m'en défier,
Viens mourir avec moi pour te justifier.

MAXIME.
Vivez, belle Émilie, et souffrez qu'un esclave....
ÉMILIE.

Je ne t'écoute plus qu'en présence d'Octave.
Allons, Fulvie, allons.

SCÈNE VII.

MAXIME. 1

Désespéré, confus,
Et digne, s'il se peut, d'un plus cruel refus,
Que résous-tu, Maxime? et quel est le supplice
Que ta vertu prépare à ton vain artifice? 2
Aucune illusion ne te doit plus flatter;
Émilie en mourant va tout faire éclater.
Sur un même échafaud la perte de sa vie 3
Étalera sa gloire et ton ignominie;
Et sa mort va laisser à la postérité
L'infâme souvenir de ta déloyauté.
Un même jour t'a vu, par une fausse adresse, 4
Trahir ton souverain, ton ami, ta maîtresse,
Sans que de tant de droits en un jour violés,
Sans que de deux amants au tyran immolés,
Il te reste aucun fruit que la honte et la rage
Qu'un remords inutile allume en ton courage.
 Euphorbe, c'est l'effet de tes lâches conseils;
Mais que peut-on attendre enfin de tes pareils?
Jamais un affranchi n'est qu'un esclave infâme; 5
Bien qu'il change d'état, il ne change point d'âme;

La tienne, encor servile, avec la liberté
N'a pu prendre un rayon de générosité.
Tu m'as fait relever une injuste puissance;
Tu m'as fait démentir l'honneur de ma naissance;
Mon cœur te résistoit, et tu l'as combattu [6]
Jusqu'à ce que ta fourbe ait souillé sa vertu :
Il m'en coûte la vie, il m'en coûte la gloire,
Et j'ai tout mérité pour t'avoir voulu croire.
Mais les dieux permettront à mes ressentiments [7]
De te sacrifier aux yeux des deux amants;
Et j'ose m'assurer qu'en dépit de mon crime, [8]
Mon sang leur servira d'assez pure victime,
Si dans le tien mon bras, justement irrité,
Peut laver le forfait de t'avoir écouté.

FIN DU QUATRIÈME ACTE.

ACTE CINQUIÈME.

SCÈNE I.ère

AUGUSTE, CINNA.

AUGUSTE.

Prends un siége, Cinna; prends, et sur toute chose [1]
Observe exactement la loi que je t'impose :
Prête, sans me troubler, l'oreille à mes discours;
D'aucun mot, d'aucun cri n'en interromps le cours;
Tiens ta langue captive; et si ce grand silence
A ton émotion fait quelque violence,
Tu pourras me répondre, après, tout à loisir.
Sur ce point seulement contente mon désir.

CINNA.

Je vous obéirai, seigneur.

AUGUSTE.

     Qu'il te souvienne
De garder ta parole, et je tiendrai la mienne.
Tu vois le jour, Cinna; mais ceux dont tu le tiens
Furent les ennemis de mon père, et les miens :
Au milieu de leur camp tu reçus la naissance; [2]
Et lorsqu'après leur mort tu vins en ma puissance,
Leur haine, enracinée au milieu de ton sein,
T'avoit mis contre moi les armes à la main.

ACTE V, SCÈNE I.

Tu fus mon ennemi même avant que de naître,
Et tu le fus encor quand tu me pus connoître;
Et l'inclination jamais n'a démenti
Ce sang qui t'avoit fait du contraire parti :
Autant que tu l'as pu les effets l'ont suivie.
Je ne m'en suis vengé qu'en te donnant la vie :
Je te fis prisonnier pour te combler de biens;
Ma cour fut ta prison, mes faveurs tes liens. 3
Je te restituai d'abord ton patrimoine;
Je t'enrichis après des dépouilles d'Antoine;
Et tu sais que depuis, à chaque occasion,
Je suis tombé pour toi dans la profusion.
Toutes les dignités que tu m'as demandées,
Je te les ai sur l'heure et sans peine accordées;
Je t'ai préféré même à ceux dont les parents
Ont jadis dans mon camp tenu les premiers rangs,
A ceux qui de leur sang m'ont acheté l'empire,
Et qui m'ont conservé le jour que je respire :
De la façon enfin qu'avec toi j'ai vécu, 4
Les vainqueurs sont jaloux du bonheur du vaincu.
Quand le ciel me voulut, en rappelant Mécène,
Après tant de faveurs montrer un peu de haine,
Je te donnai sa place en ce triste accident,
Et te fis, après lui, mon plus cher confident.
Aujourd'hui même encor, mon âme irrésolue
Me pressant de quitter ma puissance absolue,
De Maxime et de toi j'ai pris les seuls avis;
Et ce sont, malgré lui, les tiens que j'ai suivis.
Bien plus, ce même jour je te donne Émilie,
Le digne objet des vœux de toute l'Italie,

Et qu'ont mise si haut mon amour et mes soins,
Qu'en te couronnant roi je t'aurois donné moins. 5
Tu t'en souviens, Cinna ; tant d'heur et tant de gloire
Ne peuvent pas sitôt sortir de ta mémoire;
Mais, ce qu'on ne pourroit jamais s'imaginer,
Cinna, tu t'en souviens, et veux m'assassiner.

CINNA.

Moi, seigneur! moi, que j'eusse une âme si traîtresse!
Qu'un si lâche dessein....

AUGUSTE.

Tu tiens mal ta promesse :
Sieds-toi ; je n'ai pas dit encor ce que je veux ;
Tu te justifiras après, si tu le peux.
Écoute cependant, et tiens mieux ta parole.
Tu veux m'assassiner demain, au Capitole,
Pendant le sacrifice ; et ta main pour signal
Me doit, au lieu d'encens, donner le coup fatal ;
La moitié de tes gens doit occuper la porte,
L'autre moitié te suivre, et te prêter main-forte.
Ai-je de bons avis, ou de mauvais soupçons? 6
De tous ces meurtriers te dirai-je les noms?
Procule, Glabrion, Virginian, Rutile,
Marcel, Plaute, Lénas, Pompone, Albin, Icile,
Maxime, qu'après toi j'avois le plus aimé :
Le reste ne vaut pas l'honneur d'être nommé ;
Un tas d'hommes perdus de dettes et de crimes,
Que pressent de mes lois les ordres légitimes,
Et qui, désespérant de les plus éviter,
Si tout n'est renversé, ne sauroient subsister.

Tu te tais maintenant, et gardés le silence,
Plus par confusion que par obéissance.
Quel étoit ton dessein, et que prétendois-tu
Après m'avoir au temple à tes pieds abattu?
Affranchir ton pays d'un pouvoir monarchique?
Si j'ai bien entendu tantôt ta politique,
Son salut désormais dépend d'un souverain
Qui, pour tout conserver, tienne tout en sa main;
Et si sa liberté te faisoit entreprendre,
Tu ne m'eusses jamais empêché de la rendre;
Tu l'aurois acceptée au nom de tout l'état,
Sans vouloir l'acquérir par un assassinat.
Quel étoit donc ton but? d'y régner à ma place?
D'un étrange malheur son destin le menace,
Si pour monter au trône et lui donner la loi
Tu ne trouves dans Rome autre obstacle que moi,
Si jusques à ce point son sort est déplorable
Que tu sois après moi le plus considérable,
Et que ce grand fardeau de l'empire romain
Ne puisse après ma mort tomber mieux qu'en ta main.
 Apprends à te connoître, et descends en toi-même:
On t'honore dans Rome, on te courtise, on t'aime;
Chacun tremble sous toi, chacun t'offre des vœux;
Ta fortune est bien haut, tu peux ce que tu veux:
Mais tu ferois pitié même à ceux qu'elle irrite,
Si je t'abandonnois à ton peu de mérite.
Ose me démentir; dis-moi ce que tu vaux;
Conte-moi tes vertus, tes glorieux travaux,
Les rares qualités par où tu m'as dû plaire,
Et tout ce qui t'élève au-dessus du vulgaire.

Ma faveur fait ta gloire, et ton pouvoir en vient;
Elle seule t'élève, et seule te soutient;
C'est elle qu'on adore, et non pas ta personne;
Tu n'as crédit ni rang qu'autant qu'elle t'en donne;
Et pour te faire choir je n'aurois aujourd'hui
Qu'à retirer la main qui seule est ton appui.
J'aime mieux toutefois céder à ton envie;
Règne, si tu le peux, aux dépens de ma vie.
Mais oses-tu penser que les Serviliens,
Les Cosses, les Métels, les Pauls, les Fabiens,
Et tant d'autres enfin de qui les grands courages
Des héros de leur sang sont les vives images,
Quittent le noble orgueil d'un sang si généreux,
Jusqu'à pouvoir souffrir que tu règnes sur eux?
Parle, parle, il est temps.

CINNA.

Je demeure stupide,
Non que votre colère ou la mort m'intimide;
Je vois qu'on m'a trahi, vous m'y voyez rêver,
Et j'en cherche l'auteur sans le pouvoir trouver.
Mais c'est trop y tenir toute l'âme occupée.
Seigneur, je suis Romain, et du sang de Pompée:
Le père et les deux fils, lâchement égorgés,
Par la mort de César étoient trop peu vengés;
C'est là d'un beau dessein l'illustre et seule cause:
Et puisqu'à vos rigueurs la trahison m'expose,
N'attendez point de moi d'infâmes repentirs, 8
D'inutiles regrets, ni de honteux soupirs.
Le sort vous est propice autant qu'il m'est contraire:
Je sais ce que j'ai fait, et ce qu'il vous faut faire; 9

ACTE V, SCÈNE II.

Vous devez un exemple à la postérité,
Et mon trépas importe à votre sûreté.

AUGUSTE.

Tu me braves, Cinna; tu fais le magnanime;
Et, loin de t'excuser, tu couronnes ton crime.
Voyons si ta constance ira jusques au bout.
Tu sais ce qui t'est dû, tu vois que je sais tout;
Fais ton arrêt toi-même, et choisis tes supplices.

SCÈNE II.

LIVIE, AUGUSTE, CINNA, ÉMILIE, FULVIE.

LIVIE.

Vous ne connoissez pas encor tous les complices;[1*]
Votre Émilie en est, seigneur, et la voici.

CINNA.

C'est elle-même, ô dieux!

AUGUSTE.

      Et toi, ma fille, aussi!

ÉMILIE.

Oui; tout ce qu'il a fait, il l'a fait pour me plaire;
Et j'en étois, seigneur, la cause et le salaire.

AUGUSTE.

Quoi! l'amour qu'en ton cœur j'ai fait naître aujourd'hui,[2]
T'emporte-t-il déjà jusqu'à mourir pour lui?
Ton âme à ces transports un peu trop s'abandonne,
Et c'est trop tôt aimer l'amant que je te donne.

---

[*] C'est Émilie qui dit ces deux vers, depuis qu'on a retranché le rôle de Livie.

ÉMILIE.

Cet amour qui m'expose à vos ressentiments,
N'est point le prompt effet de vos commandements;
Ces flammes dans nos cœurs sans votre ordre étoient nées;
Et ce sont des secrets de plus de quatre années :
Mais, quoique je l'aimasse et qu'il brûlât pour moi,
Une haine plus forte à tous deux fit la loi;
Je ne voulus jamais lui donner d'espérance,
Qu'il ne m'eût de mon père assuré la vengeance;
Je la lui fis jurer; il chercha des amis.
Le ciel rompt le succès que je m'étois promis; 3
Et je vous viens, seigneur, offrir une victime,
Non pour sauver sa vie en me chargeant du crime;
Son trépas est trop juste après son attentat,
Et toute excuse est vaine en un crime d'état :
Mourir en sa présence, et rejoindre mon père,
C'est tout ce qui m'amène, et tout ce que j'espère.

AUGUSTE.

Jusques à quand, ô ciel, et par quelle raison
Prendrez-vous contre moi des traits dans ma maison?
Pour ses débordements j'en ai chassé Julie;
Mon amour en sa place a fait choix d'Émilie,
Et je la vois, comme elle, indigne de ce rang.
L'une m'ôtoit l'honneur, l'autre a soif de mon sang;
Et prenant toutes deux leur passion pour guide,
L'une fut impudique, et l'autre est parricide. 4
O ma fille! est-ce là le prix de mes bienfaits? 5

ÉMILIE.

Ceux de mon père en vous firent mêmes effets. *a*

a Mon père l'eut pareil de ceux qu'il vous a faits.

ACTE V, SCÈNE II.

AUGUSTE.

Songe avec quel amour j'élevai ta jeunesse.

ÉMILIE.

Il éleva la vôtre avec même tendresse;
Il fut votre tuteur, et vous son assassin;
Et vous m'avez au crime enseigné le chemin.
Le mien d'avec le vôtre en ce point seul diffère,
Que votre ambition s'est immolé mon père,
Et qu'un juste courroux dont je me sens brûler
A son sang innocent vouloit vous immoler.

LIVIE.

« C'en est trop, Émilie; arrête, et considère 6
« Qu'il t'a trop bien payé les bienfaits de ton père :
« Sa mort, dont la mémoire allume ta fureur,
« Fut un crime d'Octave, et non de l'empereur.
« Tous ces crimes d'état qu'on fait pour la couronne,
« Le ciel nous en absout alors qu'il nous la donne,
« Et, dans le sacré rang où sa faveur l'a mis, 7
« Le passé devient juste, et l'avenir permis.
« Qui peut y parvenir ne peut être coupable :
« Quoi qu'il ait fait ou fasse, il est inviolable :
« Nous lui devons nos biens, nos jours sont en sa main;
« Et jamais on n'a droit sur ceux du souverain.

ÉMILIE.

« Aussi, dans le discours que vous venez d'entendre,
« Je parlois pour l'aigrir, et non pour me défendre.
« Punissez donc, seigneur, ces criminels appas
« Qui de vos favoris font d'illustres ingrats;
Tranchez mes tristes jours pour assurer les vôtres.
Si j'ai séduit Cinna, j'en séduirai bien d'autres; 8

Et je suis plus à craindre, et vous plus en danger,
Si j'ai l'amour ensemble et le sang à venger.

CINNA.

Que vous m'ayez séduit, et que je souffre encore
D'être déshonoré par celle que j'adore!...
Seigneur, la vérité doit ici s'exprimer :
J'avois fait ce dessein avant que de l'aimer ;
A mes plus saints désirs la trouvant inflexible,
Je crus qu'à d'autres soins elle seroit sensible ;
Je parlai de son père et de votre rigueur,
Et l'offre de mon bras suivit celle du cœur.
Que la vengeance est douce à l'esprit d'une femme ! 9
Je l'attaquai par-là, par-là je pris son âme ; 10
Dans mon peu de mérite elle me négligeoit,
Et ne put négliger le bras qui la vengeoit :
Elle n'a conspiré que par mon artifice ;
J'en suis le seul auteur; elle n'est que complice. 11

ÉMILIE.

Cinna, qu'oses-tu dire? est-ce là me chérir
Que de m'ôter l'honneur quand il me faut mourir?

CINNA.

Mourez, mais en mourant ne souillez point ma gloire. 12

ÉMILIE.

La mienne se flétrit si César te veut croire.

CINNA.

Et la mienne se perd si vous tirez à vous
Toute celle qui suit de si généreux coups.

ÉMILIE.

Eh bien, prends-en ta part, et me laisse la mienne ; 13
Ce seroit l'affoiblir que d'affoiblir la tienne :

ACTE V, SCÈNE III.

La gloire et le plaisir, la honte et les tourments,
Tout doit être commun entre de vrais amants. 14
 Nos deux âmes, seigneur, sont deux âmes romaines:
Unissant nos désirs nous unîmes nos haines.
De nos parents perdus le vif ressentiment
Nous apprit nos devoirs en un même moment;
En ce noble dessein nos cœurs se rencontrèrent;
Nos esprits généreux ensemble le formèrent;
Ensemble nous cherchons l'honneur d'un beau trépas:
Vous vouliez nous unir, ne nous séparez pas.

AUGUSTE.

Oui, je vous unirai, couple ingrat et perfide,
Et plus mon ennemi qu'Antoine ni Lépide;
Oui, je vous unirai, puisque vous le voulez:
Il faut bien satisfaire aux feux dont vous brûlez,
Et que tout l'univers, sachant ce qui m'anime,
S'étonne du supplice aussi bien que du crime....
 Mais enfin le ciel m'aime, et ses bienfaits nouveaux
Ont arraché Maxime à la fureur des eaux.

SCÈNE III.

AUGUSTE, LIVIE, CINNA, MAXIME,
ÉMILIE, FULVIE.

AUGUSTE.

Approche, seul ami que je trouve fidèle.

MAXIME.

Honorez moins, seigneur, une âme criminelle.

AUGUSTE.

Ne parlons plus de crime après ton repentir,
Après que du péril tu m'as su garantir ;
C'est à toi que je dois et le jour et l'empire.

MAXIME.

De tous vos ennemis connoissez mieux le pire :
Si vous régnez encor, seigneur, si vous vivez,
C'est ma jalouse rage à qui vous le devez.
Un vertueux remords n'a point touché mon âme :
Pour perdre mon rival j'ai découvert sa trame ;
Euphorbe vous a feint que je m'étois noyé, 1
De crainte qu'après moi vous n'eussiez envoyé.
Je voulois avoir lieu d'abuser Émilie,
Effrayer son esprit, la tirer d'Italie,
Et pensois la résoudre à cet enlèvement 2
Sous l'espoir du retour pour venger son amant.
Mais au lieu de goûter ces grossières amorces,
Sa vertu combattue a redoublé ses forces : 3
Elle a lu dans mon cœur. Vous savez le surplus,
Et je vous en ferois des récits superflus ;
Vous voyez le succès de mon lâche artifice.
Si pourtant quelque grâce est due à mon indice, 4
Faites périr Euphorbe au milieu des tourments, 5
Et souffrez que je meure aux yeux de ces amants.
J'ai trahi mon ami, ma maîtresse, mon maître,
Ma gloire, mon pays, par l'avis de ce traître ;
Et croirai toutefois mon bonheur infini
Si je puis m'en punir après l'avoir puni.

ACTE V, SCÈNE III.

AUGUSTE.

En est-ce assez, ô ciel ! et le sort pour me nuire
A-t-il quelqu'un des miens qu'il veuille encor séduire ?
Qu'il joigne à ses efforts le secours des enfers,
Je suis maître de moi comme de l'univers ;
Je le suis, je veux l'être. O siècles, ô mémoire,
Conservez à jamais ma dernière victoire ;
Je triomphe aujourd'hui du plus juste courroux
De qui le souvenir puisse aller jusqu'à vous.

Soyons amis, Cinna, c'est moi qui t'en convie : 6
Comme à mon ennemi je t'ai donné la vie ;
Et, malgré la fureur de ton lâche dessein,
Je te la donne encor comme à mon assassin.
Commençons un combat qui montre par l'issue
Qui l'aura mieux de nous ou donnée ou reçue.
Tu trahis mes bienfaits, je les veux redoubler ;
Je t'en avois comblé, je t'en veux accabler :
Avec cette beauté que je t'avois donnée
Reçois le consulat pour la prochaine année.

Aime Cinna, ma fille, en cet illustre rang ; 7
Préfères-en la pourpre à celle de mon sang ;
Apprends sur mon exemple à vaincre ta colère :
Te rendant un époux, je te rends plus qu'un père.

ÉMILIE.

Et je me rends, seigneur, à ces hautes bontés ;
Je recouvre la vue auprès de leurs clartés :
Je connois mon forfait, qui me sembloit justice ;
Et, ce que n'avoit pu la terreur du supplice,
Je sens naître en mon âme un repentir puissant ;
Et mon cœur en secret me dit qu'il y consent.

Le ciel a résolu votre grandeur suprême ;
Et pour preuve, seigneur, je n'en veux que moi-même.
J'ose avec vanité me donner cet éclat, 8
Puisqu'il change mon cœur, qu'il veut changer l'état.
Ma haine va mourir, que j'ai crue immortelle...
Elle est morte, et ce cœur devient sujet fidèle ;
Et prenant désormais cette haine en horreur,
L'ardeur de vous servir succède à sa fureur.

CINNA.

Seigneur, que vous dirai-je après que nos offenses,
Au lieu de châtiments, trouvent des récompenses ?
O vertu sans exemple ! ô clémence, qui rend
Votre pouvoir plus juste, et mon crime plus grand !

AUGUSTE.

Cesse d'en retarder un oubli magnanime ;
Et tous deux avec moi faites grâce à Maxime :
Il nous a trahis tous ; mais ce qu'il a commis
Vous conserve innocents, et me rend mes amis.
(A Maxime.)
Reprends auprès de moi ta place accoutumée ;
Rentre dans ton crédit et dans ta renommée.
Qu'Euphorbe de tous trois ait sa grâce à son tour,
Et que demain l'hymen couronne leur amour :
Si tu l'aimes encor, ce sera ton supplice. 9

MAXIME.

Je n'en murmure point, il a trop de justice ;
Et je suis plus confus, seigneur, de vos bontés,
Que je ne suis jaloux du bien que vous m'ôtez.

ACTE V, SCÈNE III.

CINNA.

Souffrez que ma vertu, dans mon cœur rappelée,
Vous consacre une foi lâchement violée,
Mais si ferme à présent, si loin de chanceler,
Que la chute du ciel ne pourroit l'ébranler.
 Puisse le grand moteur des belles destinées
Pour prolonger vos jours retrancher nos années;
Et moi, par un bonheur dont chacun soit jaloux,
Perdre pour vous cent fois ce que je tiens de vous !

LIVIE.

« Ce n'est pas tout, seigneur; une céleste flamme,
« D'un rayon prophétique, illumine mon âme.
« Oyez ce que les dieux vous font savoir par moi;
« De votre heureux destin c'est l'immuable loi.
 « Après cette action vous n'avez rien à craindre;
« On portera le joug désormais sans se plaindre;
« Et les plus indomptés, renversant leurs projets,
« Mettront toute leur gloire à mourir vos sujets;
« Aucun lâche dessein, aucune ingrate envie
« N'attaquera le cours d'une si belle vie;
« Jamais plus d'assassins, ni de conspirateurs :
« Vous avez trouvé l'art d'être maître des cœurs.
« Rome, avec une joie et sensible et profonde,
« Se démet en vos mains de l'empire du monde;
« Vos royales vertus lui vont trop enseigner
« Que son bonheur consiste à vous faire régner:
« D'une si longue erreur pleinement affranchie,
« Elle n'a plus de vœux que pour la monarchie,
« Vous prépare déjà des temples, des autels,
« Et le ciel une place entre les immortels;

« Et la postérité, dans toutes les provinces,
« Donnera votre exemple aux plus généreux princes.

AUGUSTE.

« J'en accepte l'augure, et j'ose l'espérer.
« Ainsi toujours les dieux vous daignent inspirer !
Qu'on redouble demain les heureux sacrifices
Que nous leur offrirons sous de meilleurs auspices ; *a*
Et que vos conjurés entendent publier
Qu'Auguste a tout appris, et veut tout oublier.

a Qu'il faut offrir aux dieux sous de meilleurs auspices;

FIN DE CINNA.

EXAMEN DE CINNA.

Ce poëme a tant d'illustres suffrages qui lui donnent le premier rang parmi les miens, que je me ferois trop d'importants ennemis si j'en disois du mal. Je ne le suis pas assez de moi-même pour chercher des défauts où ils n'en ont point voulu voir, et accuser le jugement qu'ils en ont fait, pour obscurcir la gloire qu'ils m'en ont donnée. Cette approbation si forte et si générale vient sans doute de ce que la vraisemblance s'y trouve si heureusement conservée aux endroits où la vérité lui manque, qu'il n'a jamais besoin de recourir au nécessaire. Rien n'y contredit l'histoire, bien que beaucoup de choses y soient ajoutées; rien n'y est violenté par les incommodités de la représentation, ni par l'unité de jour, ni par celle de lieu.

Il est vrai qu'il s'y rencontre une duplicité de lieu particulier. La moitié de la pièce se passe chez Émilie, et l'autre dans le cabinet d'Auguste. J'aurois été ridicule si j'avois prétendu que cet empereur délibérât avec Maxime et Cinna, s'il quitteroit l'empire ou non, précisément dans la même place où ce dernier vient de rendre compte à Émilie de la conspiration qu'il a formée contre lui. C'est ce qui m'a fait rompre la liaison des scènes au qua-

trième acte, n'ayant pu me résoudre à faire que
Maxime vînt donner l'alarme à Émilie de la conjuration découverte, au lieu même où Auguste en
venoit de recevoir l'avis par son ordre, et dont il
ne faisoit que de sortir avec tant d'inquiétude et
d'irrésolution. C'eût été une impudence extraordinaire, et tout-à-fait hors du vraisemblable, de se
présenter dans son cabinet un moment après qu'il
lui avoit fait révéler le secret de cette entreprise,
et porter la nouvelle de sa fausse mort. Bien loin de
pouvoir surprendre Émilie par la peur de se voir
arrêtée, c'eût été se faire arrêter lui-même, et se
précipiter dans un obstacle invincible au dessein
qu'il vouloit exécuter. Emilie ne parle donc pas où
parle Auguste, à la réserve du cinquième acte; mais
cela n'empêche pas qu'à considérer tout le poëme
ensemble, il n'ait son unité de lieu, puisque tout
s'y peut passer non-seulement dans Rome, ou dans
un quartier de Rome, mais dans le seul palais d'Auguste, pourvu que vous y vouliez donner un appartement à Émilie, qui soit éloigné du sien.

Le compte que Cinna lui rend de sa conspiration
justifie ce que j'ai dit ailleurs, que, pour faire souffrir une narration ornée, il faut que celui qui la
fait et celui qui l'écoute, aient l'esprit assez tranquille, et s'y plaisent assez pour lui prêter toute la
patience qui lui est nécessaire. Émilie a de la joie
d'apprendre de la bouche de son amant avec quelle
chaleur il a suivi ses intentions, et Cinna n'en a pas
moins de lui pouvoir donner de si belles espérances

de l'effet qu'elle en souhaite. C'est pourquoi, quelque longue que soit cette narration sans interruption aucune, elle n'ennuie point. Les ornements de rhétorique dont j'ai tâché de l'enrichir ne la font point condamner de trop d'artifices, et la diversité de ses figures ne fait point regretter le temps que j'y perds; mais si j'avois attendu à la commencer qu'Évandre eût troublé ces deux amants par la nouvelle qu'il leur apporte, Cinna eût été obligé de s'en taire, ou de la conclure en six vers, et Émilie n'en eût pu supporter davantage.

Comme les vers de ma tragédie d'Horace ont quelque chose de plus net et de moins guindé pour les pensées que ceux du Cid, on peut dire que ceux de cette pièce ont quelque chose de plus achevé que ceux d'Horace, et qu'enfin la facilité de concevoir le sujet, qui n'est ni trop chargé d'incidents, ni trop embarrassé des récits de ce qui s'est passé avant le commencement de la pièce, est une des causes sans doute de la grande approbation qu'elle a reçue. L'auditeur aime à s'abandonner à l'action présente, et n'être point obligé, pour l'intelligence de ce qu'il voit, de réfléchir sur ce qu'il a déjà vu, et de fixer sa mémoire sur les premiers actes, cependant que les derniers sont devant ses yeux. C'est l'incommodité des pièces embarrassées, qu'en termes de l'art on nomme *implexes,* par un mot emprunté du latin, telles que sont Rodogune et Héraclius. Elle ne se rencontre pas dans les simples; mais comme celles-là ont sans doute besoin de plus d'esprit pour les imaginer, et de plus d'art pour les conduire, celles-ci n'ayant pas le même secours du côté du sujet, demandent plus de force de vers, de raisonnement, et de sentiment pour les soutenir.

REMARQUES
DE VOLTAIRE
SUR
CINNA.

REMARQUES SUR CINNA.

ACTE PREMIER.

SCÈNE I.ère

ÉMILIE. [1]

PLUSIEURS actrices ont supprimé ce monologue dans les représentations. Le public même paraissait souhaiter ce retranchement : on y trouvait de l'amplification. Ceux qui fréquentent les spectacles disaient qu'Émilie ne devait pas ainsi se parler à elle-même, se faire des objections et y répondre ; que c'était une déclamation de rhétorique ; que les mêmes choses qui seraient très-convenables quand on parle à sa confidente, sont très-déplacées quand on s'entretient toute seule avec soi-même ; qu'enfin la longueur de ce monologue y jetait de la froideur, et qu'on doit toujours supprimer ce qui n'est pas nécessaire.

Cependant j'étais si touché des beautés répandues dans cette première scène, que j'engageai l'actrice qui jouait Émilie à la remettre au théâtre, et elle fut très-bien reçue. [a]

[a] Ce monologue est long, mais il est nécessaire : il sert à justi-

2 Impatients désirs d'une illustre vengeance, etc.

Quand il se trouve des acteurs capables de jouer Cinna, on retranche assez communément ce monologue. Le public a perdu le goût de ces déclamations : celle-ci n'est pas nécessaire à la pièce ; mais n'a-t-elle pas de grandes beautés? n'est-elle pas majestueuse et même assez passionnée? Boileau trouvait, dans ces *impatients désirs, enfants du ressentiment, embarrassés par la douleur,* une espèce de famille ; il prétendait que les grands intérêts et les grandes passions s'expriment plus naturellement ; il trouvait que le poëte paraît trop ici, et le personnage trop peu. *a*

3 Vous prenez sur mon âme un trop puissant empire.

Il y avait dans les premières éditions, *vous régnez* fier la haine d'Émilie pour César, et à faire voir les tourments qu'elle éprouve en exposant son amant. Les sentiments de son cœur ne sont sûrement point annoncés de sang-froid dans ce monologue, comme le prétendent *de bons critiques.*

a Il est difficile de concevoir pourquoi, lorsqu'il y a des acteurs capables de jouer Cinna, on retranche ce monologue. On seroit plus porté à croire qu'on le retranche quand il ne plaît pas à l'actrice chargée du rôle d'Émilie. Il est à remarquer que Voltaire n'émet pas sur ce monologue une opinion bien fixe. Tantôt il lui paroît une déclamation de rhétorique, tantôt les beautés qui y sont répandues l'engagent à le faire remettre sur la scène, où il est très-applaudi ; puis il croit qu'on devroit en retrancher seulement les quatre derniers vers ; cependant il allègue, contre le tout, l'exemple de Racine, qui, dit-il, ne fait pas étaler à ses principaux personnages leurs sentiments secrets dans un monologue. Enfin il trouve, dans la seconde scène, des motifs pour ne pas supprimer celui d'Émilie.

sur mon âme avecque trop d'empire. Avecque faisait un son dur et traînant, comme on l'a déjà remarqué. On ne peut corriger mieux.

4 Quand je regarde Auguste au milieu de sa gloire....

Il y avait dans les premières éditions, *au trône de sa gloire.*

5 Et que vous reprochez à ma triste mémoire
Que par sa propre main mon père massacré
Du trône où je le vois fait le premier degré.

Ces désirs rappellent à Émilie le meurtre de son père, et ne le lui reprochent pas. Il fallait dire, *vous me reprochez de ne l'avoir pas encore vengé,* et non pas, *vous me reprochez sa proscription;* car elle n'est certainement pas cause de cette mort. *a*

6 Quand vous me présentez cette sanglante image,
La cause de ma haine, et l'effet de sa rage....

Émilie a déjà dit quelle est la cause de sa haine; la cause et la haine paraissent trop recherchées.

7 Et crois, pour une mort, lui devoir mille morts....
Sans attirer sur soi mille et mille tempêtes....

Mille morts, mille et mille tempêtes, ne sont que de légères négligences auxquelles il ne faut pas prendre garde dans les ouvrages de génie, et surtout dans ceux du siècle de Corneille, mais qu'il faut éviter soigneusement aujourd'hui.

a Corneille n'a pas fait dire à Émilie : *Vous me reprochez sa proscription;* ces mots eussent été très-déplacés dans sa bouche. Ceux que Voltaire prétend qu'elle devoit dire nous paroissent ne pas lui convenir davantage, parce qu'Émilie, qui n'a guère plus de vingt ans, est trop jeune pour mériter le reproche *de n'avoir pas encore vengé son père.*

8 J'aime encor plus Cinna que je ne hais Auguste.

De bons critiques, qui connaissent l'art et le cœur humain, n'aiment pas qu'on annonce ainsi de sang-froid les sentiments de son cœur; ils veulent que les sentiments échappent à la passion. Ils trouvent mauvais qu'on dise : *J'aime plus celui-ci que je ne hais celui-là; je sens refroidir mon mouvement bouillant; je m'irrite contre moi-même; j'ai de la fureur :* ils veulent que cette fureur, cet amour, cette haine, ces bouillants mouvements, éclatent sans que le personnage vous en avertisse. C'est le grand art de Racine : ni Phèdre, ni Iphigénie, ni Agrippine, ni Roxane, ni Monime, ne débutent par venir étaler leurs sentiments secrets dans un monologue, et par raisonner sur les intérêts de leurs passions. Mais il faut toujours se souvenir que c'est Corneille qui a débrouillé l'art, et que si ces amplifications de rhétorique sont un défaut aux yeux des connaisseurs, ce défaut est réparé par de très-grandes beautés.

9 Amour, sers mon devoir, et ne le combats plus.

Il semble que le monologue devrait finir là. Les quatre derniers vers ne sont-ils pas surabondants? les pensées n'en sont-elles pas recherchées et hors de la nature? Qu'importe de la gloire ou de la honte de l'amour? Qu'est-ce que ce devoir qui ne triomphera que pour couronner l'amour? D'ailleurs, dans le dernier de ces vers, au lieu de

Et ne triomphera que pour te couronner,

il faudrait, *il ne triomphera.* Mais les vers précé-

ACTE I, SCÈNE II.

dents paraissent dignes de Corneille, et j'ose croire qu'au théâtre il faudrait réciter ce monologue en retranchant seulement ces quatre derniers vers, qui ne sont pas dignes du reste.

SCÈNE II.

☞ 1. Quoique j'aime Cinna, quoique mon cœur l'adore,
S'il me veut posséder, Auguste doit périr.

Des critiques trouvent ce premier vers languissant, par le soin même que prend l'auteur de lui donner de la force; ils disent qu'*adore* n'est que la répétition de *j'aime*.

☞ 2 Par un si grand dessein vous vous faites juger....

Vous vous faites juger est plus languissant; d'ailleurs c'est un grand secret, on ne peut encore le juger. *a*

☞ 3 Digne sang de celui que vous voulez venger.

Toranius était un plébéien inconnu, qui n'avait joué aucun rôle, et qu'Octave sacrifia dans les proscriptions parce qu'il était riche. *b*

4 Je recevrois de lui la place de Livie
Comme un moyen plus sûr d'attenter à sa vie.

Ce sentiment furieux est, à mon gré, une raison

---

a Fulvie, pour qui le dessein d'Émilie n'est pas un secret, peut le juger dès le moment même; par la suite ce sera l'univers entier qui le jugera : la remarque de Voltaire paroît donc déplacée.

b Toranius n'étoit pas *un plébéien inconnu*; il étoit tuteur d'Octave, qui a pu le proscrire parce qu'il le trouvoit opposé à ses projets.

pour ne pas supprimer le monologue qui prépare cette férocité.

5 Tant de braves Romains, tant d'illustres victimes,
Qu'à son ambition ont immolés ses crimes, etc.

Ambition ont est bien dur à l'oreille.
Fuyez des mauvais sons le concours odieux.

6 Et tu verrois mes pleurs couler pour son trépas,
Qui, le faisant périr, ne me vengeroit pas.

Ce sentiment atroce et ces beaux vers ont été imités par Racine dans Andromaque :

.... Ma vengeance est perdue,
S'il ignore en mourant que c'est moi qui le tue.

7 Tout beau, ma passion, deviens un peu moins forte.

Tout beau revient au *pian piano* des Italiens. Ce mot familier est banni du discours sérieux, à plus forte raison de la poésie; et l'apostrophe à sa passion sort du ton du dialogue et de la vérité : c'est un tour de rhéteur qu'on se permettait encore.

8 Quoi qu'il en soit, qu'Auguste ou que Cinna périsse;
Aux mânes paternels je dois ce sacrifice.

Il semble, par ces expressions, qu'elle doive le sacrifice de Cinna.

9 Et c'est à faire enfin à mourir après lui.

Et c'est à faire est encore une expression bourgeoise hors d'usage, même aujourd'hui, chez le peuple. Remarquez que dans cette scène il n'y a presque que ces deux mots à reprendre, et que la pièce est faite depuis six vingts ans : ce n'est qu'une scène avec une confidente, et elle est sublime. *a*

---

a S'il n'y a que deux mots à reprendre dans cette scène, pourquoi Voltaire a-t-il fait neuf remarques ?

SCÈNE III.

¹ Plût aux dieux que vous-même eussiez vu de quel zèle
Cette troupe entreprend une action si belle! etc.

Ce discours de Cinna est un des plus beaux morceaux d'éloquence que nous ayons dans notre langue.

² Amis, leur ai-je dit, voici le jour heureux
Qui doit conclure enfin nos desseins généreux.

Le mot *dessein* ne convient pas à *conclure*. Il me semble qu'on conclut une affaire, un traité, un marché; que l'on consomme un dessein, qu'on l'exécute, qu'on l'effectue. Peut-être que le verbe *remplir* eût été plus juste et plus poétique que *conclure*.

³ Là, par un long récit de toutes les misères
Que durant notre enfance ont enduré nos pères....

Durant et *enduré*, dans le même vers, ne sont qu'une inadvertance; il était aisé de mettre *pendant notre enfance :* mais *ont enduré* paraît une faute aux grammairiens; ils voudraient *les misères qu'ont endurées nos pères*. Je ne suis point du tout de leur avis; il serait ridicule de dire, *les misères qu'ont souffertes nos pères*, quoiqu'il faille dire, *les misères que nos pères ont souffertes*. S'il n'est pas permis à un poëte de se servir en ce cas du participe absolu, il faut renoncer à faire des vers. *a*

---

a Les misères qu'ont enduré est une véritable faute, malgré l'avis du commentateur. Il ne seroit pas ridicule de dire *les misères qu'ont souffertes nos pères,* et ce seroit une faute de dire *qu'ont*

4 Où les meilleurs soldats et les chefs les plus braves
　Mettoient toute leur gloire à devenir esclaves ;
　Où, pour mieux assurer la honte de leurs fers,
　Tous vouloient à leur chaîne attacher l'univers.

Les premières éditions portent :

Où le but des soldats et des chefs les plus braves
Étoit d'être vainqueurs pour devenir esclaves ;
Où chacun trahissoit, aux yeux de l'univers,
Soi-même et son pays pour se donner des fers.

Ce mot *but*, dans cette place, ne paraissait ni assez noble, ni assez juste. *Aux yeux de l'univers* était un faible hémistiche, un de ces vers oiseux qui servaient uniquement à la rime. Corneille corrigea ces deux petites fautes, et mit à la place ces vers dignes du reste de cet admirable récit.

5 Vous dirai-je les noms de ces grands personnages
　Dont j'ai dépeint les morts pour aigrir les courages ?

Dans le temps de Corneille on disait *les courages* pour *les esprits* ; on peut même se servir encore du mot *courage* en ce sens : mais *aigrir* n'est pas assez fort. Cinna a peint les proscriptions pour faire horreur, pour enflammer les esprits, pour les irriter, pour les envenimer, pour les saisir d'indignation, pour les remplir des fureurs de la vengeance.

souffert. Il est important de combattre des opinions subversives des règles, sans lesquelles la langue seroit livrée à l'arbitraire.

Ce qui est véritablement ridicule et que l'on doit éviter, c'est de mettre le participe *souffert, soufferte* immédiatement après le substantif, comme dans ces vers :

Après quinze ans de maux et d'opprobres soufferts.
　　　　　　　　　ORESTE.

Vous me payez trop bien de ma douleur soufferte.
　　　　　　　　　ADÉLAÏDE DUGUESCLIN.

ACTE I, SCÈNE III.

6 Mais nous pouvons changer un destin si funeste.

Il y avait auparavant :

Rendons toutefois grâce à la bonté céleste.

7 Lui mort, nous n'avons point de vengeur, ni de maître.

Il veut dire, *mort, il est sans vengeur, et nous sommes sans maître.* En effet, c'est Rome qui a des vengeurs dans les assassins du tyran. Corneille entend donc qu'Auguste restera sans vengeance.

8 Avec la liberté Rome s'en va renaître.

S'en va renaître. Cette expression n'est point fautive en poésie : au contraire, voyez dans l'Iphigénie de Racine :

Et ce triomphe heureux qui s'en va devenir
L'éternel entretien des siècles à venir....

Cet exemple est un de ceux qui peuvent servir à distinguer le langage de la poésie de celui de la prose.

9 Demain j'attends la haine ou la faveur des hommes,
Le nom de parricide, ou de libérateur,
César celui de prince, ou d'un usurpateur.

Il faut *d'usurpateur* dans la règle ; *il aura le nom de prince légitime ou d'usurpateur.* Mais gênons la poésie le moins que nous pourrons.

10 Et le peuple, inégal à l'endroit des tyrans,
S'il les déteste morts, les adore vivants.

Ce terme *à l'endroit* n'est plus d'usage dans le style noble.

11 Sont-ils morts tout entiers avec leurs grands desseins....

Il y avait :

Et sont-ils morts entiers avecque leurs desseins....

D'abord l'auteur substitua, *et sont-ils morts entiers avec leurs grands desseins;* ensuite il mit, *sont-ils morts tout entiers.* Cette expression sublime, *mourir tout entier,* est prise du latin d'Horace, *non omnis moriar;* et *tout entier* est plus énergique. Racine l'a imitée dans sa belle pièce d'Iphigénie :

Ne laisser aucun nom et mourir tout entier.

12 Va marcher sur leurs pas....

Il faudrait, *va, marche;* on ne dit pas plus *allons marcher,* qu'*allons aller.*

Ibid. .... Où l'honneur te convie.

Convie est une très-belle expression; elle était très-usitée dans le grand siècle de Louis XIV. Il est à souhaiter que ce mot continue d'être en usage.

1 Souviens-toi du beau feu dont nous sommes épris....
Que tu me dois ton cœur, que mes faveurs t'attendent....

Ailleurs ce mot de *faveurs* exciterait le ris et le murmure; mais ce mot est ici confondu dans la foule des beautés de cette scène, si vive, si éloquente et si romaine. *a*

SCÈNE IV.

1 Seigneur, César vous mande, et Maxime avec vous.

L'intrigue est nouée dès le premier acte; le plus grand intérêt et le plus grand péril s'y manifestent : c'est un coup de théâtre.

a Voilà treize remarques sur cette scène; on peut se convaincre, en les lisant, qu'il y en a à peine deux d'utiles.

ACTE I, SCÈNE IV.

Remarquez que l'on s'intéresse d'abord beaucoup au succès de la conspiration de Cinna et d'Émilie; 1.º parce que c'est une conspiration; 2.º parce que l'amant et la maîtresse sont en danger; 3.º parce que Cinna a peint Auguste avec toutes les couleurs que les proscriptions méritent, et que dans son récit il a rendu Auguste *exécrable*; 4.º parce qu'il n'y a point de spectateur qui ne prenne dans son cœur le parti de la liberté. Il est important de faire voir que dans ce premier acte Cinna et Émilie s'emparent de tout l'intérêt; on tremble qu'ils ne soient découverts. Vous verrez qu'ensuite cet intérêt change, et vous jugerez si c'est un défaut ou non. *a*

a On a pu voir, dans la préface, que l'Académie ne partage point l'opinion de Voltaire sur cette pièce, qu'il renvoya deux fois ses remarques, qu'il ne se rendit pas au sentiment des *quarante*, et que, malgré sa promesse au comte d'Argental, d'être modeste et adroit, il ne fut probablement ni l'un ni l'autre, puisqu'il se brouilla avec ce corps respectable.

Voltaire termine sa remarque en disant *qu'il est important* de faire voir que, dans ce premier acte, Cinna et Émilie s'emparent de tout l'intérêt. Sans doute cela est important pour lui, dans le projet qu'il a de persuader que l'intérêt change dans les actes suivants, et d'en conclure, comme il le fait, que la pièce est froide. Mais nous sommes bien loin de convenir que Cinna et Émilie s'emparent de tout l'intérêt, et il paroît que ce fut aussi ce que l'Académie refusa d'accorder au commentateur. Les raisons qu'il allègue pour soutenir son opinion ne nous paroissent nullement plausibles. En est-ce une bien forte de dire que l'on s'intéresse au succès de la conspiration? Le succès ou plutôt l'issue d'une conspiration peut exciter la curiosité, mais il seroit un peu léger de s'intéresser au succès des conspirateurs, sans connoître celui contre qui ils agissent autrement que par leurs accusations. La deuxième raison n'est pas meilleure que la première; elle est même évidemment

2 *Je verse assez de pleurs pour la mort de mon père.*

Peut-être ces pleurs, disent les critiques sévères, sont un peu trop de commande; peut-être n'est-il pas bien naturel qu'on pleure son père au bout de vingt ans; et il est certain que les spectateurs ne pleurent point ce Toranius, père d'Émilie. Mais si Corneille s'élève ici au-dessus de la nature, il ne choque point la nature : c'est une beauté plutôt qu'un défaut.

3 *Je mourrai tout ensemble heureux et malheureux;*
   Heureux, etc.

Boileau reprenait cet *heureux et malheureux* : il y trouvait trop de recherche et je ne sais quoi d'alambiqué. On peut dire, *heureux dans mon malheur;* l'exact et l'élégant Racine l'a dit; mais être à la fois heureux et malheureux, expliquer et retourner cette antithèse, cette énigme, cela n'est pas de la véritable éloquence.

4 *Je fais de ton destin des règles à mon sort,*

n'est pas à la vérité une expression heureuse; mais

fausse. Cinna et Émilie ne sont en effet en danger que parce qu'ils veulent bien s'y mettre; à bien dire même, ils n'en courent encore aucun; Auguste seul est menacé. Quel intérêt peut-on donc prendre aux deux amants? Cinna, dit le commentateur, a rendu, *dans son récit,* Auguste exécrable; mais quelle confiance mérite Cinna, que l'on voit emporté par son amour? J'avoue que la représentation de cette belle tragédie a toujours produit sur moi un effet bien différent de celui indiqué par Voltaire. Je me suis, dès le commencement de la pièce, uniquement intéressé à Auguste, parce que j'ai vu qu'on menaçoit sa vie, et que je n'ai pas voulu le juger avant de l'avoir entendu.

y a-t-il des fautes au milieu de tant de beaux vers, avec tant d'intérêt, de grandeur et d'éloquence?

5. *Et j'obtiendrai ta vie, ou je suivrai ta mort.*

Je suivrai ta mort n'exprime pas ce que l'auteur veut dire, *je mourrai après toi.*

6 *Va-t'en, et souviens-toi seulement que je t'aime.*

Seulement fait là un mauvais effet; car Cinna doit se souvenir de son entreprise et de ses amis.

On ne remarque ces légères inadvertances qu'en faveur des étrangers et des commençants. a

ACTE DEUXIÈME.

SCÈNE I.ère

Corneille, dans son examen de Cinna, semble se condamner d'avoir manqué à l'unité de lieu. *Le premier acte*, dit-il, *se passe dans l'appartement d'Émilie, le second dans celui d'Auguste :* mais il fait aussi réflexion que l'unité s'étend à tout le palais; il est impossible que cette unité soit plus rigoureusement observée. Si on avait eu des théâtres véritables, une scène semblable à celle de Vicence, qui représentât plusieurs appartements, les yeux des spectateurs auraient vu ce que leur esprit doit

---

a. Par ces mots, *Souviens-toi seulement que je t'aime,* Émilie veut dire à Cinna de ne pas s'inquiéter pour elle, d'oublier ce qu'elle vient de lui dire, hormis qu'elle l'aime. Le mot *seulement,* entendu comme il doit l'être, ne fait donc point un mauvais effet.

suppléer. C'est la faute des constructeurs quand un théâtre ne représente pas les différents endroits où se passe l'action, dans une même enceinte, une place, un temple, un palais, un vestibule, un cabinet, etc. Il s'en fallait beaucoup que le théâtre fût digne des pièces de Corneille. C'est une chose admirable sans doute d'avoir supposé cette délibération d'Auguste avec ceux mêmes qui viennent de faire serment de l'assassiner : sans cela cette scène serait plutôt un beau morceau de déclamation qu'une belle scène de tragédie.

> *Cet empire absolu sur la terre et sur l'onde,*
> *Ce pouvoir souverain que j'ai sur tout le monde,*
> *Cette grandeur sans borne, et cet illustre rang*
> *Qui m'a jadis coûté tant de peine et de sang, etc.*

Cet empire absolu, ce pouvoir souverain, la terre et l'onde, tout le monde, et cet illustre rang, sont une redondance, un pléonasme, une petite faute.

Fénélon, dans sa lettre à l'Académie sur l'éloquence, dit : « Il me semble qu'on a donné souvent aux Romains un discours trop fastueux ; je ne trouve point de proportion entre l'emphase avec laquelle Auguste parle dans la tragédie de Cinna, et la modeste simplicité avec laquelle Suétone le dépeint. » Il est vrai : mais ne faut-il pas quelque chose de plus relevé sur le théâtre que dans Suétone ? Il y a un milieu à garder entre l'enflure et la simplicité. Il faut avouer que Corneille a quelquefois passé les bornes.

L'archevêque de Cambrai avait d'autant plus raison de reprendre cette enflure vicieuse, que de son temps les comédiens chargeaient encore ce défaut par la plus ridicule affectation dans l'habillement, dans la déclamation et dans les gestes. On voyait arriver Auguste avec la démarche d'un matamore, coiffé d'une perruque carrée qui descendait par-devant jusqu'à la ceinture; cette perruque était farcie de feuilles de laurier, et surmontée d'un large chapeau avec deux rangs de plumes rouges. Auguste, ainsi défiguré par des bateleurs gaulois sur un théâtre de marionnettes, était quelque chose de bien étrange : il se plaçait sur un énorme fauteuil à deux gradins, et Maxime et Cinna étaient sur deux petits tabourets. La déclamation ampoulée répondait parfaitement à cet étalage ; et sur-tout Auguste ne manquait pas de regarder Cinna et Maxime du haut en bas, avec un noble dédain, en prononçant ces vers :

Enfin tout ce qu'adore en ma haute fortune
D'un courtisan flatteur la présence importune....

Il faisait bien sentir que c'étaient eux qu'il regardait comme des courtisans flatteurs. En effet, il n'y a rien dans le commencement de cette scène qui empêche que ces vers ne puissent être joués ainsi. Auguste n'a point encore parlé avec bonté, avec amitié à Cinna et à Maxime; il ne leur a encore parlé que de son pouvoir absolu sur la terre et sur l'onde : on est même un peu surpris qu'il leur propose tout d'un coup son abdication de l'empire, et qu'il les ait mandés avec tant d'empressement pour écouter une résolution si soudaine sans aucune préparation, sans aucun sujet, sans aucune raison prise de l'état présent des choses.

Lorsqu'Auguste examinait avec Agrippa et avec Mécène s'il devait conserver ou abdiquer sa puissance, c'était dans des occasions critiques qui amenaient naturellement cette délibération, c'était dans l'intimité de la conversation, c'était dans des effusions de cœur. Peut-être cette scène eût-elle été plus vraisemblable, plus théâtrale, plus intéressante, si Auguste avait commencé par traiter Cinna et Maxime avec amitié, s'il leur avait parlé de son abdication comme d'une idée qui leur était déjà connue; alors la scène ne paraîtrait plus amenée comme par force, uniquement pour faire un contraste avec la conspiration. Mais, malgré toutes ces observations, ce morceau sera toujours un chef-d'œuvre par la beauté des vers, par les détails, par la force du raisonnement, et par l'intérêt même qui doit en résulter; car est-il rien de plus intéressant que de voir Auguste rendre ses propres assassins arbitres de sa destinée? Il serait mieux, j'en conviens, que cette scène eût pu être préparée : mais le fonds est toujours le même ; et les beautés de détail, qui seules peuvent faire le succès des poëtes, sont d'un genre sublime.

3 L'ambition déplaît quand elle est assouvie, etc.

Ces maximes générales sont rarement convenables au théâtre (comme nous le remarquons plusieurs fois), sur-tout quand leur longueur dégénère en dissertation; mais ici elles sont à leur place. La passion et le danger n'admettent point les maximes: Auguste n'a point de passion, et n'éprouve point ici de dangers; c'est un homme qui réfléchit, et ses réflexions mêmes servent encore à justifier le projet de renoncer à l'empire. Ce qui ne serait pas permis dans une scène vive et passionnée, est ici admirable.

Et, monté sur le faîte, il aspire à descendre.

Racine admirait sur-tout ce vers, et le faisait admirer à ses enfants. En effet, ce mot *aspire*, qui d'ordinaire s'emploie avec *s'élever*, devient une beauté frappante quand on le joint à descendre : c'est cet heureux emploi des mots qui fait la belle poésie, et qui fait passer un ouvrage à la postérité.

5 Mille ennemis secrets, la mort à tous propos....

La mort à tous propos est trop familier. Si ces légers défauts se trouvaient dans une tirade faible, ils l'affaibliraient encore : mais ces négligences ne choquent personne dans un morceau si supérieurement écrit; ce sont de petites pierres entourées de diamants; elles en reçoivent de l'éclat, et n'en ôtent point.

6 Point de plaisir sans trouble, et jamais de repos,

est trop faible, trop inutile après *la mort à tous propos*.

7 Et l'ordre du destin qui gêne nos pensées
N'est pas toujours écrit dans les choses passées,

ne fait pas un sens clair : il veut dire, *le destin*

que nous cherchons à connaître n'est pas toujours écrit dans les événements passés qui pourraient nous instruire. La grande difficulté des vers est d'exprimer ce qu'on pense.

8 Vous, qui me tenez lieu d'Agrippe et de Mécène....

Auguste eut en effet, à ce qu'on dit, cette conversation avec Agrippa et Mécénas : Dion Cassius les fait parler tous deux; mais qu'il est faible et stérile en comparaison de Corneille !

Dion Cassius fait ainsi parler Mécénas : *Consultez plutôt les besoins de la patrie que la voix du peuple, qui, semblable aux enfants, ignore ce qui lui est profitable ou nuisible. La république est comme un vaisseau battu de la tempête,* etc. Comparez ces discours à ceux de Corneille, dans lesquels il avait la difficulté de la rime à surmonter.

Cette scène est un traité du droit des gens. La différence que Corneille établit entre l'usurpation et la tyrannie était une chose toute nouvelle; et jamais écrivain n'avait étalé des idées politiques en prose aussi fortement que Corneille les approfondit en vers.

9 Malgré notre surprise, etc.

Ce mot est la critique du peu de préparation donnée à cette scène. En effet, est-il naturel qu'Auguste veuille ainsi abdiquer tout d'un coup sans aucun sujet, sans aucune raison nouvelle ? *a*

---

a C'est justement parce que cette scène n'est pas préparée, qu'elle produit un plus grand effet. Supposé que Cinna et Émilie

10 Rome est dessous vos lois par le droit de la guerre.

Comme il faut des remarques grammaticales, sur-tout pour les étrangers, on est obligé d'avertir que *dessous* est adverbe, et n'est point préposition : *Est-il dessus ? est-il dessous ? il est sous vous; il est sous lui.*

11 C'est ce que fit César; il vous faut aujourd'hui
Condamner sa mémoire, ou faire comme lui.

Le mot *faire* est prosaïque et vague : *régner comme lui* eût mieux valu.*a*

12 Et vous devez aux dieux compte de tout le sang
Dont vous l'avez vengé pour monter à son rang.

Cela n'est pas français : il a vengé César *par le sang*, et non *du sang*. Il fallait :

Et vous devez aux dieux compte de tout le sang
Que vous avez versé pour monter à son rang. *b*

13 N'en craignez point, seigneur, les tristes destinées;
Un plus puissant démon veille sur vos années.

eussent pu soupçonner l'intention d'Auguste, auroient-ils été aussi inquiets quand Évandre est venu dire : *Seigneur, César vous mande, et Maxime avec vous ?* Ce n'est pas tout-à-coup que César veut abdiquer, puisqu'il dit *avoir débattu ce point avec Agrippe et Mécène.*

a Voltaire en veut beaucoup au verbe *faire*. Les mots *comme lui* dont il est suivi empêchent qu'il ne soit vague. Il semble que le mot *régner* ne produiroit pas un aussi bon effet après ceux-ci : *C'est ce que fit César.*

b Dont signifie également *duquel, avec lequel,* ou *par lequel;* il n'y a donc point de faute dans ces vers.

Il y avait d'abord :

> Mais sa mort vous fait peur, seigneur ! les destinées
> D'un soin bien plus exact veillent sur vos années.

Corneille a changé heureusement ces deux vers. Quelques personnes reprennent *les destinées;* elles prétendent que la mort de César est le destin de César, sa destinée, et que ce mot au pluriel ne peut signifier un seul événement. Je crois cette critique aussi injuste que fine; car s'il n'est pas permis à la poésie de dire *destinées* pour *destins, grâces, faveurs, dons, inimitiés, haines,* etc. au pluriel, c'est vouloir qu'on ne fasse pas de vers. *a*

> 14 On a dix fois sur vous attenté *sans effet,*
> Et qui l'a voulu perdre au même instant l'a fait.

On ne sait point à quoi se rapporte *le perdre;* on pourrait entendre par ce vers, *ceux qui ont attenté sur vous se sont perdus.* Il faut éviter ce mot *faire,* sur-tout à la fin d'un vers : petite remarque, mais utile. Ce mot *faire* est trop vague; il ne présente ni idée déterminée, ni image; il est lâche, il est prosaïque. *b*

---

a Puisque cette critique a paru à Voltaire aussi injuste que fine, pourquoi l'a-t-il reproduite? ou plutôt pourquoi a-t-il ramassé ou feint de ramasser tout ce qu'ont pu dire de bons critiques, des critiques sévères, ou quelques personnes? Ne seroit-on pas fondé à croire que, n'osant lui-même mettre en avant de si misérables chicanes, il a trouvé plus commode de les imputer à d'autres?

b On chercheroit en vain dans le texte ces mots, *le perdre.* On y trouve ceux-ci : *et qui l'a voulu perdre.* Ils se rapportent si

15 Votre Rome autrefois vous donna la naissance.

La tyrannie du vers amène très-mal-à-propos ce mot oiseux *autrefois*.

16 Et Cinna vous impute à crime capital
    La libéralité vers le pays natal!

Le *pays natal* n'est pas du style noble ; *la libéralité* n'est pas le mot propre ; car rendre *la liberté à sa patrie* est bien plus que *liberalitas Augusti*.

17 Et ce n'est qu'un objet digne de nos mépris,
    Si de ses pleins effets l'infamie est le prix.

Cette phrase n'a pas la clarté, l'élégance, la justesse nécessaires. La vertu est donc un objet digne de nos mépris, si l'infamie est le prix de ses pleins effets. Remarquez de plus qu'*infamie* n'est pas le mot propre : il n'y a point d'infamie à renoncer à l'empire.

18 Mais commet-on un crime indigne de pardon,
    Quand la reconnoissance est au-dessus du don?

La rime a encore produit cet hémistiche, *indigne de pardon :* ce n'est assurément pas un crime impardonnable de donner plus qu'on n'a reçu. Les vers, pour être bons, doivent avoir l'exactitude de la prose, en s'élevant au-dessus d'elle.

évidemment à César, qu'il y a lieu de croire que celui qui ne l'entendra pas n'aura pas entendu les vers précédents. Voilà deux fois de suite que Voltaire reprend le mot *faire* comme lâche et prosaïque. Il faut, dit-il, l'éviter, sur-tout à la fin d'un vers. Et peut-être jamais auteur ne l'y a mis aussi souvent que lui : on trouve ce mot quatre fois, en rime, dans une de ses tragédies, *Adélaïde Duguesclin.*

19 Et peu de généreux vont jusqu'à dédaigner,
Après un sceptre acquis, la douceur de régner.

Après un sceptre acquis... Cet hémistiche n'est pas heureux; et ces deux vers sont de trop après celui-ci :

Mais, pour y renoncer, il faut la vertu même.

C'est toujours gâter une belle pensée que de vouloir y ajouter; c'est une abondance vicieuse.

20 Il passe pour tyran quiconque s'y fait maître....

Cet *il qui* était autrefois un tour très-heureux ; la tyrannie de l'usage l'a aboli. *Il est un tyran, celui qui asservit son pays; il est un perfide, celui qui manque à sa parole.* On a encore conservé ce tour, *ils sont dangereux, ces ennemis du théâtre, ces rigoristes outrés.*

21 Qui le sert, pour esclave; et qui l'aime, pour traître.

Voilà encore de cette abondance superflue et stérile. Pourquoi celui qui aime un usurpateur est-il traître? Il n'est certainement pas traître parce qu'il l'aime. Quand on a dit qu'il est esclave, on a tout dit; le reste est inutile.

22 Qui le souffre a le cœur lâche, mol, abattu.

On ne se sert plus du terme *mol*. De plus, ces trois épithètes forment un vers trop négligé ; la précision y perd, et le sens n'y gagne rien.

23 Dans le champ du public largement ils moissonnent.

Il y avait auparavant, *dedans le champ d'autrui.*

24 Le pire des états, c'est l'état populaire.

Quelle prodigieuse supériorité de la belle poésie

sur la prose ! Tous les écrivains politiques ont délayé ces pensées ; aucun a-t-il approché de la force, de la profondeur, de la netteté, de la précision de ces discours de Cinna et de Maxime? Tous les corps de l'état auraient dû assister à cette pièce pour apprendre à penser et à parler : ils ne faisaient que des harangues ridicules, qui sont la honte de la nation. Corneille était un maître dont ils avaient besoin; mais un préjugé, plus barbare encore que ne l'était l'éloquence du barreau et de la chair, a souvent empêché plusieurs magistrats très-éclairés d'imiter Cicéron et Hortensius, qui allaient entendre des tragédies fort inférieures à celles de Corneille. Ainsi les hommes pour qui ces pièces étaient faites ne les voyaient pas. Le parterre n'était pas digne de ces tableaux de la grandeur romaine. Les femmes ne voulaient que de l'amour ; bientôt on ne traita plus que l'amour; et par-là on fournit à ceux que leurs petits talents rendent jaloux de la gloire des spectacles, un malheureux prétexte de s'élever contre le premier des beaux-arts. Nous avons eu un chancelier qui a écrit sur l'art dramatique, et on a observé que de sa vie il n'alla au spectacle; mais Scipion, Caton, Cicéron, César, y allaient.

26 Les changements d'état que fait l'ordre céleste
Ne coûtent point de sang, n'ont rien qui soit funeste.

J'ai peur que ces raisonnements ne soient pas de la force des autres : ce que dit Maxime est faux ; la plupart des révolutions ont coûté du sang; et d'ailleurs tout se fait par l'ordre céleste. La réponse, que c'est un ordre immuable du ciel de vendre cher ses bienfaits, semble dégénérer en dispute de sophisme, en question d'école, et trop s'écarter de cette grande et noble politique dont il est ici question.

26 Donc votre aïeul Pompée au ciel a résisté
    Quand il a combattu pour notre liberté?

L'objection de *votre aïeul Pompée* est pressante; mais Cinna n'y répond que par un trait d'esprit. Voilà un singulier honneur fait aux mânes de Pompée, d'asservir Rome, pour laquelle il combattait! Pourquoi le ciel devait-il cet honneur à Pompée? Au contraire, s'il lui devait quelque chose, c'était de soutenir son parti, qui était le plus juste. Dans une telle délibération, devant un homme tel qu'Auguste, on ne doit donner que des raisons solides : ces subtilités ne paraissent pas convenir à la dignité de la tragédie. Cinna s'éloigne ici de ce vrai si nécessaire et si beau. Voulez-vous savoir si une pensée est naturelle et juste? examinez la proposition contraire; si ce contraire est vrai, la pensée que vous examinez est fausse.

On peut répondre à ces objections que Cinna parle ici contre sa pensée. Mais pourquoi parlerait-il contre sa pensée? y est-il forcé? Junie, dans Britannicus, parle contre son propre sentiment, parce que Néron l'écoute : mais ici Cinna est en toute liberté; s'il veut persuader à Auguste de ne point abdiquer, il doit dire à Maxime : Laissons là ces vaines disputes; il ne s'agit pas de savoir si Pompée a résisté

ACTE II, SCÈNE I.

au ciel, et si le ciel lui devait l'honneur de rendre Rome esclave : il s'agit que Rome a besoin d'un maître ; il s'agit de prévenir des guerres civiles, etc. Je crois enfin que cette subtilité, dans cette belle scène, est un défaut ; mais c'est un défaut dont il n'y a qu'un grand homme qui soit capable.

27 Sylla, quittant la place enfin bien usurpée,
N'a fait qu'ouvrir le champ à César et Pompée....

Cet *enfin* gâte la phrase.

28 Que le malheur des temps ne nous eût pas fait voir,
S'il eût dans sa famille assuré son pouvoir.

Il semble que le malheur des temps ne nous eût pas fait voir César et Pompée. La phrase est louche et obscure.

Il veut dire : *Le malheur des temps ne nous eût pas fait voir le champ ouvert à César et à Pompée.*

29 Votre Rome à genoux vous parle par ma bouche.

Ici Cinna embrasse les genoux d'Auguste, et semble déshonorer les belles choses qu'il a dites, par une perfidie bien lâche qui l'avilit. Cette basse perfidie même semble contraire aux remords qu'il aura. On pourrait croire que c'est à Maxime, représenté comme un vil scélérat, à faire le personnage de Cinna, et que Cinna devait dire ce que dit Maxime. Cinna, que l'auteur veut et doit ennoblir, devait-il conjurer Auguste, à genoux, de garder l'empire, pour avoir un prétexte de l'assassiner? On est fâché que Maxime joue ici le rôle d'un digne Romain, et Cinna d'un fourbe qui emploie le raffinement le plus noir pour empêcher Auguste de faire une action qui doit même désarmer Émilie. *a*

30 Conservez-vous, seigneur, en lui laissant un maître.

Il y avait auparavant :

Conservez-vous, seigneur, en conservant un maître.

31 Maxime, je vous fais gouverneur de Sicile.

Cela n'est pas dans l'histoire. En effet, c'eût été plutôt un exil qu'une récompense; un proconsulat en Sicile est une punition pour un favori qui veut rester à Rome et à la cour avec un grand crédit.

32 Pour épouse, Cinna, je vous donne Émilie.

Ceci est bien différent. Tout lecteur voit dans ce vers la perfection de l'art. Auguste donne à Cinna sa fille adoptive, que Cinna veut obtenir par l'assassinat d'Auguste. Le mérite de ce vers ne peut échapper à personne.

33 Mon épargne depuis en sa faveur ouverte
Doit avoir adouci l'aigreur de cette perte.

Épargne signifiait *trésor royal*, et la cassette du roi s'appelait *chatouille*. Les mots changent; mais

---

a On ne peut se dissimuler que Cinna va trop loin quand, pour se conserver un prétexte d'assassiner Auguste, il se jette à ses genoux, et le prie, au nom de Rome, de garder l'empire. Il y a lieu de croire que Corneille a voulu, dans cette situation, représenter le trait de Brutus, qui, ayant le projet de poignarder César au milieu du sénat assemblé pour le déclarer roi, et le voyant déterminé à ne pas s'y rendre, lui représenta que les sénateurs regarderoient comme une injure le contre-ordre qu'il vouloit donner, le prit par la main, le tira de sa maison, et le conduisit lui-même au sénat.

ce qui ne doit pas changer, c'est la noblesse des idées. Il est trop bas de faire dire à Auguste qu'il a donné de l'argent à Émilie ; et il est bien plus bas à Émilie de l'avoir reçu et de conspirer contre lui. *a*

34 De l'offre de vos vœux elle sera ravie.

Il y avait :

Je présume plutôt qu'elle en sera ravie.

L'un et l'autre sont également faibles, et il importe peu que ce vers soit faible ou fort. En général cette scène est d'un genre dont il n'y avait aucun exemple chez les anciens ni chez les modernes : détachez-la de la pièce, c'est un chef-d'œuvre d'éloquence ; incorporée à la pièce, c'est un chef-d'œuvre encore plus grand. Il est vrai que ces beautés n'excitent ni terreur, ni pitié, ni grands mouvements ; mais ces mouvements, cette pitié, cette terreur, ne sont pas nécessaires dans le commencement d'un second acte.

Cette scène est beaucoup plus difficile à jouer qu'aucune autre : elle exigerait trois acteurs d'une figure imposante, et qui eussent autant de noblesse dans la voix et dans les gestes qu'il y en a dans les vers ; c'est ce qui ne s'est jamais rencontré.

a Auguste veut dire qu'il a comblé Émilie de ses bienfaits. Il pourroit y avoir peu de noblesse à les rappeler à elle-même ; mais en parler à un autre nous paroit n'avoir rien de bas, nous répondrons, au sujet d'Émilie.

SCÈNE II.

* Quel est votre dessein après ces beaux discours ? —
Le même que j'avois, et que j'aurai toujours.

Ces beaux discours est trop familier. Pourquoi Cinna n'aurait-il pas ici les remords qu'il a dans le troisième acte ? Il eût fallu en ce cas une autre construction dans la pièce. C'est un doute que je propose, et que les remarques suivantes exposeront plus au long. *a*

2 Je veux voir Rome libre. — Et vous pouvez juger
Que je veux l'affranchir ensemble et la venger.

Pourquoi persister dans les principes qu'il va démentir, et dans une fourbe honteuse dont il va se repentir ? N'était-ce pas dans ce moment-là même que ces mots, *je vous donne Émilie,* devaient faire impression sur un homme qu'on nous donne pour digne petit-fils du grand Pompée ? J'ai vu des lecteurs de goût et de sens réprouver cette scène, non-seulement parce que Cinna, pour qui on s'intéressait, commence à devenir odieux, et pourrait ne pas l'être s'il disait tout le contraire de ce qu'il dit, mais parce que cette scène est inutile pour l'action, parce que Maxime, rival de Cinna, ne laisse échapper aucun sentiment de rival, et qu'en ôtant cette scène,

---

a Cinna n'éprouve point de remords, parce qu'il est échauffé de l'entretien qu'il vient d'avoir avec Auguste, et que les remords ne se font pas sentir au moment de la passion. Ce qui prouve qu'il y est encore tout entier, ce sont les réponses qu'il fait à Maxime.

ACTE II, SCÈNE

le reste marche plus rapidement. Il la faut pardonner à la nécessité de donner quelque étendue aux actes ; nécessité consacrée par l'usage. *a*

3 Octave aura donc vu ses fureurs assouvies....

Il y avait :

Auguste aura soûlé ses damnables envies....

On remarque ces changements pour faire voir comment le style se perfectionna avec le temps. La plupart de ces corrections furent faites plus de vingt années après la première édition. *b*

4 Un lâche repentir garantira sa tête!

C'est proprement un simple repentir. Le mot même, *en sera quitte*, indique qu'on ne doit pas pardonner à Octave pour un simple repentir : il n'y

---

a Des lecteurs de goût qui ont trouvé cette scène inutile, ont pu se tromper, ou plutôt ils ne l'ont trouvée telle que parce qu'elle les a contrariés. Elle est naturellement amenée par la sortie de l'empereur, ne ralentit point l'action, et sert à montrer que la haine de Cinna pour Auguste n'est pas encore refroidie, et conséquemment qu'il ne doit éprouver aucun remords. Cela n'arrange pas ces messieurs. Mais que penser de la critique qu'ils font de cette scène ? *Maxime*, disent-ils, *ne laisse échapper aucun sentiment de rival*. Cela leur cause un grand étonnement. Pour le dissiper, il suffira sans doute de leur faire observer que Maxime ignore encore que l'amour de Cinna est payé de retour ; il ne l'apprend que dans l'entr'acte : jusqu'alors il n'avoit point parlé de son propre amour. Comment donc pouvoit-il montrer de la jalousie ? C'est cependant avec cette légèreté qu'on a critiqué Corneille, sous prétexte de le commenter.

b Ces douze vers, dans la bouche de Cinna, justifient sa conduite avec Auguste.

a nulle lâcheté à sentir, au comble de la gloire, des remords de toutes les violences commises pour arriver à cette gloire.

5 S'il n'eût puni César, Auguste eût moins osé.

Maxime veut retourner le beau vers de Cinna, *S'il eût puni Sylla, César eût moins osé*, et répondre en écho sur la même rime ; il dit une chose qui a besoin d'être éclaircie. Si César n'eût pas été assassiné, Auguste, son fils adoptif, eût été bien plus aisément le maître, et beaucoup plus maître. Il est vrai qu'il n'y eût point eu de guerre civile ; et c'est pour cela même que l'empire d'Auguste eût été mieux affermi, et qu'il eût osé davantage. Il est vrai encore que, sans le meurtre de César, il n'y eût point eu de proscriptions. Il reste donc à discuter quelle a été la véritable cause du triumvirat et des guerres civiles. Or il est indubitable que ces dissertations ne conviennent guère à la tragédie. Quoi ! après ces vers, *Mais je le retiendrai pour vous en faire part..... Je vous donne Émilie.....* Cinna disserte ; il n'est pas troublé, et il le sera ensuite ! Quel est le lecteur qui ne s'attend pas à de violentes agitations dans un tel moment ? Si Cinna les éprouvait, si Maxime s'en apercevait, cette situation ne serait-elle pas plus naturelle et plus théâtrale ? Encore une fois, je ne propose cette idée que comme un doute ; mais je crois que les combats du cœur sont toujours plus intéressants que des raisonnements politiques, et ces contestations, qui au fond sont souvent un jeu d'esprit assez froid. C'est au cœur qu'il faut parler dans une tragédie. *a*

6 Mais quand j'aurai vengé Rome des maux soufferts,
Je saurai le braver jusque dans les enfers.

L'esprit de notre langue ne permet guère ces participes; nous ne pouvons dire *des maux soufferts,* comme on dit *des maux passés. Soufferts* suppose par quelqu'un ; *les maux qu'elle a soufferts.* Il serait à souhaiter que cet exemple de Corneille eût fait une règle ; la langue y gagnerait une marche plus rapide. *b*

7 Je veux joindre à sa main ma main ensanglantée,
L'épouser sur sa cendre....

Cet affermissement de Cinna dans son crime, cette fureur d'épouser Émilie sur le tombeau d'Auguste, cette persévérance dans la fourberie avec laquelle il a persuadé Auguste de ne point abdiquer, ne font espérer aucun remords ; il était naturel qu'il en eût quand Auguste lui a dit qu'il partagerait l'empire avec lui. Le cœur humain est ainsi fait, il se

---

a Cinna n'est point troublé, parce que, comme je l'ai déjà dit, et comme on le voit dans cette scène, il est toujours animé. Le moment où il peut éprouver des remords n'est pas encore venu. S'il en ressentoit, la situation pourroit être plus théâtrale, mais elle ne seroit pas naturelle.

b Nous pensons de même qu'on ne doit pas dire: *Quand j'aurai vengé Rome des maux soufferts ;* aussi n'est-ce pas pour justifier Corneille que nous citerons cette fois un vers de Voltaire; mais, cent dix ans après l'auteur de Cinna, il a fait dire à Electre:

Après quinze ans de maux et d'opprobres *soufferts.*

laisse toucher par le sentiment présent des bienfaits ; et le spectateur n'attend pas d'un homme qui s'endurcit lorsqu'il devrait être attendri, qu'il s'attendrira après cet endurcissement. Nous donnerons plus de jour à ce doute dans la suite.

8 *Ami, dans ce palais on peut nous écouter.*

Et que peut-il dire de plus fort que ce qu'il a déjà dit ? N'a-t-il pas, dans ce même palais, déclaré qu'il veut épouser Emilie sur la cendre d'Auguste ? Cette conclusion de l'acte paraît un peu fautive. On sent assez qu'il n'est pas vraisemblable que l'on conspire et qu'on rende compte de la conspiration dans le cabinet d'Auguste.

Les acteurs sont supposés avoir passé d'un appartement dans un autre : mais si le lieu où ils sont est *si mal propre à cette confidence,* il ne fallait donc pas y dire tous ses secrets ; il valait mieux motiver la sortie par la nécessité d'aller tout préparer pour la mort d'Auguste ; c'eût été une raison valable et intéressante, et le péril d'Auguste en eût redoublé.

L'observation la plus importante, à mon avis, c'est qu'ici l'intérêt change. On détestait Auguste ; on s'intéressait beaucoup à Cinna : maintenant c'est Cinna qu'on hait ; c'est en faveur d'Auguste que le cœur se déclare. Lorsqu'ainsi on s'intéresse tour à tour pour les partis contraires, on ne s'intéresse en effet pour personne : c'est ce qui fait que plusieurs gens de lettres regardent Cinna plutôt comme un bel ouvrage que comme une tragédie intéressante. *a*

a Cinna, entraîné par l'ardeur de sa haine pour Auguste, a pu

ACTE TROISIÈME.

SCENE I.ère

1 Il adore Émilie, il est adoré d'elle;
Mais sans venger son père il n'y peut aspirer.

CEPENDANT Maxime a été témoin qu'Auguste a donné Émilie à Cinna; il peut donc croire que Cinna peut aspirer à elle sans tuer Auguste. Cinna et Maxime peuvent présumer qu'Émilie ne tiendra pas contre un tel bienfait. Maxime, sur-tout, n'a nulle raison de penser le contraire, puisqu'il ne sait point encore si Émilie cède ou non à la bonté d'Auguste; et Cinna peut penser qu'Émilie sera

s'emporter un peu loin sans y faire attention; devenant plus calme, il s'aperçoit de l'inconvenance; rien de plus naturel. L'observation que l'intérêt change est-elle juste? Les trois premières scènes du premier acte, dans lesquelles Émilie et Cinna ont déployé leur fureur et leur haine contre Auguste, et annoncé la conspiration qui menace sa tête, ont-elles suffi pour exciter l'intérêt? Celui que peuvent inspirer des caractères violents est-il naturellement bien durable? N'est-ce même pas plutôt de la curiosité que de l'intérêt qu'ils font éprouver? Dès qu'Auguste paroît, ne se sent-on pas porté à prendre parti pour lui plutôt que pour la vengeance d'Émilie? Quoi qu'il en soit, on ne peut que plaindre les gens de lettres qui regardent Cinna plutôt comme un bel ouvrage que comme une tragédie intéressante.

On a pu voir, dans la préface, que l'Académie fut très-éloignée de partager le sentiment de Voltaire. Il est même probable, d'après sa lettre à Duclos, que nous avons extraite, que son obstination avoit déterminé cette compagnie à ne lui pas continuer ses observations.

touchée, comme il commence lui-même à l'être. Cinna doit sans doute l'espérer, et Maxime doit le craindre : il doit donc dire : Émilie sera à lui, soit qu'il cède aux bienfaits d'Auguste, soit qu'il l'assassine. *a*

² Je ne m'étonne plus de cette violence
   Dont il contraint Auguste à garder sa puissance.

Le mot de *violence* est peut-être trop fort.

Cinna a étalé un faux zèle, une fourbe éloquente ; est-ce là de la violence ?

☞ ³ La ligue se romproit s'il s'en étoit démis.

On se démet d'une charge, d'un emploi, d'une dignité ; mais on ne se démet pas d'une puissance. L'auteur veut dire ici que la ligue se dissiperait si

---

a Maxime pourroit croire, présumer, penser et craindre tout ce qui est supposé dans cette remarque, si son ami ne lui avoit pas fait connoître les sentiments d'Émilie ; il ne les ignore point ; il en fait part à Euphorbe :

   Lui-même il m'a tout dit ; leur flamme est mutuelle ;
   Il adore Émilie, il est adoré d'elle ;
   Mais sans venger son père il n'y peut aspirer.

Pourquoi Voltaire n'a-t-il pas cité le premier de ces vers ? C'est parce que les mots *il m'a tout dit* ne permettent pas de douter que Cinna n'ait instruit Maxime de l'effréné désir qu'Émilie a de voir périr Auguste, désir qu'elle porte au point d'avoir dit à son amant qu'elle adore :

   Meurs, s'il y faut mourir, en citoyen romain.

Quoi ! Émilie dont le caractère vindicatif est si prononcé, Émilie qu'Octave n'a pu gagner par les bienfaits dont il l'a comblée pendant vingt ans, céderoit aux bontés de cet empereur ! Mais quel est donc ce nouveau bienfait contre lequel elle ne pourra pas tenir ? Si le critique l'avoit indiqué, on seroit à même d'examiner s'il doit éteindre la soif qu'elle a de venger la mort de son père.

ACTE III, SCÈNE I.

Auguste renonçait à l'empire; mais ce vers fait entendre *si Cinna s'était démis de cette ligue*, parce que cet *il* tombe sur *Cinna*. C'est une faute très-légère. *a*

4 Ils servent à l'envi la passion d'un homme....

Il y avait *abusés*; on a substitué *à l'envi*.

5 Vous êtes son rival! — Oui, j'aime sa maîtresse,
Et l'ai caché toujours avec assez d'adresse.

Ces vers de comédie, et cette manière froide d'exprimer qu'il est rival de Cinna, ne contribuent pas peu à l'avilissement de ce personnage. L'amour qui n'est pas une grande passion n'est pas théâtral.

6 Que l'amitié me plonge en un malheur extrême!

Ni son amitié, ni son amour n'intéresse. J'ai toujours remarqué que cette scène est froide au théâtre; la raison en est que l'amour de Maxime est insipide : on apprend au troisième acte que ce Maxime est amoureux. Si Oreste, dans Andromaque, n'était rival de Pyrrhus qu'au troisième acte, la pièce serait froide. L'amour de Maxime ne fait aucun effet; et tout son rôle n'est que celui d'un lâche, sans aucune passion théâtrale. *b*

---

a Les mots *s'il s'en étoit démis* sont trop près de ceux-ci *garder sa puissance*, pour qu'il y ait aucune équivoque. *Sa puissance* signifiant ici *son pouvoir*, il n'y a aucune raison pour qu'on ne puisse pas dire *s'il s'en étoit démis*.

b Le personnage de Maxime n'est qu'accessoire. Voltaire l'a présenté comme un scélérat quand il l'a cru nécessaire; maintenant il ne le traite que de *lâche*. En le qualifiant de *foible*, il lui

7 Gagnez une maîtresse, accusant un rival.

Il semble, par la construction, que ce soit Émilie qui accuse : il fallait *en accusant,* pour lever l'équivoque ; légère inadvertance qui ne fait aucun tort. *a*

8 Un véritable amant ne connoît point d'amis.

En général, ces maximes et ce terme de *véritable amant* sont tirés des romans de ce temps-là, et sur-tout de l'Astrée, où l'on examine sérieusement ce qui constitue le véritable amant. Vous ne trouverez jamais ni ces maximes ni ces mots, *véritables amants, vrais amants,* dans Racine. Si vous entendez par *véritable amant* un homme agité d'une passion effrénée, furieux dans ses désirs, incapable d'écouter la raison, la vertu, la bienséance, Maxime n'est rien de tout cela ; il est de sang-froid ; à peine parle-t-il de son amour : de plus, il est l'ami de Cinna, et son confident ; il doit s'être douté que Cinna aime Émilie ; il voit qu'Auguste a donné Émilie à Cinna ; c'était alors qu'il devait éprouver le sentiment de la jalousie. Ni les remords de Cinna,

eût donné l'épithète qui lui convient. Le commentateur reconnoît dans cette remarque que ce n'est qu'au troisième acte que l'on apprend que Maxime est amoureux. Cependant, il nous a dit : *Des lecteurs de goût* ont trouvé la deuxième scène du deuxième acte inutile, parce que Maxime n'y laisse échapper aucun sentiment de rival. Ainsi, pour plaire à ces lecteurs de goût, il auroit dû se montrer rival avant même d'avouer qu'il aimoit.

a Il ne peut y avoir d'équivoque. On trouve seulement ici une légère faute qui peut s'excuser dans la poésie.

ACTE III, SCÈNE I.

ni la jalousie de Maxime, ne remuent l'âme : pourquoi ? c'est qu'ils viennent trop tard, comme on l'a déjà dit; c'est qu'ils ont disserté au lieu de sentir. *a*

9 Nous disputons en vain, et ce n'est que folie
De vouloir par sa perte acquérir Émilie ;
Ce n'est pas le moyen de plaire à ses beaux yeux
Que de priver du jour ce qu'elle aime le mieux.

Ce n'est que folie, vers comique, indigne de la tragédie. *Plaire à ses beaux yeux,* expression fade. *Ce qu'elle aime le mieux,* encore pire.

10 Je veux gagner son cœur plutôt que sa personne.

Remarquez qu'on ne s'intéresse jamais à un amant qu'on est sûr qui sera rebuté. Pourquoi Oreste intéresse-t-il dans Andromaque ? c'est que Racine a eu le grand art de faire espérer qu'Oreste serait aimé. Un amant toujours rebuté par sa maîtresse l'est toujours aussi par le spectateur, à moins qu'il ne respire la fureur de la vengeance. Point de vraies tragédies sans grandes passions. *b*

a Maxime, encore vertueux, résiste aux conseils d'Euphorbe, qui, pour combattre ses scrupules, lui tient le discours d'un flatteur. Le commentateur n'a pu persuader à l'Académie que les remords de Cinna viennent trop tard. * Si la jalousie de Maxime étoit assez forte pour remuer l'âme du spectateur, l'intérêt se trouveroit partagé, et ce seroit un défaut.

b Mais, encore une fois, Maxime n'est qu'un personnage accessoire. Y a-t-il de la justice à le comparer à Oreste ? N'y a-t-il pas d'assez grandes passions dans le rôle d'Émilie, dans celui de Cinna ? Celui d'Auguste n'est-il pas admirable ? Qu'importe celui de Maxime ?

★ *Voyez* ci-après la lettre de d'Alembert.

11 Je conserve ce sang qu'elle veut voir périr.

Périr un sang est un barbarisme. Ces fautes sont d'autant plus senties, que la scène est froide.

12 C'est ce qu'à dire vrai je vois fort difficile.

Cette manière de répondre à une objection pressante, sent un peu plus le valet de comédie que le confident tragique.

13 Cinna vient, et je veux en tirer quelque chose....

On ne voit pas ce qu'il veut *tirer* de Cinna ; s'il veut être instruit que Cinna est son rival, il le sait déjà. *a*

SCÈNE II.

1 Puis-je d'un tel chagrin savoir quel est l'objet ? —
Émilie et César ; l'un et l'autre me gêne.

C'est là peut-être ce que Cinna devait dire immédiatement après la conférence d'Auguste. Pourquoi a-t-il à présent des remords? s'est-il passé quelque chose de nouveau qui ait pu lui en donner?

---

a Si la mauvaise foi n'éclatoit pas dans vingt endroits de ces commentaires, en faudroit-il d'autre preuve que cette remarque ? Il est vraiment bien question de rival ! Euphorbe ne vient-il pas d'accuser Cinna d'ambition? Ne le peint-il pas comme voulant,

Au lieu d'affranchir Rome, en faire son esclave ?

N'engage-t-il pas Maxime à l'accuser? Celui-ci ne répond-il pas

Mais comment l'accuser sans nommer tout le reste ?
. . . .
Mais si pour s'excuser il nommoit sa complice.

Il voit venir Cinna, et dit : *Je veux en tirer quelque chose.* Qui n'entend qu'il a l'intention de faire parler Cinna, pour s'instruire de ses projets?

Je demande toujours pourquoi il n'en a point senti quand les bienfaits et la tendresse d'Auguste devaient faire sur son cœur une si forte impression? Il a été perfide; il s'est obstiné dans sa perfidie. Les remords sont le partage naturel de ceux que l'emportement des passions entraîne au crime, mais non pas des fourbes consommés. C'est sur quoi les lecteurs qui connaissent le cœur humain doivent prononcer. Je suis bien loin de porter un jugement. *a*

a La passion de Cinna, stimulée par tous les motifs que nous avons indiqués, étoit portée à un degré trop haut pour s'apaiser à l'instant même. Que n'eût pas en effet pu dire le critique de Corneille, si, après avoir vu l'amant d'Émilie, ce chef de conjurés, résister aux offres d'Auguste et aux raisons de Maxime, il l'eût entendu dire, presque aussitôt, *Émilie et César, l'un et l'autre me gêne*? C'eût été contre la nature, qui le porte à répondre aux premières objections qu'on lui fait:

Octave aura donc vu ses fureurs assouvies,
Pillé jusqu'aux autels, sacrifié nos vies,
Rempli les champs d'horreurs, comblé Rome de morts,
Et sera quitte après pour l'effet d'un remords!

Ce sentiment est celui que doit avoir le petit-fils de Pompée, qui ne voit dans César que le fils adoptif de l'implacable ennemi de son grand-père. C'est le sentiment que doit avoir l'amant d'Émilie; c'est celui sur-tout que doit montrer le chef des conjurés, au moment où il n'est pas refroidi de l'ardeur qu'il a prise dans l'assemblée de ses complices, ardeur qu'il a fortifiée par ses serments à Émilie, et qui a dicté sa conduite devant Auguste. Mais quand, d'une part, devenu plus calme par l'éloignement du danger, de l'autre attendri par les bontés d'Auguste, que la réflexion seule peut lui permettre d'apprécier, il considère qu'il va percer le sein d'un empereur qui ne retient l'empire que par son conseil, et qui lui offre une part du pouvoir; certes, alors il doit éprouver des remords. Il paroît que l'Académie combattit fortement l'opinion de Voltaire sur ce point. D'Alembert lui écrivit,

2 *Des deux côtés j'offense et ma gloire et les dieux.*

Pourquoi les dieux? est-ce parce qu'il a fait serment à sa maîtresse? Il est utile d'observer ici que dans beaucoup de tragédies modernes on met ainsi les dieux à la fin du vers à cause de la rime. Manlius dit qu'un homme tel que lui partage la vengeance *avec les dieux;* un autre, qu'il punit à l'exemple *des dieux;* un troisième, qu'il s'en prend *aux dieux.* Corneille tombe rarement dans cette faute puérile.

3 *Vous n'aviez point tantôt ces agitations.*

Vous voyez que Corneille a bien senti l'objection. Maxime demande à Cinna ce que tout le monde lui demanderait : Pourquoi avez-vous des remords si tard? qu'est-il survenu qui vous oblige à changer ainsi? Il veut en *tirer quelque chose,* et cependant il n'en tire rien. S'il voulait s'éclaircir de la passion d'Émilie, n'aurait-il pas été convenable que d'abord il eût soupçonné leur intelligence, que Cinna la lui eût avouée, que cet aveu l'eût mis au désespoir, et que ce désespoir, joint aux conseils d'Euphorbe, l'eût déterminé, non pas à être délateur, car cela est bas, petit, et sans intérêt, mais à laisser deviner la conspiration par ses emportements? *a*

le 10 octobre 1761, au nom de l'Académie : *A l'égard de vos raisonnements et des nôtres sur les remords de Cinna, qui, selon vous, viennent trop tard, et qui, selon nous, viennent assez tôt, ce sont là, ce me semble, des questions sur lesquelles on peut dire le pour et le contre, sans se convaincre réciproquement.*

a Sans doute tout le monde demanderoit à Cinna ce que Maxime

ACTE III, SCÈNE II. 289

4 On ne les sent aussi que quand le coup approche,
  Et l'on ne reconnoît de semblables forfaits
  Que quand la main s'apprête à venir aux effets.

Oui, si vous n'avez pas reçu des bienfaits de celui que vous vouliez assassiner ; mais si, entre les préparatifs du crime et la consommation, il vous a donné les plus grandes marques de faveur, vous avez tort de dire qu'on ne sent de remords qu'au moment de l'assassinat.

Un coup n'approche pas ; *reconnaître des forfaits* n'est pas le mot propre ; *en venir aux effets* est faible et prosaïque.

Il sera peut-être utile de faire voir comment Shakespeare, soixante ans auparavant, exprima le même sentiment dans la même occasion. C'est Brutus prêt à assassiner César :

« Entre le dessein et l'exécution d'une chose si
« terrible, tout l'intervalle n'est qu'un rêve affreux.
« Le génie de Rome et les instruments mortels de
« sa ruine semblent tenir conseil dans notre âme
« bouleversée : cet état funeste de l'âme tient de
« l'horreur de nos guerres civiles. »

Between the acting of a dreadfull thing
And the first motion, all the interim is
Like a fantasma, or a hideous dream, etc.

Je ne présente point ces objets de comparaison

lui demande, et Cinna répond ce qu'il doit répondre. Corneille fait toujours parler ses personnages comme ils le doivent. Je crois avoir démontré que Maxime disant, *Je veux en tirer quelque chose*, n'entend pas s'éclaircir de la passion d'Émilie, qu'il connoît, mais des projets de Cinna, sur lesquels Euphorbe lui a inspiré des soupçons.

pour égaler les irrégularités sauvages et capricieuses de Shakespeare à la profondeur du jugement de Corneille, mais seulement pour faire voir comment des hommes de génie expriment différemment les mêmes idées. Qu'il me soit seulement permis d'observer encore qu'à l'approche de ces grands événements, l'agitation qu'on sent est moins un remords qu'un trouble dont l'âme est saisie : ce n'est point un remords que Shakespeare donne à Brutus. *a*

5 Et formez vos remords d'une plus juste cause,
De vos lâches conseils, qui seuls ont arrêté
Le bonheur renaissant de notre liberté.

Voilà la plus forte critique du rôle qu'a joué Cinna dans la conférence avec Auguste : aussi Cinna n'y répond-il point. Cette scène est un peu froide, et pourrait être très-vive : car deux rivaux doivent dire des choses intéressantes, ou ne pas paraître ensemble ; ils doivent être à la fois défiants et animés ; mais ici ils ne font que raisonner. *Arrêter un bonheur renaissant!* l'expression est trop impropre. *b*

---

a Il est vrai que ces mots, *le coup approche,* ne fourniroient pas un tableau à un peintre ; condition sans laquelle le commentateur n'admet pas de bonne métaphore. Mais la fausseté de ce principe est suffisamment prouvée dans les observations générales, titre des *Métaphores*. Au reste, Voltaire n'a pas toujours pensé qu'on ne peut pas dire *le coup approche,* puisqu'il s'est servi de la même expression dans l'Orphelin de la Chine :

Le dernier coup approche et vient frapper nos têtes.

J'ai répondu d'avance au surplus de sa remarque.

b Maxime peut trouver léger l'intérêt de la vengeance, de l'amour,

ACTE III, SCÈNE II.

« Mais entendez crier Rome à votre côté. »

Cela est plus froid encore, parce que Maxime fait ici l'enthousiaste mal-à-propos. Quiconque s'échauffe trop, refroidit. Maxime parle en rhéteur: il devrait épier avec une douleur sombre toutes les paroles de Cinna, paraître jaloux, être près d'éclater, se retenir. Il est bien loin d'être *un véritable amant*, comme le disait son confident; il n'est ni un vrai Romain, ni un vrai conjuré, ni un vrai amant; il n'est que froid et faible : il a même changé d'opinion ; car il disait à Cinna, au second acte : Pourquoi voulez-vous assassiner Auguste, plutôt que de recevoir de lui la liberté de Rome? et à présent il dit : Pourquoi n'assas-

et même l'intérêt des conjurés, lui qui n'est entré dans la conjuration qu'entraîné par Cinna. Il n'en est pas de même de celui-ci, qui, dans la conférence avec Auguste, doit avoir eu présents la vengeance de sa patrie, son amour pour Émilie, et le danger de tous ceux qui avoient pris son parti. Ce que dit le froid Maxime ne peut donc être une forte critique du rôle de Cinna ; et s'il n'y répond pas, c'est qu'il est dans un moment d'abattement, effet ordinaire du remords. Y a-t-il de la bonne-foi dans la critique que fait ici Voltaire ? *Deux rivaux*, dit-il, *doivent*, etc. Mais où a-t-il vu deux rivaux ? Peut-il y avoir deux rivaux quand l'un ignore l'amour de l'autre ? Cinna sait-il que Maxime est son rival ? Euphorbe seul le sait, Euphorbe à qui il a dit : *J'aime sa maîtresse, et l'ai caché toujours avec assez d'adresse.* Que devient donc la remarque de Voltaire ? C'est cependant au sujet de cette pièce qu'il écrivit à d'Alembert, qui l'engageoit à ne faire aucune critique sujette à contradiction : *Je ne me relâcherai en rien, parce que je suis sûr que j'ai raison.* N'est-ce pas le cas de s'écrier avec Voltaire lui-même (dans les notes de Scudéri) : *A quel excès d'aveuglement la jalousie porte un auteur!*

sinez-vous pas Auguste? Veut-il par-là faire persévérer Cinna dans le crime, afin d'avoir une raison de plus pour être son délateur, comme Cinna a voulu empêcher Auguste d'abdiquer, afin d'avoir un prétexte de plus de l'assassiner? En ce cas, voilà deux scélérats qui cachent leur basse perfidie par des raisonnements subtils. *a*

☞ 7 Ami, n'accable plus un esprit malheureux
Qui ne forme qu'en lâche un dessein généreux.

Voilà Cinna qui se donne lui-même le nom de *lâche*, et qui, par ce seul mot, détruit tout l'intérêt de la pièce, toute la grandeur qu'il a déployée dans le premier acte. Que veulent dire les *abois* d'une vieille amitié qui lui fait pitié? Quelle façon de parler! Et puis il parle de sa *mélancolie!* *b*

a On n'aperçoit ici de subtil que les raisonnements de Voltaire, qui veut que Maxime *paroisse jaloux, soit près d'éclater, se retienne*. S'il avoit eu à paroître jaloux, à éclater, etc., c'eût été quand Cinna lui a tout dit, dans l'entr'acte du deuxième au troisième acte; mais ici, je le répète, Maxime ne veut que connoître les projets de Cinna contre Rome. Il ne change point d'opinion : il ne vouloit pas que Cinna assassinât Auguste, lorsque cet empereur penchoit à abdiquer; maintenant qu'il reste maître de l'état, Maxime excite le chef des conjurés à l'assassiner, ou plutôt, même en ce moment, il cherche à pénétrer les intentions de Cinna.

b A la première lecture, cette remarque peut paroître sans réplique. Cependant, on conviendra que la mélancolie est la suite d'une grande contention d'esprit, et que celui de Cinna est fortement agité; il peut donc éprouver de la *mélancolie*, et avoir besoin d'y donner un libre cours.

Cinna ne dit pas, comme le prétend le commentateur, *qu'une vieille amitié lui fait pitié*, mais qu'il éprouve ce sentiment bien naturel, en se voyant obligé d'éteindre en son cœur une vieille

8. *Adieu ; je me retire en confident discret.*

Maxime finit son indigne rôle dans cette scène par un vers de comédie, et en se retirant comme un valet à qui on dit qu'on veut être seul. L'auteur a entièrement sacrifié ce rôle de Maxime : il ne faut le regarder que comme un personnage qui sert à faire valoir les autres.

SCÈNE III.

1 Donne un plus digne nom au glorieux empire
Du noble sentiment que la vertu m'inspire, etc.

Voici le cas où un monologue est convenable. Un homme dans une situation violente peut examiner avec lui-même le danger de son entreprise, l'horreur du crime qu'il va commettre, écouter ou combattre ses remords ; mais il fallait que ce monologue fût placé après qu'Auguste l'a comblé d'amitiés et

amitié. Ces mots, *une amitié aux abois,* doivent s'entendre une amitié près de succomber. Boileau a employé cette expression dans sa première satire. En parlant du barreau, il fait dire à Damon :

Moi, que j'aille crier dans ce pays barbare,
Où l'on voit tous les jours l'innocence *aux abois !*

Voltaire, qui, dans une de ses lettres au comte d'Argental, a promis de n'être pas *maladroit* dans ses remarques, paroît l'avoir été dans celle-ci. N'est-ce pas une méchanceté maladroite, de donner au mot *lâche* un sens si opposé au caractère de Cinna, lorsque le commentateur lui-même nous a fait observer que *lâchement* s'employoit autrefois pour *foiblement ?* La phrase suivante de l'Académie, dans ses sentiments sur le Cid, ne peut d'ailleurs laisser aucun doute : « Chimène, quoique pour venger son « père, poursuit LACHEMENT la mort de Rodrigue. »

de bienfaits, et non pas après une scène froide avec Maxime. *a*

a Qu'une âme généreuse a de peine à faillir!

Ce vers ne prouve-t-il pas ce que j'ai déjà dit, que ce n'était pas à Cinna à donner à l'empereur des conseils du fourbe le plus déterminé? S'il a une âme si généreuse, s'il a tant de *peine à faillir,* pourquoi n'a-t-il pas affermi Auguste dans le dessein de quitter l'empire? S'il a tant de *peine à faillir,* pourquoi n'a-t-il pas senti les plus cuisants remords au moment qu'Auguste lui donnait Émilie? *b*

S'il faut percer le flanc d'un prince magnanime
Qui du peu que je suis fait une telle estime, etc.

Ce discours est d'un vil domestique, et non pas d'un sénateur romain : il achève d'avilir son rôle, qui était si mâle, si fier, si terrible au premier acte. On s'intéressait à Cinna, et à présent on ne s'intéresse qu'à Auguste. *c*

a Ce monologue ne pouvoit avoir lieu après la conférence avec Auguste; 1.º parce qu'il eût été ridicule que Maxime sortît avec l'empereur, qui avoit préféré l'avis de Cinna, et qu'il ne cherchât pas à savoir de celui-ci les motifs qu'il avoit eus d'engager Auguste à garder l'empire; 2.º parce que, on ne peut trop le répéter, l'amant de l'implacable Émilie, le chef de la conjuration, ne pouvoit être assez rentré en lui-même pour se livrer à des réflexions.

b Nous avons donné les raisons qu'a eues Cinna de détourner Auguste de quitter l'empire. Les dispositions d'Émilie étoient trop connues de son amant pour que ce don d'Auguste pût faire sur lui une vive impression.

c Il seroit assez singulier d'entendre exprimer des remords d'un air mâle, fier et terrible. Mais jusques où va la passion de Voltaire, qui ose dire que ce discours *est d'un vil domestique!*

4 O coup, ô trahison trop indigne d'un homme!

J'en reviens toujours à ce remords trop tardif: je soupçonne qu'il serait très-touchant, très-intéressant, s'il avait été plus prompt, s'il n'était pas contradictoire avec la rage d'épouser Émilie sur la cendre d'Auguste. Metastasio, dans sa *Clemenza di Tito,* imitée de Cinna, commence par donner des remords à Sestus, qui joue le rôle de Cinna. *a*

5 Mais je dépends de vous, ô serment téméraire!

Non, sans doute, il ne dépend pas de ce serment; c'est chercher un prétexte et non pas une raison. Voilà un plaisant serment, que la promesse faite à une femme de hasarder le dernier supplice pour faire une vilaine action! Il devait dire : Les conjurés et moi nous avons fait serment de venger la patrie. Voilà un serment respectable. *b*

a Je crois avoir démontré, en répondant à la première remarque de la deuxième scène de cet acte, que les remords de Cinna ne devoient pas être plus prompts.

b N'est-ce pas là une pure chicane ? affoiblir d'une part le serment fait par Cinna à sa maîtresse, de l'autre peindre en un Romain, comme une vilaine action, l'assassinat d'un tyran; ce qui, dans ce premier temps des empereurs, étoit presque une vertu, peut-on regarder ce serment comme un prétexte allégué par Cinna, lorsqu'Émilie a dit, scène première :

Cinna me l'a promis en recevant ma foi,

et que lui-même se reprochant ses desseins contre Auguste, s'est écrié :

. . . . Mais, hélas! j'idolâtre Émilie;
Un serment exécrable à sa haine me lie?

6   O haine d'Émilie ! ô souvenir d'un père !
   Ma foi, mon cœur, mon bras, tout vous est engagé,
   Et je ne puis plus rien que par votre congé.

Par votre congé ne se dit plus, et en effet ne devait pas se dire, puisque ce mot vient de *congédier*, qui ne signifie pas *permettre*. Comment un homme qui n'a pas les fureurs de l'amour, un petit-fils de Pompée, qui a assemblé tant de Romains pour rendre la liberté à la patrie, peut-il dire, en langage de ruelle : *Je ne peux rien que par le congé d'une femme ?* Il fallait donc le peindre dès le premier acte comme un homme éperdu d'amour, forcé, par une maîtresse qu'il idolâtre, à conspirer contre un maître qu'il aime. C'est ainsi que Metastasio peint Sestus dans la *Clemenza di Tito,* en donnant à ce Sestus le caractère de l'Oreste de Racine. Ce n'est pas que je préfère ce Sestus à Cinna, il s'en faut beaucoup ; mais je dis que le rôle de Cinna serait beaucoup plus touchant, si on l'avait peint, dès le premier acte, aveuglé par une passion furieuse : mais il a joué à ce premier acte le rôle d'un Brutus, et au troisième il n'est plus qu'un amant timide. *a*

a Tout le monde est sans doute plus choqué de ces expressions, *un langage de ruelle,* que de celle *par votre congé,* que l'on n'emploieroit plus, mais qui étoit en usage du temps de Corneille. Dès le premier acte, dans les troisième et quatrième scènes, les seules où Cinna ait paru, il a montré que l'amour étoit le principal mobile de son entreprise. *Mourant pour vous servir, tout me semblera doux,* dit-il à Émilie dans la troisième scène ; et, dans la quatrième, au moment où il craint que la conspiration ne soit découverte, *je mourrai s'il le faut,* s'écrie-t-il, *malheureux de mourir sans vous avoir servie.* Dès-lors il est assez juste qu'il se croie engagé avec Émilie à achever l'entreprise.

7 Rendez-la, comme vous, à mes vœux exorable.

Exorable devrait se dire; c'est un terme sonore, intelligible, nécessaire, et digne des beaux vers que débite Cinna. Il est bien étrange qu'on dise *implacable*, et non *placable; âme inaltérable*, et non pas *âme altérable; héros indomtable*, et non *héros domtable*, etc.

8 Mais voici de retour cette aimable inhumaine.

Aimable inhumaine fait quelque peine à cause de tant de fades vers de galanterie où cette expression commune se trouve.

SCÈNE IV.

☞ 1 Je vous aime, Émilie; et le ciel me foudroie
Si cette passion ne fait toute ma joie,

fait toujours un peu rire. *Avec toute l'ardeur qu'un digne objet peut attendre d'un grand cœur*, est du style de Scudéri. Ce n'est que depuis Racine qu'on a proscrit ces fades lieux communs.

☞ 2 Les faveurs du tyran emportent tes promesses.

Des faveurs qui emportent des promesses. Cette figure n'a pas de sens en français. Les faveurs d'Auguste peuvent l'emporter sur les promesses de Cinna, les faire oublier; mais elles ne les emportent pas. Quinault a dit avec élégance et justesse:

Mais le zéphyr léger et l'onde fugitive
Ont bientôt emporté les serments qu'elle a faits.

3 Il peut faire trembler la terre *sous ses pas*,
Mettre un roi hors du trône, et donner ses états.

Il y avait:

> Jeter un roi du trône, et donner ses états.

Mettre hors est bien moins énergique que *jeter*, et n'est pas même une expression noble. *Roi hors* est dur à l'oreille. Pourquoi ne dirait-on pas *jeter du trône?* on dit bien *jeter du haut du trône.* En tout cas, *chasser* eût été mieux que *mettre hors.* Quelquefois en corrigeant on affaiblit.

4 Mais le cœur d'Émilie est hors de son pouvoir.

Voilà une imitation admirable de ces deux beaux vers d'Horace.

> *Et cuncta terrarum subacta,*
> *Præter atrocem animum Catonis.*

Cette imitation est d'autant plus belle, qu'elle est en sentiment. Plusieurs s'étonnent qu'Émilie, affectant de penser comme Caton, ait cependant reçu pendant quinze ans les bienfaits et l'argent d'Auguste, dont *l'épargne lui a été ouverte.* Cette conduite ne semble pas s'accorder avec cette inflexibilité héroïque dont elle fait parade.

5 Je suis toujours moi-même, et ma foi toujours pure.

Il faut *ma foi est toujours pure. Ma foi* ne peut être gouverné par *je suis. Foi pure* ne se dit qu'en théologie. [a]

6 Et prends vos intérêts par-delà mes serments.

Par-delà mes serments: expression dont je ne

---

[a] Ces deux observations seroient justes s'il s'agissoit de prose; mais en poésie, *foi pure* peut se dire pour *foi inviolable*, et l'ellipse n'a rien de répréhensible.

trouve que cet exemple ; et cet exemple me paraît mériter d'être suivi.

7   La conjuration s'en alloit dissipée,
    Vos desseins avortés, votre haine trompée.

Votre haine s'en allait trompée. C'est un barbarisme. *a*

8   Que je sois le butin de qui l'ose épargner....

Butin n'est pas le mot propre.

9   Et, malgré ses bienfaits, je rends tout à l'amour,
    Quand je veux qu'il périsse, où vous doive le jour.

La scène se refroidit par ces arguments de Cinna : il veut prouver qu'il a satisfait à l'amour, parce qu'il veut que le sort d'Auguste dépende de sa maîtresse. Toute cette tirade paraît un peu obscure.

10 Souffrez ce foible effort de ma reconnoissance,
    Que je tâche de vaincre un indigne courroux,
    Et vous donner pour lui l'amour qu'il a pour vous.

Il faut *et de vous donner.* Le mot d'*amour* n'est point du tout convenable. *b*

―――――

a Il n'y a point de barbarisme, mais deux ellipses dans le dernier vers. *Vos desseins étoient avortés, votre haine étoit trompée.* Une pareille remarque doit surprendre de la part de celui qui, dans la troisième scène du premier acte, accorde au langage de la poésie des licences bien plus choquantes.

b Les poëtes se permettent de retrancher le second *de* dans ces sortes de phrases. Boileau a dit, dans l'*Art poétique* :

  Gardez donc *de donner,* ainsi que dans *Clélie,*
  L'air ni l'esprit françois à l'antique Italie,
  Et, sous des noms romains, faisant notre portrait,
  Peindre Caton galant et Brutus dameret.

11 Une âme généreuse, et que la vertu guide,
Fuit la honte des noms d'ingrate et de perfide ;
Elle en hait l'infamie attachée au bonheur,
Et n'accepte aucun bien aux dépens de l'honneur.

Toutes ces sentences refroidissent encore. Voyez si Oreste et Hermione parlent en sentences.

12 Les cœurs les plus ingrats sont les plus généreux.

Elle a déjà retourné cette pensée plus d'une fois.

13 Je me fais des vertus dignes d'une Romaine.

Ce vers est beau, et ces sentiments d'Émilie ne se démentent jamais. Plusieurs demandent encore pourquoi cette Émilie ne touche point, pourquoi ce personnage ne fait pas au théâtre la grande impression qu'y fait Hermione. Elle est l'âme de toute la pièce, et cependant elle inspire peu d'intérêt. N'est-ce point parce qu'elle n'est pas malheureuse ? n'est-ce point parce que les sentiments d'un Brutus, d'un Cassius, conviennent peu à une fille ? n'est-ce point parce que sa facilité à recevoir l'argent d'Auguste dément la grandeur d'âme qu'elle affecte ? n'est-ce point parce que ce rôle n'est pas tout-à-fait dans la nature ? Cette fille, que Balzac appelle une *adorable furie*, est-elle si adorable ? C'est Émilie que Racine avait en vue, lorsqu'il dit, dans une de ses préfaces, qu'il ne veut pas mettre sur le théâtre de ces femmes qui font des leçons d'héroïsme aux hommes. Malgré tout cela, le rôle d'Émilie est plein de choses sublimes ; et quand on compare ce qu'on

ACTE III, SCÈNE IV.

faisait alors à ce seul rôle d'Émilie, on est étonné, on admire. *a*

14 Il abaisse à nos pieds l'orgueil des diadèmes ;
 Il nous fait souverains sur leurs grandeurs suprêmes.

Il faut remarquer les plus légères fautes de langage. On est *souverain de*, on n'est pas *souverain sur*, encore moins *souverain sur une grandeur*. Mais ce qui est bien plus digne de remarque, c'est que le second vers n'est qu'une faible répétition du premier. *b*

Pour être plus qu'un roi, tu te crois quelque chose !

Ce beau vers est une contradiction avec celui que dit Auguste au cinquième acte :

Qu'en te couronnant roi je t'aurois donné moins.

Ou Émilie ou Auguste a tort. Il n'est pas douteux que le vers d'Emilie étant plus romain, plus fort, et même étant devenu proverbe, ne dût être conservé, et celui d'Auguste sacrifié ; mais il faut surtout remarquer que ces hyperboles commencent à déplaire, qu'on y trouve même du ridicule, qu'il y

---

a Émilie touche moins qu'Hermione, parce que le caractère de celle-ci se rapproche davantage de nos mœurs ; mais c'est celui d'une Romaine que Corneille a peint, et les couleurs en sont à-la-fois belles et vraies.

Émilie, élevée chez Auguste, n'a pas été à même de refuser ses bienfaits. Elle s'en sert contre lui pour venger la mort de son père. Ce n'est sûrement pas un exemple à suivre ; mais c'est l'exacte peinture des mœurs romaines dans l'état de république.

b Racine a cependant dit dans Andromaque :

Sur lui, *sur* tout son peuple il vous rend souveraine.

a une distance infinie entre un grand roi et un marchand de Rome, que ces exagérations d'une fille à qui Auguste fait une pension révoltent bien des lecteurs, et que ces contestations entre Cinna et sa maîtresse sur la grandeur romaine n'ont pas toute la chaleur de la véritable tragédie. *a*

16 Aux deux bouts de la terre en est-il un si vain
 Qu'il prétende égaler un citoyen romain ?

Il y avait :

Aux deux bouts de la terre en est-il d'assez vain
Pour prétendre égaler un citoyen romain ?

17 Attale, ce grand roi, dans la pourpre blanchi,
 Qui du peuple romain se nommoit l'affranchi,
 Quand de toute l'Asie il se fût vu l'arbitre,
 Eût encor moins prisé son trône que ce titre.

Cet exemple du roi Attale serait peut-être plus convenable dans un conseil que dans la bouche d'une fille qui veut venger son père. Mais la beauté de ces vers et ces traits tirés de l'histoire romaine font un très-grand plaisir aux lecteurs, quoiqu'au théâtre ils refroidissent un peu la scène : au reste, cet Attale était un très-petit roi de Pergame, qui ne possédait pas un pays de trente lieues.

a Emilie et Auguste ont raison tous deux ; chacun parle comme il pense ; elle en républicaine qui abhorre les rois, et Auguste en empereur romain qui dispense des trônes, et qui croit qu'une couronne a moins d'appas pour Cinna qu'Émilie, *le digne objet des vœux de toute l'Italie.* Il y auroit contradiction si les deux vers étoient dans la même bouche ; mais le langage devant être approprié au caractère des personnages, il s'ensuit que ces deux vers sont fort beaux, et que ce qui semble hyperbolique ne l'est pas dans la bouche d'une républicaine.

18 Le ciel a trop fait voir en de tels attentats
Qu'il hait les assassins et punit les ingrats.

Cette réplique de Cinna ne paraît pas convenable : un sujet parle ainsi dans une monarchie; mais un homme du sang de Pompée doit-il parler en sujet?

19 Dis que de leur parti toi-même tu te rends,
De te remettre au foudre à punir les tyrans.

Cela n'est ni français ni clairement exprimé ; et ces dissertations sur la foudre ne sont plus tolérées.

20 Sans emprunter ta main pour servir ma colère,
Je saurai bien venger mon pays et mon père.

Le mot de *colère* ne paraît peut-être pas assez juste. On ne sent point de colère pour la mort d'un père mis au nombre des proscrits il y a trente ans; le mot de *ressentiment* serait plus propre : mais en poésie *colère* peut signifier *indignation, ressentiment, souvenir des injures, désir de vengeance.* [a]

[a] Le mot de *colère* est assez juste, puisque, de l'aveu de Voltaire, en poésie il peut signifier *ressentiment,* que le critique prétend être le mot propre. Je pense que le mot propre seroit *vengeance.* Corneille l'auroit probablement employé, s'il n'eût pas eu besoin de mettre *venger* dans le vers suivant. Or, *colère* peut sûrement se dire en poésie pour *vengeance;* dès-lors il est très-juste. Ce qui ne l'est point, c'est l'assertion de Voltaire, qui fait remonter à trente ans la proscription du père d'Émilie. Auguste avoit vingt ans au commencement du triumvirat pendant lequel il fit périr Toranius; il en avoit quarante lorsqu'il pardonna à Cinna. Ces époques sont consignées dans l'histoire. Il se seroit donc écoulé dix-huit à vingt ans depuis la mort du père d'Émilie, et non pas trente. Cette Romaine elle-même peut, au moment où Corneille la met en scène, n'avoir que vingt à vingt-deux ans.

21 Et comme pour toi seul l'amour veut que je vive, etc.

Je remarque ailleurs que toutes les phrases qui commencent par *comme* sentent la dissertation, le raisonnement, et que la chaleur du sentiment ne permet guère ce tour prosaïque. Mais est-ce un sentiment bien touchant, bien tragique, que celui d'Émilie : *Je n'ai pas voulu tuer Auguste moi-même, parce qu'on m'aurait tuée; mais je veux vivre pour toi, et je veux que ce soit toi qui hasardes ta vie,* etc.? [a]

22 Quand j'ai pensé chérir un neveu de Pompée,
Et si d'un faux semblant mon esprit abusé
A fait choix d'un esclave en son lieu supposé....

Il est trop dur d'appeler Cinna esclave au propre, de lui dire qu'il est un fils supposé, qu'il est fils d'un esclave ; cette condition est au-dessous de celle de nos valets. [b]

23 Mille autres à l'envi recevroient cette loi.

Doit-elle lui dire que mille autres assassineraient l'empereur pour mériter les bonnes grâces d'une femme? cela ne révolte-t-il pas un peu? cela n'empêche-t-il pas qu'on ne s'intéresse à Émilie? Cette présomption de sa beauté la rend moins intéressante. Une femme emportée par une grande pas-

---

[a] C'est dénaturer et non expliquer ce que dit Émilie, qui ne témoigne que le désir de devoir à son amant la mort du meurtrier de son père.

[b] Voltaire feint ici de prendre au propre ce qu'il sait n'être qu'au figuré et l'expression du dépit dans la bouche d'une Romaine.

ACTE III, SCÈNE IV.

sion touche beaucoup; mais une femme qui a la vanité de regarder sa possession comme le plus grand prix où l'on puisse aspirer, révolte au lieu d'intéresser. Emilie a déjà dit, au premier acte, qu'on publiera dans toute l'Italie qu'on n'a pu la mériter qu'en tuant Auguste; elle a dit à Cinna : *Songe que mes faveurs t'attendent.* Ici elle dit que *mille Romains tueraient Auguste pour mériter ses bonnes grâces.* Quelle femme a jamais parlé ainsi? Quelle différence entre elle et Hermione, qui dit, dans une situation à-peu-près semblable :

> Quoi! sans qu'elle employât une seule prière,
> Ma mère en sa faveur arma la Grèce entière;
> Ses yeux pour leur querelle, en dix ans de combats,
> Virent périr vingt rois qu'ils ne connoissoient pas :
> Et moi, je ne prétends que la mort d'un parjure,
> Et je charge un amant du soin de mon injure;
> Il peut me conquérir à ce prix sans danger,
> Je me livre moi-même, et ne puis me venger!

C'est ainsi que s'exprime le goût perfectionné; et le génie, dénué de ce goût sûr, bronche quelquefois. On ne prétend pas, encore une fois, rien diminuer de l'extrême mérite de Corneille; mais il faut qu'un commentateur n'ait en vue que la vérité et l'utilité publique. Au reste, la fin de cette tirade est fort belle. *a*

a Les trois dernières remarques ci-dessus, et plusieurs autres, peuvent faire juger si Voltaire n'a eu en vue, dans son commentaire, que *la vérité et l'utilité publique.* Pour réponse à celle-ci, qui est un peu longue, je me bornerai à dire qu'Émilie, comparée par Voltaire à Hermione, n'est nullement dans la même position,

24   S'il nous ôte à son gré nos biens, nos jours, nos femmes,
  Il n'a point jusqu'ici tyrannisé nos âmes.

Mais en ce cas Auguste est donc un monstre à étouffer : Cinna ne devait donc pas balancer; il a donc très-grand tort de se dédire; ses remords ne sont donc pas vrais. Comment peut-il aimer un tyran qui ôte aux Romains leurs biens, leurs femmes et leurs vies? Ces contradictions ne font-elles pas tort au pathétique aussi bien qu'au vrai, sans lequel rien n'est beau? *a*

25   Mais l'empire inhumain qu'exercent vos beautés
  Force jusqu'aux esprits et jusqu'aux volontés.

C'est ici une idée poétique, ou plutôt une subtilité : *Vos beautés sont plus inhumaines qu'Auguste!* ce n'est pas ainsi que la vraie passion parle. Oreste, dans une circonstance semblable, dit à Hermione :

  Non, je vous priverai d'un plaisir si funeste,
  Madame; il ne mourra que de la main d'Oreste.

Il ne s'amuse point à dire que les beautés inhu-

---

et qu'il n'est pas bien certain qu'elle veuille seulement parler de sa beauté. La présomption peut être tolérée dans une femme de vingt ans, *qui voit à ses pieds les plus heureux courtisans de l'empereur*, et que lui-même nomme *le digne objet des vœux de toute l'Italie*.

a Cinna sortant, au deuxième acte, de la conférence avec Auguste, et encore tout bouillant de sa passion, a peint cet empereur plus coupable qu'il ne le présente ici, et le critique vouloit qu'il cédât tout de suite à ses bienfaits; maintenant que, devenu plus calme, il a pu les apprécier, que la réflexion a dû calmer sa colère et y faire succéder la reconnoissance, ne voilà-t-il pas qu'on condamne ses remords!

ACTE III, SCÈNE IV.

maines d'Hermione sont des tyrans ; il le fait sentir en se déterminant malgré lui à un crime : ce n'est pas là le poëte qui parle, c'est le personnage.

26 Vous me faites priser ce qui me déshonore ;
    Vous me faites haïr ce que mon âme adore.

Priser n'est plus d'usage. Cinna ne prise point ici son action, puisqu'il la condamne. Il dit qu'il adore Auguste ; cela est beaucoup trop fort : il n'adore point Auguste : *Il devrait*, dit-il, *donner son sang pour lui mille et mille fois*. Il devait donc être très-touché au moment que ce même Auguste lui donnait Émilie. Il lui a conseillé de garder l'empire pour l'assassiner, et il voudrait donner mille vies pour lui par réflexion ! *a*

27 Mais ma main aussitôt contre mon sein tournée....
    A mon crime forcé joindra mon châtiment.

Ces derniers vers réconcilient Cinna avec le spectateur : c'est un très-grand art. Racine a imité ce morceau dans l'Andromaque :

Et mes mains aussitôt contre mon sein tournées, etc.

a Cinna a conseillé à Auguste de garder l'empire, parce qu'il a pu croire, dans le moment, qu'il avoit connoissance de la conjuration, et que son projet d'abdiquer n'étoit qu'une feinte ; mais maintenant qu'il est convaincu que l'empereur étoit de bonne foi, que les conjurés ne sont point en danger, et qu'il se voit comblé de nouveaux bienfaits, *il doit*, dit-il, exposer mille et mille fois son sang pour celui de son bienfaiteur ; ce qui est bien différent de ce que cite l'insidieuse remarque : *Il voudroit donner mille vies pour lui.*

SCÈNE V.

1 .... Qu'il achève, et dégage sa foi ;
Et qu'il choisisse, après, de la mort, ou de moi.

Ce sont là de ces traits qui portaient le docteur cité par Balzac à nommer Émilie *adorable furie*. On ne peut guère finir un acte d'une manière plus grande ou plus tragique; et si Émilie avait une raison plus pressante de vouloir faire périr Auguste, si elle n'avait appris que depuis peu qu'Auguste a fait mourir son père, si elle avait connu ce père, si ce père même avait pu lui demander vengeance, ce rôle serait du plus grand intérêt. Mais ce qui peut détruire tout l'intérêt qu'on prendrait à Émilie, c'est la supposition de l'auteur qu'elle est adoptée par Auguste. On devait, chez les Romains, autant et plus d'amour filial à un père d'adoption qu'à un père qui ne l'était que par le sang. Émilie conspire contre Auguste, son père et son bienfaiteur, au bout de trente ans, pour venger Toranius qu'elle n'a jamais vu. Alors cette furie n'est point du tout adorable; elle est réellement parricide. Cependant, gardons-nous bien de croire qu'Émilie, malgré son ingratitude, et Cinna, malgré sa perfidie, ne soient pas deux très-beaux rôles; tous deux étincellent de traits admirables. *a*

---

a Émilie ne conspire pas contre Auguste au bout de trente ans, puisque j'ai prouvé, en répondant à la vingtième remarque de la scène précédente, qu'il n'y a que dix-huit ans que Toranius a péri. Le critique convient qu'il n'a jamais été vu de sa fille. Elle a

ACTE QUATRIÈME.

SCÈNE I.ère

¹ Tout ce que tu me dis, Euphorbe, est incroyable. — Seigneur, le récit même en paroît effroyable.

Il est triste qu'un si bas et si lâche subalterne, un esclave affranchi, paraisse avec Auguste, et que l'auteur n'ait pas trouvé dans la jalousie de Maxime, dans les emportements que sa passion eût dû lui inspirer, ou dans quelque autre invention tragique, de quoi fournir des soupçons à Auguste. Si le trouble de Cinna, celui de Maxime, celui d'Émilie, ouvraient les yeux de l'empereur, cela serait beaucoup plus noble et plus théâtral que la dénonciation d'un esclave, qui est un ressort trop mince et trop trivial. *a*

donc, comme je l'ai fait observer, non pas trente, mais vingt à vingt-deux ans; or, il est probable qu'à cet âge il y a déjà longtemps qu'elle connoit les circonstances de la mort de son père; mais il l'est aussi qu'elle n'a pas eu plus tôt occasion de conspirer contre Auguste. Ce n'est pas en effet avant vingt ans qu'une fille peut former un projet aussi hardi que celui de faire assassiner un empereur. Ce rôle ne perd donc rien de l'intérêt dont Voltaire le reconnoît susceptible; cet intérêt n'est pas détruit par la supposition qu'Émilie est adoptée par Auguste; car celui-ci n'en a pas moins proscrit son père, et ce n'est sûrement point dans ce cas qu'on devoit, chez les Romains, tant d'amour à un père d'adoption.

a Maxime a toujours caché son amour pour Émilie; il en a donné les raisons. Cinna et Émilie sont des conspirateurs trop intéressés et trop fermes pour laisser paroître du trouble. Quant

2 ...... Cinna seul dans sa rage s'obstine,
Et contre vos bontés d'autant plus se mutine.

Le second vers est faible après l'expression *il s'obstine dans sa rage*: l'idée la plus forte doit toujours être la dernière. De plus, *se mutiner contre des bontés* est une expression bourgeoise; on ne l'emploie qu'en parlant des enfants. Ce n'est pas que ce mot *mutine*, employé avec art, ne puisse faire un très-bel effet. Racine a dit :

Enchaîner un captif de ses fers étonné,
Contre un joug qui lui plaît vainement mutiné.

D'autant plus exige un *que*; c'est une phrase qui n'est pas achevée.

SCÈNE II.

1 Il l'a jugé trop grand pour ne pas s'en punir.

On ne peut nier que ce lâche et inutile mensonge d'Euphorbe ne soit indigne de la tragédie. Mais, dira-t-on, on a le même reproche à faire à Œnone dans Phèdre. Point du tout; elle est criminelle, elle calomnie Hippolyte; mais elle ne dit pas une fausse nouvelle : c'est cela qui est petit et bas.

à Maxime, dont l'intérêt et le courage sont moindres, l'auteur a eu l'adresse de ne point l'exposer aux yeux d'Auguste, devant qui il n'a paru que dans la conférence. La dénonciation faite par Euphorbe pourroit être un ressort trop foible s'il venoit de lui-même; mais il est envoyé par Maxime, à la trahison duquel on est préparé.

SCÈNE III.

¹ Ciel, à qui voulez-vous désormais que je fie
Les secrets de mon âme et le soin de ma vie ?

Voilà encore une occasion où un monologue est bien placé; la situation d'Auguste est une excuse légitime : d'ailleurs, il est bien écrit, les vers en sont beaux, les réflexions sont justes, intéressantes; ce morceau est digne du grand Corneille.

² Songe aux fleuves de sang où ton bras s'est baigné,
De combien ont rougi les champs de Macédoine.

Cela n'est pas français. Il fallait, *quels flots j'en ai versés aux champs de Macédoine,* ou quelque chose de semblable.

³ Rends un sang infidèle à l'infidélité.

Ce vers est imité de Malherbe :

Fait de tous les assauts que la rage peut faire
Une fidèle preuve à l'infidélité.

Un tel abus de mots et quelques longueurs, quelques répétitions, empêchent ce beau monologue de faire tout son effet. A mesure que le public s'est plus éclairé, il s'est un peu dégoûté des longs monologues : on s'est lassé de voir des empereurs qui parlaient si long-temps tout seuls. Mais ne devrait-on pas se prêter à l'illusion du théâtre? Auguste ne pouvait-il pas être supposé au milieu de sa cour, et s'abandonnant à ses réflexions devant ses confidents, qui tiendraient lieu du chœur des anciens?

Il faut avouer que le monologue est un peu long.

Les étrangers ne peuvent souffrir ces scènes sans action, et il n'y a peut-être pas assez d'action dans Cinna. *a*

4   La vie est peu de chose, et le peu qui t'en reste
    Ne vaut pas l'acheter par un prix si funeste.

Ne vaut pas l'acheter par un prix si funeste. C'est ici le tour de phrase italien. On dirait bien *non vale il comprar;* c'est un trope dont Corneille enrichissait notre langue.

5   Mais jouissons plutôt nous-mêmes de sa peine.

Peine veut dire ici *supplice.*

6   Qui des deux dois-je suivre, et duquel m'éloigner?
    Ou laissez-moi périr, ou laissez-moi régner.

Ces expressions, *qui des deux, duquel,* n'expriment qu'un froid embarras; elles peignent un homme qui veut résoudre un problème, et non un cœur agité. Mais le dernier vers est très-beau, et est digne de ce grand monologue.

SCÈNE IV.[1]

AUGUSTE, LIVIE.

On a retranché toute cette scène au théâtre de-

---

a Ce monologue ne manque jamais de produire beaucoup d'effet. Personne ne s'avise de désirer qu'Auguste s'adresse à quelques-uns de ses courtisans. Il seroit contre la vraisemblance qu'il se fît devant témoins des reproches sur sa conduite passée. Les combats qu'il éprouve, les objections qu'il se fait, le mouvement continuel des passions qui l'agitent, forment une véritable action tragique, bien plus intéressante que celle qui peut naître des coups de théâtre, de l'entrée et de la sortie des acteurs.

puis environ trente ans. Rien ne révolte plus que de voir un personnage s'introduire sur la fin sans avoir été annoncé, et se mêler des intérêts de la pièce sans y être nécessaire. Le conseil que Livie donne à Auguste est rapporté dans l'histoire; mais il fait un très-mauvais effet dans la tragédie; il ôte à Auguste la gloire de prendre de lui-même un parti généreux. Auguste répond à Livie : *Vous m'aviez bien promis des conseils d'une femme, vous me tenez parole;* et, après ces vers comiques, il suit ces mêmes conseils : cette conduite l'avilit. On a donc eu raison de retrancher tout le rôle de Livie, comme celui de l'infante dans le Cid. Pardonnons ces fautes au commencement de l'art, et sur-tout au sublime, dont Corneille a donné beaucoup plus d'exemples qu'il n'en a donné de faiblesse dans ses belles tragédies.

² J'ai trop par vos avis consulté là-dessus.

Là-dessus, là-dessous, ci-dessus, ci-dessous, termes familiers qu'il faut absolument éviter, soit en vers, soit en prose.

³ Assez et trop long-temps son exemple vous flatte;
  Mais gardez que sur vous le contraire n'éclate,

n'exprime pas assez la pensée de l'auteur, ne forme pas une image assez précise. Le contraire d'un exemple ne peut se dire. *a*

a Gardez que sur vous le contraire n'éclate, veut dire : prenez garde qu'il ne vous arrive le contraire de ce qui lui est arrivé. Le sens se présente de lui-même, et il a fallu chercher un peu plus loin pour trouver *le contraire d'un exemple.*

4 Vous m'aviez bien promis des conseils d'une femme ;
 Vous me tenez parole, et c'en sont là, madame.

Corneille devait d'autant moins mettre un reproche si injuste et si avilissant dans la bouche d'Auguste, que cette grossièreté est manifestement contraire à l'histoire. *Uxori gratias egit*, dit Sénèque le philosophe, dont le sujet de Cinna est tiré. *a*

5 Depuis vingt ans je règne, et j'en sais les vertus.

Les vertus de régner est un barbarisme de phrase, un solécisme ; on peut dire, *les vertus des rois, des capitaines, des magistrats,* mais non *les vertus de régner, de combattre, de juger. b*

6 Une offense qu'on fait à toute sa province,
 Dont il faut qu'il la venge, ou cesse d'être prince.

La rime de *prince* n'a que celle de *province* en substantif : cette indigence est ce qui contribue davantage à rendre souvent la versification française faible, languissante et forcée. Corneille est obligé de mettre *toute sa province*, pour rimer à *prince ;*

---

a Fulvie a dit à Auguste : *Mais écouteriez-vous les conseils d'une femme ?* Il trouve que ceux qu'elle lui donne sont dictés par la timidité, et il lui répond : *Vous m'aviez bien promis les conseils d'une femme.* Il n'y a rien là d'injuste ni d'avilissant, encore moins de grossier.

b Racine a dit : *Nourri dans les forêts, il en a la rudesse.* Entend-on qu'Hippolyte a la rudesse des forêts ? Non, certainement. On entend qu'il a la rudesse que l'on a quand on habite les forêts. De même, *Depuis vingt ans je règne, et j'en sais les vertus*, veut dire : Je connois les vertus convenables pour régner. Il n'y a point là de barbarisme, mais une ellipse très-permise.

et *toute sa province* est une expression bien malheureuse, sur-tout quand il s'agit de l'empire romain.

7 .... Je ne vous quitte point,
Seigneur, que mon amour n'ait obtenu ce point.

Ce mot *point* est trivial et didactique. Premier *point*, second *point*, *point* principal.

8 C'est l'amour des grandeurs qui vous rend importune,

augmente encore la faute, qui consiste à faire rejeter par Auguste un très-bon conseil, qu'en effet il accepte. *a*

SCÈNE V. 1

ÉMILIE, FULVIE.

La scène reste vide; c'est un grand défaut aujourd'hui, et dans lequel même les plus médiocres auteurs ne tombent pas. Mais Corneille est le premier qui ait pratiqué cette règle si belle et si nécessaire de lier les scènes, et de ne faire paraître sur le théâtre aucun personnage sans une raison évidente. Si le législateur manque ici à la loi qu'il a introduite, il est assurément bien excusable. Il n'est pas vraisemblable qu'Émilie arrive avec sa confidente, pour parler de la conspiration, dans la même chambre dont Auguste sort; ainsi elle est supposée parler dans un autre appartement.

a Il est vraisemblable qu'en introduisant le personnage de Fulvie, Corneille a voulu, d'une part, se conformer à l'histoire, et, de l'autre, ne pas attribuer à Auguste, comme venant de lui-même, un trait de générosité peu compatible avec son caractère.

» D'où me vient cette joie? et que mal-à-propos
Mon esprit malgré moi goûte un entier repos!

On ne voit pas trop en effet d'où lui vient cette prétendue joie; c'était au contraire le moment des plus terribles inquiétudes. On peut être alors atterré, immobile, égaré, accablé, insensible, à force d'éprouver des sentiments trop profonds; mais de la joie! cela n'est pas dans la nature.

3 Et je vous l'amenois, plus traitable et plus doux,
Faire un second effort contre votre courroux.

Je vous l'amenais..... faire un second effort contre un grand courroux n'est ni français ni intelligible : de plus, comment cette Fulvie n'est-elle pas effrayée d'avoir vu Cinna conduit chez Auguste, et des complices arrêtés? comment n'en parle-t-elle pas d'abord? Comment n'inspire-t-elle pas le plus grand effroi à Emilie? Il semble qu'elle dise par occasion des nouvelles indifférentes.

4 Chacun diversement soupçonne quelque chose.

Ces termes lâches et sans idée, ces familiarités de la conversation, doivent être soigneusement évités.

5 Que même de son maître on dit je ne sais quoi.

Je ne sais quoi est du style de la comédie; et ce n'est pas assurément un *je ne sais quoi* que la mort de Maxime, principal conjuré. *a*

a Je ne sais quoi n'est pas d'un style assez relevé pour la tragédie; mais la mort de Maxime n'étant pas encore certaine, le reste de la remarque est-il fondé?

6 On lui veut imputer un désespoir funeste.

On lui veut imputer est de la gazette suisse; *on veut dire qu'il s'est donné une bataille.* a

7 On parle d'eaux, de Tibre, et l'on se tait du reste.

Il est bien singulier qu'elle dise que Maxime s'est noyé, et qu'on se tait du reste. Qu'est-ce que le reste? et comment Corneille, qui corrigea quelques vers dans cette pièce, ne réforma-t-il pas ceux-ci? N'avait-il pas un ami? b

8 Que de sujets de craindre et de désespérer,
Sans que mon triste cœur en daigne murmurer!

Cela n'est pas naturel. Émilie doit être au désespoir d'avoir conduit son amant au supplice. Le reste n'est-il pas un peu de déclamation? On entend toujours ces vers d'Émilie sans émotion. D'où vient cette indifférence? C'est qu'elle ne dit pas ce que toute autre dirait à sa place : elle a forcé son amant à conspirer, à courir au supplice, et elle parle de sa gloire! et elle est *fumante d'un courroux* généreux! Elle devrait être désespérée, et non pas fumante.

9 Et je veux bien périr comme vous l'ordonnez,
Et dans la même assiette où vous me retenez.

Pourquoi les dieux voudraient-ils qu'elle mourût dans cette *assiette?* Qu'importe qu'elle meure dans

---

a Les expressions de cette remarque me paroissent plus grossières que la réponse d'Auguste à Fulvie.

b Où dit-elle donc que Maxime s'est noyé? Elle n'annonce rien de positif; mais que chacun diversement soupçonne quelque chose.

cette *assiette* ou dans une autre? Ce qui importe, c'est qu'elle a conduit son amant et ses amis à la mort. *a*

SCÈNE VI.

1 Mais je vous vois, Maxime, et l'on vous faisoit mort!

Ne dissimulons rien; cette résurrection de Maxime n'est pas une invention heureuse. Qu'un héros qu'on croyait mort dans un combat reparaisse, c'est un moment intéressant; mais le public ne peut souffrir un lâche que son valet avait supposé s'être jeté dans la rivière. Corneille n'a pas prétendu faire un coup de théâtre; mais il pouvait éviter cette apparition inattendue d'un homme qu'on croit mort, et dont on ne désire point du tout la vie; il était fort inutile à la pièce que son esclave Euphorbe eût feint que son maître s'était noyé.

2 En faveur de Cinna je fais ce que je puis.

Maxime joue le rôle d'un misérable. Pourquoi l'auteur, pouvant l'ennoblir, l'a-t-il rendu si bas? Apparemment il cherchait un contraste; mais de tels contrastes ne peuvent guère réussir que dans la comédie.

a Que dire de cette utile remarque : *Qu'importe qu'elle meure dans cette assiette ou dans une autre?* Que dire de celle qu'*Émilie doit être désespérée et non pas fumante?* La même chose que de *la Gazette Suisse.* Et c'est de Corneille que son commentateur parle ainsi! S'il l'a loué quelquefois, n'est-ce pas par une suite de ce principe qu'il a établi : *C'est une grande sottise de ne trouver rien d'estimable dans* un ennemi *estimé du public?*

3 Cinna dans son malheur est de ceux qu'il faut suivre,
Qu'il ne faut pas venger de peur de leur survivre.

Que veut dire *de peur de leur survivre?* Le sens naturel est qu'il ne faut pas venger Cinna, parce que, si on le vengeait, on ne mourrait pas avec lui; mais, en voulant le venger, on pourrait aller au supplice, puisqu'Auguste est maître, et que tout est découvert. Je crois que Corneille veut dire : *Tu feins de le venger, et tu veux lui survivre.* ^a

4 C'est un autre Cinna qu'en lui vous regardez.

Cela est comique, et achève de rendre le rôle de Maxime insupportable.

5 Et puisque l'amitié n'en faisoit plus qu'une âme,
Aimez en cet ami l'objet de votre flamme.

L'auteur veut dire : *Cinna et Maxime n'avaient qu'une âme,* mais il ne le dit pas.

6 .... Tu m'oses aimer, et tu n'oses mourir !

est sublime.

7 Maxime, en voilà trop pour un homme avisé.

Avisé n'est pas le mot propre; il semble qu'au contraire Maxime a été trop peu avisé : il paraît trop évidemment un perfide : Émilie l'a déjà appelé *lâche.*

^a Ces mots, *de peur de leur survivre,* n'ont sûrement jamais embarrassé personne. Le sens naturel, parce qu'il y auroit de la honte à leur survivre, se présente de lui-même. Voltaire a donc bien raison de ne pas être certain de l'interprétation très-différente qu'il leur donne.

& Fuis sans moi ; tes amours sont ici superflus.

Superflus n'est pas encore le mot propre; ces amours doivent être très-odieux à Émilie.

Cette scène de Maxime et d'Émilie ne fait pas l'effet qu'elle pourrait produire, parce que l'amour de Maxime révolte, parce que cette scène ne produit rien, parce qu'elle ne sert qu'à remplir un moment vide, parce qu'on sent bien qu'Émilie n'acceptera point les propositions de Maxime, parce qu'il est impossible de rien produire de théâtral et d'attachant entre un lâche qu'on méprise et une femme qui ne peut l'écouter. *a*

SCÈNE VII.

MAXIME. 1

Autant que le spectateur s'est prêté au monologue important d'Auguste, qui est un personnage respectable, autant il se refuse au monologue de Maxime, qui excite l'indignation et le mépris. Jamais un monologue ne fait un bel effet que quand on s'intéresse à celui qui parle, que quand ses passions, ses vertus, ses malheurs, ses faiblesses, font dans son âme un combat si noble, si attachant, si animé, que vous lui pardonnez de parler trop longtemps à soi-même.

---

a Nous ne nous sommes attachés à répondre qu'aux remarques de quelque importance qui pourroient séduire le lecteur. Nous ne craignons rien de pareil de celle-ci.

ACTE IV, SCÈNE VII.

² .... Et quel est le supplice
Que ta vertu prépare à ton vain artifice?

Ce mot de *vertu* dans la bouche de Maxime est déplacé, et va jusqu'au ridicule.

³ Sur un même échafaud la perte de sa vie
Étalera sa gloire et ton ignominie.

Il n'y avait point d'échafauds chez les Romains pour les criminels; l'appareil barbare des supplices n'était point connu, excepté celui de la potence en croix pour les esclaves.

⁴ Un même jour t'a vu, par une fausse adresse,
Trahir ton souverain, ton ami, ta maîtresse.

Fausse adresse est trop faible, et Maxime n'a point été adroit.

⁵ Jamais un affranchi n'est qu'un esclave infâme.

Il ne paraît pas convenable qu'un conjuré, qu'un sénateur reproche à un esclave de lui avoir fait commettre une mauvaise action; ce reproche serait bon dans la bouche d'une femme faible; dans celle de Phèdre, par exemple, à l'égard d'Œnone, dans celle d'un jeune homme sans expérience; mais le spectateur ne peut souffrir un sénateur qui débite un long monologue pour dire à son esclave, qui n'est pas là, qu'il espère qu'il pourra se venger de lui, et le punir de lui avoir fait commettre une action infâme.

⁶ Mon cœur te résistoit, et tu l'as combattu
Jusqu'à ce que ta fourbe ait souillé sa vertu.

Il faut éviter cette cacophonie en vers, et même dans la prose soutenue.

7 Mais les dieux permettront à mes ressentiments
De te sacrifier aux yeux des deux amants.

On se soucie fort peu que cet esclave Euphorbe soit mis en croix ou non. Cet acte est un peu défectueux dans toutes ses parties; la difficulté d'en faire cinq est si grande, l'art était alors si peu connu, qu'il serait injuste de condamner Corneille. Cet acte eût été admirable par-tout ailleurs dans son temps : mais nous ne recherchons pas si une chose était bonne autrefois, nous recherchons si elle est bonne pour tous les temps. *a*

8 Et j'ose m'assurer qu'en dépit de mon crime
Mon sang leur servira d'assez pure victime.

On ne peut pas dire *en dépit de mon crime* comme on dit *malgré mon crime, quel qu'ait été mon crime*, parce qu'un crime n'a point de dépit. On dit bien *en dépit de ma haine, de mon amour*, parce que les passions se personnifient.

ACTE CINQUIÈME.

SCÈNE I.ère

1 Prends un siége, Cinna, prends; et, surtoute chose,
Observe exactement la loi que je t'impose.

Sede, inquit, Cinna; hoc primum à te peto ne loquentem interpelles. Toute cette scène est de Sénèque le philosophe. Par quel prodige de l'art Cor-

---

a Il eût cependant été assez juste, en critiquant Corneille, de distinguer ses propres fautes de celles du temps où il écrivoit.

neille a-t-il surpassé Sénèque, comme dans les Horaces il a été plus nerveux que Tite-Live ? C'est là le privilége de la belle poésie : et c'est un de ces exemples qui condamnent bien fortement ces deux auteurs, d'Aubignac et la Motte, qui ont voulu faire des tragédies en prose; d'Aubignac, homme sans talent, qui, pour avoir mal étudié le théâtre, croyait pouvoir faire une bonne tragédie dans la prose la plus plate; la Motte, homme d'esprit et de génie, qui, ayant trop négligé le style et la langue dans la poésie, pour laquelle il avait beaucoup de talent, voulut faire des tragédies en prose, parce que la prose est plus aisée que la poésie.

2 Au milieu de leur camp tu reçus la naissance,
Et lorsqu'après leur mort tu vins en ma puissance,
Leur haine enracinée au milieu de ton sein
T'avoit mis contre moi les armes à la main.

Il y avait auparavant :

Ce fut dedans leur camp que tu pris la naissance;
Et quand après leur mort tu vins en ma puissance,
Leur haine héréditaire, ayant passé dans toi,
T'avoit mis à la main les armes contre moi.

Leur haine héréditaire était bien plus beau que *leur haine enracinée.* ᵃ

☞ 3 Ma cour fut ta prison, mes faveurs tes liens.

On sous-entend *furent.* Ce n'est point une li-

ᵃ Corneille a su sacrifier un bel hémistiche, pour mettre deux bons vers à la place de deux mauvais.

cence, c'est un trope en usage dans toutes les langues. *a*

4   De la façon enfin qu'avec toi j'ai vécu,
　　Les vainqueurs sont jaloux du bonheur du vaincu.

De la façon est trop familier, trop trivial.

5   Qu'en te couronnant roi je t'aurois donné moins.

Voilà ce vers qui contredit celui d'Émilie. D'ailleurs, quel royaume aurait-il donné à Cinna? les Romains n'en recevaient point. Ce n'est qu'une inadvertance qui n'ôte rien au sentiment et à l'éloquence vraie et sans enflure dont ce morceau est rempli. *b*

6   Ai-je de bons avis, ou de mauvais soupçons?

Bons et *mauvais* n'est-il pas un peu trop antithèse? et ces antithèses en général ne sont-elles pas trop fréquentes dans les vers français et dans la plupart des langues modernes? *c*

7   Mais tu ferois pitié, même à ceux qu'elle irrite,
　　Si je t'abandonnois à ton peu de mérite.

Ces vers et les suivants occasionèrent un jour une saillie singulière. Le dernier maréchal de la

---

a Voltaire justifie ici ce qu'il a condamné dans sa septième remarque sur la quatrième scène du troisième acte.

b Nous avons fait remarquer qu'un vers dans la bouche d'Auguste ne pouvoit en contredire un dit par Émilie, attendu que ces deux personnages sont de caractères tout-à-fait différents.

c Il est des auteurs français qui ont abusé de l'antithèse, par exemple, celui de la Henriade. Quant à celle dont il s'agit ici, nous ne croyons pas qu'elle dût être l'objet d'une remarque.

ACTE V, SCÈNE II.

Feuillade, étant sur le théâtre, dit tout haut à Auguste : Ah ! tu me gâtes le *Soyons amis, Cinna.* Le vieux comédien qui jouait Auguste se déconcerta, et crut avoir mal joué. Le maréchal, après la pièce, lui dit : Ce n'est pas vous qui m'avez déplu ; c'est Auguste, qui dit à Cinna qu'il n'a aucun mérite, qu'il n'est propre à rien, qu'il fait pitié, et qui ensuite lui dit, *Soyons amis.* Si le roi m'en disait autant, je le remercierais de son amitié.

Il y a un grand sens et beaucoup de finesse dans cette plaisanterie. On peut pardonner à un coupable qu'on méprise, mais on ne devient pas son ami ; il fallait peut-être que Cinna, très-criminel, fût encore grand aux yeux d'Auguste. Cela n'empêche pas que le discours d'Auguste ne soit un des plus beaux que nous ayons dans notre langue.

8 N'attendez point de moi d'infâmes repentirs.

Le *repentir* ne peut ici admettre de pluriel.

9 Je sais ce que j'ai fait, et ce qu'il vous faut faire.

Le sens est, *ce que vous devez faire ;* mais l'expression est trop équivoque ; elle semble signifier ce que Cinna doit faire à Auguste.

SCÈNE II.

1 Vous ne connoissez pas encor tous les complices ;
Votre Émilie en est, seigneur, et la voici.

Les acteurs ont été obligés de retrancher Livie, qui venait faire ici le personnage d'un exempt, et qui ne disait que ces deux vers. On les fait prononcer par Emilie, mais ils lui sont peu convenables : elle ne doit pas dire à Auguste, *votre Émilie*; ce mot la condamne; si elle vient s'accuser elle-même, il faut qu'elle débute en disant : *Je viens mourir avec Cinna.*

2 Quoi! l'amour qu'en ton cœur j'ai fait naître aujourd'hui
T'emporte-t-il déjà jusqu'à mourir pour lui?
Ton âme à ces transports un peu trop s'abandonne,
Et c'est trop tôt aimer l'amant que je te donne.

Cette petite ironie est-elle bien placée dans ce moment tragique? est-ce ainsi qu'Auguste doit parler?

3 Le ciel rompt le succès que je m'étois promis.

On ne rompt point un succès, encore moins un succès qu'on s'est promis : on rompt une union, on détruit des espérances, on fait avorter des desseins, on prévient des projets : le ciel ne m'a pas accordé, m'ôte, me ravit le succès que je m'étais promis. *a*

4 L'une fut impudique, et l'autre est parricide.

Il est ici question de Julie et d'Émilie. Ce mot *impudique* ne se dit plus guère dans le style noble, parce qu'il présente une idée qui ne l'est pas; on n'aime point d'ailleurs à voir Auguste se rappeler cette idée humiliante et étrangère au sujet. Les gens instruits savent trop bien qu'Émilie ne fut même

---

a Si *l'on ne rompt pas un succès*, je pense qu'on ne peut pas davantage *l'ôter, le ravir.* On ne peut ôter ou ravir à quelqu'un une chose qu'il ne possède pas.

jamais adoptée par Auguste; elle ne l'est que dans cette pièce.

5 O ma fille! est-ce là le prix de mes bienfaits? —
Ceux de mon père en vous firent mêmes effets.

Il y avait dans les premières éditions :

Mon père l'eut pareil de ceux qu'il vous a faits.

On a corrigé depuis :

Ceux de mon père en vous firent mêmes effets.

Mais *firent mêmes effets* n'est recevable ni en vers, ni en prose.

LIVIE.

6 C'en est trop, Émilie; arrête, etc.

Les comédiens ont retranché tout le couplet de Livie, et il n'est pas à regretter : non-seulement Livie n'était pas nécessaire, mais elle se faisait de fête mal-à-propos pour débiter une maxime aussi fausse qu'horrible, qu'il est permis d'assassiner pour une couronne, et qu'on est absous de tous les crimes quand on règne.

7 Et, dans le sacré rang où sa faveur l'a mis,
Le passé devient juste, et l'avenir permis.

Ce vers n'a pas de sens. *L'avenir* ne peut signifier *les crimes à venir*; et, s'il le signifiait, cette idée serait abominable.

8 Si j'ai séduit Cinna, j'en séduirai bien d'autres.

Il semble qu'Émilie soit toujours sûre de faire conspirer qui elle voudra, parce qu'elle se croit belle. Doit-elle dire à Auguste qu'elle aura d'autres amants qui vengeront celui qu'elle aura perdu?

9 Que la vengeance est douce à l'esprit d'une femme!

Ce vers paraît trop du ton de la comédie, et est d'autant plus déplacé, qu'Émilie doit être supposée avoir voulu venger son père, non pas parce qu'elle a le caractère d'une femme, mais parce qu'elle a écouté la voix de la nature.

10 Je l'attaquai par-là, par-là je pris son âme.

Expression trop familière.

11 J'en suis le seul auteur; elle n'est que complice.

Pourquoi toute cette contestation entre Cinna et Émilie est-elle un peu froide? C'est que si Auguste veut leur pardonner, il importe fort peu qui des deux soit le plus coupable; et que, s'il veut les punir, il importe encore moins qui des deux a séduit l'autre. Ces disputes, ces combats à qui mourra l'un pour l'autre, font une grande impression quand on peut hésiter entre deux personnages, quand on ignore sur lequel des deux le coup tombera, mais non pas quand tous les deux sont condamnés et condamnables.

12 Mourez, mais en mourant ne souillez point ma gloire....
Et la mienne se perd si vous tirez à vous
Toute celle qui suit de si généreux coups.

Tirez à vous est une expression trop peu noble. *Généreux coups* ne peut se dire d'une entreprise qui n'a pas eu d'effet.

ACTE V, SCÈNE II.

13 Eh bien, prends-en ta part, et me laisse la mienne.

Eh bien, prends-en ta part est du ton de la comédie. *a*

14 Tout doit être commun entre de vrais amants.

Ce vers est encore du ton de la comédie; et cette expression *de vrais amants* revient trop souvent.

15 Mais enfin le ciel m'aime, et ses bienfaits nouveaux
Ont arraché Maxime à la fureur des eaux.

Maxime vient ici faire un personnage aussi inutile que Livie. Il paraît qu'il ne doit point dire à Auguste qu'on l'a fait passer pour noyé de peur qu'on n'eût envoyé après lui, puisqu'il n'avait révélé la conspiration qu'à condition qu'on lui pardonnerait. N'eût-il pas été mieux qu'il se fût noyé en effet, de douleur d'avoir joué un si lâche personnage? On ne s'intéresse qu'au sort de Cinna et d'Émilie, et la grâce de Maxime ne touche personne. *b*

a Ce vers ne paroît nullement déplacé dans la tragédie, et il convient à la situation.

b Il n'est dit nulle part que Maxime n'a révélé la conspiration qu'à condition qu'on lui pardonneroit; au contraire, quand Euphorbe informe Auguste, et que cet empereur ordonne qu'on fasse venir Maxime pour recevoir son pardon qui n'a pas été demandé, Euphorbe répond que celui-ci a jugé son crime trop grand pour ne pas s'en punir.

SCÈNE III.

1 Euphorbe vous a feint que je m'étois noyé.

Feindre ne peut gouverner le datif; on ne peut dire *feindre à quelqu'un*. *a*

2 Et pensois la résoudre à cet enlèvement
Sous l'espoir du retour pour venger son amant.

Sous l'espoir du retour... expression de comédie; *retour pour venger,* expression vicieuse.

3 Sa vertu combattue a redoublé ses forces.

On dit *les forces de l'état, la force de l'âme.* De plus, Émilie n'avait besoin ni de force ni de vertu pour mépriser Maxime.

4 Si pourtant quelque grâce est due à mon indice....

Indice est là pour rimer à *artifice :* le mot propre est *aveu.*

5 Faites périr Euphorbe au milieu des tourments.

C'est un sentiment lâche, cruel, et inutile.

6 Soyons amis, Cinna; c'est moi qui t'en convie.

C'est ce que dit Auguste qui est admirable; c'est là ce qui fit verser des larmes au grand Condé, larmes qui n'appartiennent qu'à de belles âmes.

De toutes les tragédies de Corneille, celle-ci fit le plus grand effet à la cour, et on peut lui appliquer ces vers du vieil Horace :

a Racine n'a cependant pas hésité de dire dans Athalie :
Il *lui feint* qu'en un lieu, que vous seul connoissez,
Vous cachez des trésors par David amassés.

> C'est aux rois, c'est aux grands, c'est aux esprits bien faits....
> . . . .
> C'est d'eux seuls qu'on attend la véritable gloire.

De plus, on était alors dans un temps où les esprits, animés par les factions qui avaient agité le règne de Louis XIII, ou plutôt du cardinal de Richelieu, étaient plus propres à recevoir les sentiments qui règnent dans cette pièce. Les premiers spectateurs furent ceux qui combattirent à la Marfée, et qui firent la guerre de la Fronde. Il y a d'ailleurs dans cette pièce un vrai continuel, un développement de la constitution de l'empire romain qui plaît extrêmement aux hommes d'état; et alors chacun voulait l'être.

J'observerai ici que, dans toutes les tragédies grecques faites pour un peuple si amoureux de sa liberté, on ne trouve pas un trait qui regarde cette liberté; et que Corneille, né Français, en est rempli.

> 7 Aime Cinna, ma fille, en cet illustre rang;
> Préfères-en la pourpre à celle de mon sang.

La pourpre d'un rang est intolérable; cette pourpre comparée au sang, parce qu'il est rouge, est puérile.

> J'ose avec vanité me donner cet éclat,
> Puisqu'il change mon cœur, qu'il veut changer l'état,

n'est pas français.

> 9 Si tu l'aimes encor, ce sera ton supplice. —
> Je n'en murmure point, il a trop de justice.

Un supplice est juste; on l'ordonne avec justice; celui qui punit a de la justice : mais le supplice n'en a point, parce qu'un supplice ne peut être personnifié.

10 .... Une céleste flamme
D'un rayon prophétique illumine mon âme.

Un rayon prophétique ne semble pas convenir à Livie; la juste espérance que la clémence d'Auguste préviendra désormais toute conspiration, vaut bien mieux qu'un rayon prophétique.

On retranche aux représentations ce dernier couplet de Livie comme les autres, par la raison que tout acteur qui n'est pas nécessaire gâte les plus grandes beautés.

RÉCAPITULATION.

Nous avons fait observer, en répondant aux plus importantes remarques de Voltaire sur cette tragédie, que ce n'étoit pas la première fois qu'Auguste annonçoit l'intention de renoncer à l'empire; que Cinna, qui le sait, doit se méfier de cette proposition, et est trop animé pour éprouver des remords sur-le-champ; que Maxime ne pouvoit laisser échapper de sentiments de rival, puisqu'il n'avoit pas encore été question de son amour; et qu'enfin, l'adoption d'Émilie ne pouvoit lui faire un devoir d'aimer Auguste, qui avoit assassiné son père, non pas trente ans auparavant, comme le dit le commentateur, mais seulement dix-huit ou vingt, ce qui ne la met elle-même qu'à l'âge de vingt ans, époque avant laquelle elle ne pouvoit entreprendre de renverser un empire pour venger l'auteur de ses jours.

FIN DU SECOND VOLUME.

www.ingramcontent.com/pod-product-compliance
Lightning Source LLC
Chambersburg PA
CBHW050907230426
43666CB00010B/2059